マルクス経済学 第3版

Marxian economics

大西 広

Onishi Hiroshi

慶應義塾大学出版会

はしがき

　本書は私の京都大学時代31年間の学習・研究を総括し、今後慶應義塾大学でマルクス経済学を講義するためにまとめたものである。

　京都大学でも最後の約10年間は「社会経済学入門」および「社会経済学・理論3」という半年科目を担当し、マルクス経済学を学ぶうえで重要だと思われるポイントの解説を行なってきたが、今回慶應義塾大学では通年科目として開講されることとなり、かつ『資本論』の解説をも含まなければならない。このため、本書の執筆は『資本論』第1巻を改めて通読し、この流れに沿ってこれまでの自説をまとめる作業となった。これは、『資本論』から新たにさまざまなことを学ぶ作業でもあり、かつ見ていただければわかるように、自分たちの研究グループがやってきたさまざまな研究を体系化する作業でなかなか楽しいものであった。この意味で、この機会をいただいた慶應義塾大学に深く感謝したい。

　また、このまとめの過程で多くのコメントをしてくれた京都大学の現役およびOB院生・学生・研修生の皆にもこの場を借りてお礼申し上げたい。特に、矢野剛、藤山英樹、山下裕歩、金江亮、森本壮亮、嶋宏紀、田添篤史、劉洋、ロシェングリ・ウフル、劉歓、沈虞、殷朋、大畑智史君らの名前を挙げておきたい。特に補論1は基本的にこれらゼミ生の討論の産物であり、数学付録は金江亮君の作品である。その意味で本書は彼らとの一種の共著である。なお、本書は他書と異なって資本主義以前の歴史段階への記述が多い。マルクス『資本論』を史的唯物論の一部分として理解する本書の立場の反映であるが、この部分の執筆のために長きにわたって経済史に関するゼミナールを岐阜経済大学の青柳和身氏と続けてきた。この場を借りて上記の諸氏に

i

感謝したい。

　ところで、本書のタイトルは当初『中級マルクス経済学』と銘打つ予定のものであった。とても「初級」といえる内容ではないのがひとつの理由であるが、逆にこれを「上級」としなかったのには、これくらいの内容はマルクス経済学を学ぶ学部生のスタンダードにしたいものだという期待があった。ちまたには近代経済学はよく知っていてもマルクス経済学の知識はてんでない大学卒業生が溢れているが、そのようなことでは「経済学」全般を学んだことにはならない。そのため、マルクス経済学のスタンダードとは何かを「中級」と銘打って示すことに意味があると考えたのである。

　また、もうひとつに、近代経済学のミクロ経済学やマクロ経済学に「初級、中級、上級」というランクがあるように、マルクス経済学も「初級、中級、上級」というランクが必要だとの意見もこのタイトルによって示そうとしていた。マルクス経済学は理論分野に限っても学部課程でたったの1年で学べるほどのものではなく、近代経済学のミクロやマクロと同様、「初級、中級、上級」と段階を踏んで深めるべき内容を持っている。私の場合は、3、4年生科目として「現代資本主義論」を担当するので、それを正真正銘の「中級マルクス経済学」とみなして講義することとなるが、いつの日か、この科目を「中級マルクス経済学」と名称変更したいと考えている。そして、さらには、大学院科目を「上級マルクス経済学」と銘打ちたいと考えている。

　本書の内容上の特徴は、置塩理論と新古典派経済学理論を大いに参考にして作り上げた「マルクス派最適成長論」という方法論にあるが、ここでの趣旨は、マルクス経済学と近代経済学が橋渡し可能であることを示すことにある。そして、そのポイントは、①マルクスの唯物論的人間観と新古典派経済学の「経済人」仮説の接点、および②近代経済学的な物量単位の最適化モデルも投下労働量単位で表現できること（そして、そのほうが実際的な個人と企業の個別的な運動原理をよく表現できること）にあると考えている。問題は、この同じ枠組みを使っても、マルクスが示した搾取と歴史の法則とを表現できる、というところにある。本文でも述べたが、置塩はこの作業を「搾取」について基本的にやり遂げたが、本書はその作業を「歴史の法則」という点

についてやろうとするものである。

なお、こうして本書は置塩理論と新古典派経済学理論に多くを負っている といっても、見られればわかるように、京都大学で学んだ経済史の中村哲先 生の理論や尾崎芳治先生の考え方も色濃く反映されている。尊敬するこの両 先生は「マルクス経済学の教科書」を書かれなかったが、これは誰かその教 えを受けた者がすべき作業として残されていたのではないかと考えている。 本書がその作業になったかどうかは読者諸氏の判断に任せたい。

最後に、今後 10 年間、慶應義塾大学でマルクス経済学を教えるのである から、慶應義塾に伝わる長いマルクス経済学の伝統も本来はもっと学ぶべき であった。この点の不足は正直に認めたうえで、今後の課題としたい。その 成果の上に、本書の改訂版をいずれ出版したい。それまでお待ちいただけれ ば幸いである。

　　2012 年 1 月

　[付記]　本書の研究の一部は日本学術振興会アジア研究教育拠点事業の成果で ある。

第2版はしがき

ページ数にして初版から50ページ増やした本書第2版は誤植の訂正、一部の章、節や項のタイトルの変更の他、主に以下の諸点での改善を行なっている。

① 『資本論』第2巻および第3巻に対応する内容を第5章として新たに書き加えたこと。ただし、第2巻第3篇に対応する内容はすでに第4章に含まれている。

② 第2章「貨幣モデル」の全面的差し替え

③ 数理マルクス経済学として重要なサミュエル・ボウルズの抗争交換理論および進化社会科学の成果の反映

④ 搾取と限界生産力説の関係に関する若干の補足

⑤ 近代経済学の利子概念とマルクス経済学の剰余価値概念に関する整理の追加

⑥ マルクス派最適成長論の再生産表式における v と m の分割方法の転換

⑦ 補論1のモデルで減価償却を考慮し、かつ利子と資本収益率（資本のレンタルプライス）の区別を明示

⑧ 数学付録における動学的最適化問題を解く解法の説明につき効用を経常価値で測る方法とその経済学的意味、さらには補論1の分権的市場モデルとの関連の追加説明

である。初版を読まれている方はこれらの部分に注目し、是非その内容を検討されたい。

なお、本書は今後も少なくとも第3版までは改訂作業を継続する予定である。できれば多くの方の協力を得て、日本マルクス経済学の成果の集大成ともいえるものにしていきたいと考えている。

2015年6月

第3版はしがき

　初版から 50 ページ増やした第 2 版に、今回はさらに約 60 ページ増やすこととなったが、その加筆修正の主なものは次のような部分となっている。

① 第 1 章第 I 節における労働価値説的状況の限界原理に基づいた説明・証明

② 第 1 章第 III 節における社会運動／覇権交代モデルの導入

③ 第 2 章第 I 節における商品経済化モデルの改良

④ 第 3 章第 I 節における結合生産と固定資本を考慮した「マルクスの基本定理」の証明の追加

⑤ 第 4 章第 IV 節における格差の長期変動モデルの後発国／先発国間モデルへの変更

⑥ 第 5 章第 II 節と第 III 節における商業資本のモデル的解説の修正・追加

⑦ 第 5 章第 III 節における新解釈学派や単一体系学派の説明の追加

⑧ 第 5 章第 III 節における資本主義的現象としての資産価格の上昇の説明の追加

⑨ 第 6 章第 I 節における農奴制農業の牛耕による説明の追加

⑩ 第 6 章第 II 節における遊牧生産様式の史的唯物論的説明の追加

である。これらの改善には、慶應義塾の同僚および院生諸君との討論が大きく寄与している。特に同僚の大平哲准教授との討論からは多くの示唆を得た。記して感謝したい。

　　2020 年新春

目　次

第 1 章

マルクスの人間論
──唯物論としての人間・自然・生産関係

　本書はマルクス主義的な経済理論をその歴史観（史的唯物論）との関係で解説・再構成することを目的としているが、経済学には「近代経済学」もある以上、それとの相違もまた当然に読者の関心となろう。そして、その点からすると、私は世間一般の理解とは違って、その出発点たる人間観における両者（近代経済学とマルクス経済学）の共通性の認識こそが大事であると考えている。なぜなら、マルクスのそれは「唯物論」のそれであり、近代経済学のそれは「効用極大」をめざす個人というものであるからである。人間はどうあるべきか、を議論する前に、社会科学は現にどのように存在しているかを客観的に論じなければならない。

　このため、本書では、この一般的な唯物論的な人間観から出発して、マルクス主義的な社会認識の基本を導く。その際、登場する諸カテゴリー間の関係は当然のごとく弁証法的なものとなる。逆にいうと、マルクス主義が本来持っている人間観、社会観上の諸カテゴリー間の関係をどう理解すべきかに関する問題提起が本書である。そのため、ここで論じる多くの個別カテゴリー（たとえば人間、自然、生産）自体は誰もが「知っている」ものではあっても、それらの諸関係をどう整理すべきかこそが重要との理解で解説をしている。読者はその意味で、抜けているカテゴリーはないかどうか、提起している関係性に間違いがないかどうかに注意して本書を読まれたい。

I　土台としての生産活動

人間・自然・生産──労働の本源性

　そこでまず出発点として措定されるのは、類的存在としての抽象的な人間である。この人間はこの出発点では、「生きている」ということ以上の規定性を持たないが、生きているということはものを食べているということでもあるから、「食べられるものを集める」か「作る」ことが不可欠となる。つまり、生きているということは「食べるために活動している」ということでもあり、この「食べるための活動」が原初的な意味での「生産活動＝労働（work）」である[1]。そして、ここで重要なのは「生産」が「生存」の手段としてあり、自律的な目的ではないということである。この意味で「生産力」や「生産活動」を重視する唯物論も、人間の「生存」つまり「利益」ないし「効用」をその根源としていることがわかる。近代経済学の言葉でいうと人間の目的関数は効用極大である、ということ（「効用原理」）になる。

　しかし、こうしてこの目的で人間が生産活動＝労働をするとして、それには何らかの対象物（労働対象）がなければならず、それらは生産＝労働する主体それ自身の外に存在する。その意味で、それらは「人間」に対するところの「自然」ということができる。実は、この「自然」は、他の人間でもありえ、そうした人間活動を「対人サービス」という。たとえば、教育、理容、演劇などである。あるいは、もっというと、自分の体に対して人間は「対人サービス」をすることもできる。自分で自分の髪を切ったり、自習するような場合がそれである。が、しかし、それらもまたいったんは生産活動＝労働の主体たる人間とは区別されて存在するものであるから、「人間」に対する言葉たる「自然」として理解される。もちろん、これは人工物でもか

1）　厳密には、この「生きるための活動」には防御、生殖、子育ても含まれる。このうち防御（および攻撃）は最広義の「生産活動」の一部とみなせるが、生殖と子育ては「（人口）再生産活動」というべきものである。これなしには人類は歴史的社会的に生命を維持できないからである。マルクスはこれら2種類の生産／再生産活動を「物質の（再）生産」と「生命の再生産」として区別した。ただし、その課題はここでは扱っていない。

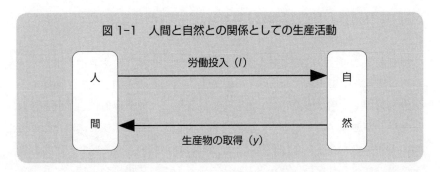

図 1-1　人間と自然との関係としての生産活動

まわない。

　したがって、ここでのポイントは人間活動＝労働にはその対象が必要で、それを「自然」と呼んでいるということである。そして、この結果、人間の本源的な活動としての生産活動＝労働とは、人間と自然との関係の意識的な構築行為であるということになる。つまり、「人間、自然、生産」の三者関係が、最初に措定される人間の最も根源的な関係である。マルクス経済学ではこの三者関係を特に「自然と人間との物質代謝」と呼んでいる。

　しかし、この三者関係は「人間が生きていくために必要とする活動」という上記の特質から見たとき、その対象たる「自然」に働きかける人間活動としての「生産」と、その結果として変革された自然から人間が「取得」する行為とによって成り立っているともいえる。つまり、図 1-1 のような関係となり、ここでは「取得」という要素が付け加わっている。

　この理解は人間の生産活動に関する理解を深める。というのは、ここでは「取得」が目的であり、「生産」が手段であり、それらはともに「自然」との間で結ばれる関係、すなわち「自然とのやりとり」であることがクリアーとされているからである。つまり、「取得」できるのであれば「生産」＝労働するが、そうでないならしない。あるいは、より量的な言い方をすれば、「どれだけ生産するかはどれだけ取得できるかによって決められる」こととなる。これを表現したものが近代経済学の「限界効用／生産力原理」である。

　たとえば、今、ある状況下で

限界的な１単位の労働投入の不効用

　　　＜　それにより限界的に追加取得される効用

であったとしよう。このとき、追加的な生産は「効用マイナス不効用」の純
増を得られるので追加生産をする。しかし、もしその追加生産で「限界的な
労働投入の不効用」が逓増し、あるいは「それにより限界的に追加取得され
る効用」が逓減するとしよう。前者は自由時間を限界まで切り詰めた際の労
働の不効用の大きさを想像すればわかるし、後者はいくら美味しくとも好物
を無限に食べられないことからもいえる。そして、この場合にはいずれ

　　限界的な１単位の労働投入の不効用

　　　＝　それにより限界的に追加取得される効用

なる状況が出現し、さらにもし生産増を続けると

　　限界的な１単位の労働投入の不効用

　　　＞　それにより限界的に追加取得される効用

なる状況にきてしまうこととなる。これは生産増が「効用マイナス不効用」
の純減をもたらすことを意味するから、追加生産は不合理となる。したがっ
て、人間は

　　限界的な１単位の労働投入の不効用

　　　＝　それにより限界的に追加取得される効用

となった時点で生産増をやめなければならない。このときの労働投入量を l、
それを変数とする労働不効用を D、その労働投入で生産される生産物量を y、
それを消費することによる効用を U とすると、この式は

$$\frac{dD}{dl} = \frac{dU}{dy} \cdot \frac{dy}{dl}$$

と表現できる。なお、この式を変形すると単純に $dD = dU$ とすることがで
きるが、これはこの労働による効用と不効用のそれぞれの増大幅が同じこと
を示している。これが効用最大化の条件となっており、この条件の成立する
ところで（「自然」への）労働投入量の決定が行なわれる。

　　したがって、人間による自然との物質代謝＝労働による生産とは、その

苦労の対価として効用を得んとする人間の主体的行動であり、そこで決められるのはどれだけの労働を投下するのか、という問題である。つまり、ここで決定されるのは労働の投下量であり、そのためにその労働による効用と不効用が比較されているのである。マルクスの「労働価値説」はこうした労働の基準性を根拠として「価値」を投下労働量で測るというものの考え方を基礎としている。その創始者のアダム・スミスは限界原理こそ持たなかったが、労働を「辛苦と煩労」すなわち「不効用」と捉え、その投下量こそが「あらゆるものの真の価格」すなわち「価値」であると述べている。このとき、この最適化行動によって決められた投下労働 l^* をそれによって生み出された生産物 y^* で割った値（l^*/y^*）が生産物 1 単位当たりの価値となる。

　ところで、この単位当たり価値はどのような諸変数の影響を受けているだろうか。このことは、上記の投下労働量＝価値決定のメカニズムを数学的に定式化することによって明らかにできる。そのためにまず、上で示した投下労働量の決定の関係式を特定しよう。上では $dD=dU$ との関係を示したが、これは言い換えると消費手段消費量 y と労働時間 l で構成される効用関数

$$U=U(y, l) \quad \partial U/\partial y > 0 \quad \partial U/\partial l < 0$$

の最大化問題であることがわかる。ただし、ここではこれを労働時間の減少関数としてではなく、各人が労働と余暇に配分可能な実質的な総時間 [2] マイナス労働時間で定義された自由時間の増加関数であるとすると、総時間を H、労働時間を l として

$$U=U(y, (H-l)) \quad \partial U/\partial y > 0, \ \partial U/\partial (H-l)) > 0$$

と定式化することができる。このとき、消費財から得られる効用と自由時間から得られる効用の間には一定の代替関係が存在するから、最も一般的なコブ・ダグラス型の効用関数

2）　1 日でいえば 24 時間マイナス「休息し睡眠しなければならない」時間、「食事をするとか、身を清めるとか、衣服を着るなどの」「その他の肉体的諸欲望を満足させるための時間」（マルクス）である。

$$U = Cy^{\alpha}(H - l)^{\beta}$$

を仮定することにしよう。C は正の定数であり、$0 < \alpha,\ \beta$ のとき、上の条件は保証される。また、上述の説明では両変数に関して限界効用が逓減することを想定していることになるから、$\alpha,\ \beta < 1$ も仮定される。他方、ここでの消費財の生産量 y は投下労働量 l の関数であるから

$$y = Al^{\gamma}$$

としよう。ここでの通常の仮定は収穫逓減技術を表す $0 < \gamma < 1$ であるが、後で述べる事情もあって $\gamma = 1$ のケースもありうるとしよう。このとき、上述の意味で最適な投下労働量 l を選択するという問題は展開された効用 $U = C\ (Al^{\gamma})^{\alpha}(H - 1)^{\beta}$ を最大化する問題となる。

したがって、この効用関数を l で偏微分して 0 とおく。すなわち、

$$\frac{\partial U}{\partial l} = CA^{\alpha}\gamma al^{\gamma\alpha-1}(H - l)^{\beta} - CA^{\alpha}\beta l^{\gamma\alpha}(H - l)^{\beta-1} = 0$$

$$\Leftrightarrow CA^{\alpha}l^{\gamma\alpha-1}(H - l)^{\beta-1}\{\gamma\alpha(H - l) - \beta l\} = 0$$

これを整理すると $\gamma\alpha H = (\gamma\alpha + \beta)l$ となるから、最適労働支出量は

$$l^* = \frac{\gamma\alpha}{\gamma\alpha + \beta}H$$

となる。また生産物 1 単位当たりの労働量は

$$\frac{l^*}{y^*} = \frac{\gamma\alpha H}{\gamma\alpha + \beta} \Big/ A\left(\frac{\gamma\alpha H}{\gamma\alpha + \beta}\right)^{\gamma} = \frac{1}{A}\left(\frac{\gamma\alpha H}{\gamma\alpha + \beta}\right)^{1-\gamma}$$

となり、A、γ、H、$\dfrac{\gamma\alpha}{\gamma\alpha + \beta}\left(= 1 \Big/ \left(1 + \dfrac{\beta}{\gamma\alpha}\right)\right)$ といった諸変数によってそれが左右されることがわかる。具体的には、①労働生産性 A の上昇は単位当たり労働量を下げる。②γ も A 一定のもとでは労働生産性を意味するから、

これが単位当たり労働量に影響を及ぼす[3]。③ H は本来自然的に決まる変数であるが、ここでもし家事に必要な労働時間が縮小するとかが起きれば実質的に H を増大することとなる。その場合は労働の限界不効用は低下するから労働供給量も増えて生産物の単位価値は上昇する。そして、最後に、④ $\frac{\gamma\alpha}{\gamma\alpha+\beta}$ の上昇は γ 一定のもとで効用関数における余暇の重要性の低下を意味するから H と同様、労働の限界不効用は低下して生産物の単位価値は上昇する。これらの事情が明らかとなった。

　これらの結果は、全体として①②といった技術的条件（生産関数のパラメータ）と③④といった人々の選好に関する諸条件（効用関数のパラメータ）によって価値が規定されることを示している。そして、マルクスは労働の不効用について詳細な分析を行なわなかったので③④の事情は説明しなかったが、①②の事情のみを論じたということとなる。が、もう少し突っ込んで論じると $\gamma=1$ のケースが以下の意味で最も「マルクス的」な状況であることがわかる。この場合、生産関数は $y=Al$ となって、そもそも生産物1単位当たりの労働量 l/y は $1/A$ という定数となることから自明ともいえるが、それが $\gamma=1$ のとき、上記のような最適化の結果としても成立し、効用関数の諸性質と無関係となることが重要である。マルクスは③④といった効用側の諸事情を無視したが、このことはこうした関係によって説明できる。

　なお、ここで確認しておきたいことは、$\gamma=1$ のときには限界生産力の逓減が存在しないので、いわゆる「限界生産力理論」は労働量＝価値の決定理論としては不要であるということである。限界効用原理のみで説明可能ということとなる。

　なお、このような「価値」概念の確立は商品経済が一般化する資本主義を待たねばならなかったが、そこで労働量が価値基準となったのはそれが商品経済の成立以前からすでに人間行動の基準となっていたからである（「どん

---

3)　γ の効果は複雑である。$\left(\frac{\gamma\alpha H}{\gamma\alpha+\beta}\right)^{1-\gamma}$ の部分を γ で偏微分すると、複雑な計算によって $\left(\frac{\gamma\alpha H}{\gamma\alpha+\beta}\right)^{1-\gamma}\left[-log\frac{\gamma\alpha H}{\gamma\alpha+\beta}+(1-\gamma)\frac{\beta}{\gamma\alpha+\beta}\right]$ となり、$0<\gamma\leq1$ なる γ の範囲で、γ が小さいときは γ の上昇とともに単位価値が上がること、γ が1に近くなれば γ の上昇とともに単位価値が下がることがわかる。

な状態のもとでも、生活手段の生産に費やされる労働時間は、人間の関心事でなければならなかった」『資本論』第1巻、ディーツ版、85ページ）。商品経済の成立以前には、異なる有用性（使用価値）を持つ異種商品間にある共通性があるとの認識には異なる商品が「等価」として相互に交換されているという状況が一般的ではなく、よって「等価」の根拠としての「商品価値」の成立が困難であった。しかし、そこでも生産量決定の基準としての生産物の「効用」と必要投下労働量の「不効用」との間のバランシング自体は人間労働の本質として存在していたのである[4]。

　この「労働価値説」で明確にしておかなければならない重要なことは、ここで投入されているものは労働以外にないということである。「自然」と区別された「人間」が支出できるものは「労働」しかなく、また、逆に「自然」は対象でしかないからである。「自然」はそれ自身運動し、たとえば農作物を実らせる。労働価値説の最初の提唱者であるウィリアム・ペティーもこのことを「労働は素材的富の父であり、土地（自然のこと――引用者）はその母である」と表現した[5]。この意味で「自然」がそのままで人間に「効用」をもたらすのは事実である。しかし、人間は、こうした自然の運動の全体を認識したうえで、何らかの作用を自然界に加え、その結果として何らかの追加的効用を「取得」しているのである。

　あるいは、もっといって、たとえば太陽が穀物を育てるという法則を持つ自然界に対して、ある量の労働の投入をすればある量の効用が取得できると

---

4)　ここでは極めて高度な生産力を有する社会が実現する以前のことを論じている。マルクスはそうした未来社会を「自由の国」と呼び、「窮乏や外的合目的性に迫られて労働する」社会である「必然の国」と対峙した。しかし、逆にこのことは「必然の国」の範囲での究極の目標とは「最小の力の支出によって、自分たちの人間性に最もふさわしい条件のもとで、この物質代謝（人間の自然との物質代謝のこと――引用者）を行なうこと」（マルクス『資本論』第3巻、ディーツ版、828ページ。以降、『資本論』の訳文はすべて大月書店刊の全集版、岡崎次郎訳によっている）となっている。すなわち本文に述べた労働の最も効率的な支出である。これはマルクスもまた、「必然の国」の範囲では（効用＝使用価値との比較において）労働支出の最小化が人類社会の目的であるとしていたことを示している。マルクスはこの箇所に続いて「必然の国」のかなたにある「自由の国」の「根本条件」は労働時間の短縮であると述べているが、これもまた労働支出の最小化である。

5)　マルクスもまた『資本論』第1巻第1章第2節でこのペティーの理解を肯定的に引用している。

の計算をして人間は労働投入量の決定を行なっている。したがって、ここで
は自然界の法則・運動は所与のものであって、問題はそれにどれだけの労働
を投入してどれだけの効用を取得するかということだけとなる。この意味で、
生産量＝労働投入量決定の主体としての人間にとって労働は唯一の投入要素、
その目的は効用ということとなるのであり、したがって人間の主体的な活動
にほかならない生産活動で秤量（計測）される対象としての「価値」は労働
価値以外の何物でもない。マルクス批判派は「投下太陽光価値説」や「投下
石油価値説」、「投下水価値説」、「投下土地価値説」といった各種の「価値
説」を持ち出して「投下労働価値説」と同列に置こうとするが、太陽光や石
油や水や土地は人間が「自然」との間で「労働」と交換する投入物ではなく、
人間にとって労働対象たる「自然」の一部として存在するものにすぎない
（それらはそれら自身の運動法則として自然内部での作用を持っているが……）。
太陽や大地、雨雲などの主体的活動として我々の研究対象たる「生産活動」
があるのであれば別であるが、それはもはや人間活動ではない。人間の生産
活動の本来的基準は労働以外にない[6]。

　なお、さらに1点付け加えれば、こうして労働の目的を「効用」とする言
い方は通常マルクス経済学ではなされていない。マルクスは生産される商品
には必ず「使用価値」が必要であると述べて、生産活動の目的が「使用価
値」の生産であることを明確にしたが、これは消費者に「効用」を与えるも
のを作っているということであり、どちらの言葉を使っても意味は変わらな
い。従来のマルクス経済学者は「効用」という言葉を使った途端に、労働価
値説の否定につながるものと考え、それを控えてきたが、その誤解のポイン
トは、生産活動とは得られる「効用」とバランスをとれる「労働」だけが選
択的に投入されているのだとの理解がされなかったことにある。「取得」さ

6）　ここで「本来的基準」としたのは、人類史の具体的段階においては資本家の「利潤最大化」
　や封建領主の「剰余生産最大化」がありうるからである。しかし、これらの最大化行動も投下労
　働と獲得効用との秤量であるとの生産活動の基本的性格の特殊なあり方にすぎない。松尾
　（2007）は価値概念を「投下石油量」で測るか「投下水量」で測るか「投下土地量」で測るかは
　「立場の問題」とするが、生産活動の活動主体が人間である限りは「立場の問題」ではなく客観
　的に「投下労働量」のみがその計測の単位とならなければならない。

れるのは「効用」ではあっても、それとバランスされているのは投入された「労働」量であるから、この理解でも十分「自然」への投入物は唯一労働のみであり、かつまたその価値の評価基準は労働のみであることがわかる。労働価値説はこの意味で自然な考え方である。

人間・生産手段・生産──精神労働と肉体労働

　しかし、こうして人間の生産活動＝労働を分析してそこに「人間、自然、生産」の三者関係が存在することを明らかにしても、それはまだ抽象的である。なぜなら、人間の現実の生産活動に「参加」をする「自然」には実は「労働対象」だけではなく、道具や機械などの「労働手段」もあり、この両者（労働対象と労働手段）は合わせて「生産手段」と呼ばれる。そして、これらは我々が労働する際に接する「自然」が単なる「自然」ではなく、多くの場合、人間によって加工された「自然」であること、また動物とは異なる人間労働の本質を知らしめる。そのことは「労働手段」においてより明確となる。

　というのはこういうことである。マルクスは次のように述べて、労働手段を特別に重視していたが、それは「人間の労働力の発達」を表示するものであるとの認識のもとに、「どのようにして」生産が行なわれるかが重要であると考えていたからである。すなわち、

> 「なにがつくられるかではなく、どのようにして、どんな労働手段でつくられるかが、いろいろな経済的時代を区別する」「労働手段は、人間の労働力の発達の測度器であるだけでなく、労働がそのなかで行なわれる社会的諸関係の表示器でもある」
>
> （マルクス『資本論』第1巻、ディーツ版、195ページ）

　ここでは、労働手段によって時代が区分されるという根拠が、それによって「人間の労働力の発達」が表示されるからとの認識が示されている。そして、その認識は人間の生産活動の動物とは異なる決定的な違いを、その構想

力の有無にあると考えているところからきている。上記の引用文のすぐ前に
書かれているもう 1 カ所の非常に有名なマルクスの言葉には、次のようなも
のがある。すなわち、

> 「蜘蛛は、織匠の作業にも似た作業をするし、蜜蜂はその蠟房の構造
> によって多くの人間の建築師を赤面させる。しかし、もともと、最悪
> の建築師でさえ最良の蜜蜂にまさっているというのは、建築師は蠟房
> を蠟で築く前にすでに頭のなかで築いているからである。労働過程の
> 終わりには、その始めにすでに労働者の心象のなかには存在していた、
> つまり観念的にはすでに存在していた結果が出てくるのである」
>
> （マルクス『資本論』第 1 巻、ディーツ版、193 ページ）

　この言葉には「労働手段」という言葉こそ存在しないものの、人間が労働
に先立って生産活動＝労働の結果を自分の頭の中に置いていることを重視し
ている。そして、重要なことは、そうした心象形成は、どのような「労働手
段」を作り準備するのかという選択ですでに行なわれていることである。ハ
ンマーを作り準備するということは、「打つ」という作業によって必要な加
工が労働対象に施されることを前提としており、弓矢を準備することは、
「射る」ことで労働対象を獲得できるということを前提としているからであ
る。この意味で、人間が労働手段を作るようになったというのは、その生産
活動に先立つ事前の心象形成能力＝構想力が深く事前的になったことを意味
する。もっといえば、この事前の構想能力がより深くより事前的となれば、
労働手段もそれにつれて変化する。そのためにマルクスは労働手段の発達度
合いが人間の発達度合いを決すると述べたのである。
　ところで、一部のサルは極めて原始的な道具を使用するといわれる。ブラ
ジル高原地帯に棲むフサオマキザルというサルは、中身を取り出すため硬い
ヤシの実の殻を壊すのに大きな石を使用するという。また、ラッコやエジプ
トハゲワシも石を使って貝やダチョウの卵を割るというから基本的には同じ
である。これらは彼らが石の使用後の心象を形成しえているという意味で非

常にすぐれた能力を持っていることを示しているが、それはまだ「道具を使う能力」であって「道具を作る能力」ではない。そして、実は、さらに一部の例外的な動物も極めて原始的な道具を作れることを付け加えなければならない。具体的には、木の枝を折って葉をむしり取りそれを白アリの巣の穴に差し込んで蟻釣りをするチンパンジーと、これも木の枝などから道具を作って木の中の虫をとるニューカレドニアガラスである。これは「道具を使う能力」をさらに超えるから別格である。しかし、それでもこれらの道具は人間のそれとは比べものにならない原初的なものであるから、その心象形成能力に乗り越えがたい隔絶の存在することを否定できない。マルクスはベンジャミン・フランクリンの言葉を肯定的に引用して「道具を作る動物」として人間を定義できるとしているから[7]、上記のチンパンジーやニューカレドニアガラスのことを認識できていないが、それは上記の趣旨から決定的な問題とはいえない。「道具の発達度合いが人間の発達度合いを表現する」のであるから、その度合いにこそ注目をすればそれですむからである。チンパンジーやニューカレドニアガラスのそれと我々人類のそれとを比較することはできない。

　また、先に述べた労働手段のほとんどは人工物である、という点にも再度注目されたい。我々人類はフサオマキザルやラッコやエジプトハゲワシではないから、ほとんどの道具は人工物である。そして、実は、こうした人工物として人類が「道具」を発達させてきたのには、人類創生の始原に遡る気の遠くなるくらいに永い進化の歴史が存在したのである。

　「人類」創生に関する学説は数多いが、ここではチンパンジーとの共通祖先からの分岐とされる700万年前を出発点としよう。そのとき、二足歩行を開始したサヘラントロプスはすでにチンパンジーと同じ程度には狩猟による肉食を開始していたが、本書第6章末で再述するようにその時点で狩猟ない

7）「現代」においてこの立場を学問的に大成させたのは Oakley（1959）である。この学説はその後、上記のような一部の例外的動物の発見によって影響力を失ったが、近年、Stout（2016）による脳神経学的実験考古学の発達によって復活をしてきている。スタウトの説では、道具の製作・発達が人間の脳や言語能力・「教育」の発達をもたらしたことが示唆されている。

し防御用の武器を持っていた可能性は高い。人類はその祖先が持っていたかぎ型の爪と牙[8]（それに樹上生活に有利な四肢と長い尾）を失ったために、どうしても「武器」を必要としたのである。特に、この時代の人類が発火法を知らず、よって穀類を栄養源とできなかったことを知ることも重要である。この条件下では骨髄や脳を含む生肉の獲得はタンパク源として極めて重要であったのである。このことは、年じゅう草を食べ続けているサバンナの草食動物やジャングルのゴリラの生態や胃腸の長さを見ればよくわかる。

　しかし、もっと重要なのはこうして人類が作り出した道具には、その後調理技術なども加わりつつ、生物学的進化より早い「進化」が実現し、それがさらに脳の発達を促したことである。道具を持たない（作れない）動物は自分の体が進化することなしに生活スタイルの変化を実現できないが、人類は自分の体の延長に道具を作れるようになったがために、その道具の変革で新たな生活スタイルを獲得できるようになった。これが上に引用したマルクスの言葉の趣旨である。つまり、人類はさまざまに構想して自分の体の延長たる道具を作りかえるという方法で「社会的な進化」を始めることができるようになった。よって、これ以降、生物界には生物学上の進化を伴わない社会的な進化の歴史が始まることとなったのである。ともかく、道具というものの特別の重要性を理解されたい。

　こうして人類は道具を作り、その身体的制約を乗り越えて生産活動を主とする諸活動を展開できるようになったが、このことは将来の心象形成＝構想の出発点となる道具の製作とその利用が別の人物によってなされる可能性を生み出す。つまり、道具を作る労働と道具を使う労働の分業の可能性が生じるのであって、これは狩猟と採集、農業と工業との分業よりも根源的である。なぜなら、狩猟と採集、農業と工業との分業はその成果を互酬ないし交換によって単に受け取りあうだけの「横の分業」であるのに対し、道具の製作と使用は最終生産物の生産に至る生産の全過程における構想と実行という「縦の分業」を意味しているからである。この分業は精神労働と肉体労働が分離

---

8)　実際、古人類学では「犬歯の縮小」がヒトの起源として非常に重視されている。

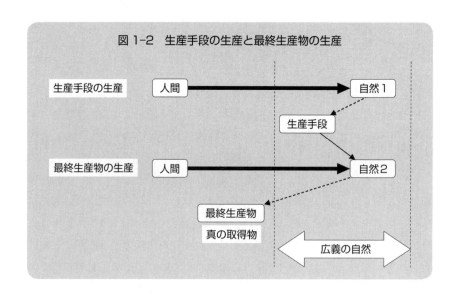

図 1-2　生産手段の生産と最終生産物の生産

生産手段の生産　人間　　　　　　　　　　　自然 1

生産手段

最終生産物の生産　人間　　　　　　　　　　　自然 2

最終生産物
真の取得物
　　　　　　　　　広義の自然

される可能性を意味する。

　他方、こうして道具、より一般的には生産手段の存在を考慮した場合、前項で述べた「労働価値説」の理解はさらに深められる。というのは、ここでは「人間」が対峙するところの「自然」は2度にわたって加工され、その第1段階たる「生産手段の生産」において生産された道具が第2段階の「最終生産物の生産」活動において投入・使用されることとなっているからである。この関係を図示すれば図1-2のようになる。

　ここで重要なのは、生産手段もまた人間が自然に働きかけて取得した自然の一部であるということである。このことを示すために、人間が労働投入する過程の矢印を太線で示し、自然界からの取得の過程の矢印を破線で示した。このことにより、人間の生産活動とは結局自然界への労働投入で何らかの最終生産物を得るものであることが再確認される。この場合のように生産活動が二重化しても、その本質は人間と自然との関係に還元されるのである。

　このことの理解が不十分であると、前項で述べた「労働価値説」の否定につながることがある。生産におけるふたつの生産要素の存在に惑わされて、生産活動における究極の要素が唯一、労働のみであることを見失うことがあ

るからである。「労働価値説」では、この場合、最終生産物 1 単位の価値は、その生産のために消耗した生産手段の部分価値（100 時間の労働で生産される道具が 100 個の最終生産物を作るのに使用できるなら 100/100 ＝ 1 時間労働）プラス第 2 段階で直接支出される労働の量（たとえば 2 時間労働）の合計（この場合 3 時間労働）と計算される。マルクスはこのうち最終生産段階で使用される直接労働を「生きた労働」と呼び、第 1 段階で使用される間接労働を「死んだ労働」や「過去の労働」と呼んだ。この合計を「労働価値説」では「価値」とするのである。

　ところで、こうして生産手段に含まれる労働量も投下労働量としてカウントすることは、「労働価値説」にとっては別種の重要性もある。というのは、「労働価値説」にとって最も親和性の高い状況は「価値」として観念されるもの（その直接的表現は「価格」となる）と「投下労働量」とが比例関係にある場合であるが、この状況は生産活動における生産手段の役割の増大によってより現れやすいからである。こうして「価値」として観念されるものと「投下労働量」が比例的な関係を形成する狭義の「労働価値説」は「投下労働価値説」と呼ばれるが、こうした状況を仮に「労働価値説的状況」と呼ぶとすると、そのようなケースは 6 ページで示したような生産手段の明示されない生産関数では実は困難である。6 ページで提起した生産関数 $y = Al^\gamma$ の場合では、γ が 1 でなければならなくなるが、それでは労働投入による生産が収穫逓減でなくなり、非現実的となるからである。しかし、生産手段を考慮した生産関数を導入すると話は違ってくる。

　その理由を説明しよう。資本主義以前の生産様式ではともかく、資本主義の生産様式は生産手段が生活活動において決定的に重要な役割を演ずる。このため、上記のような生産関数ではなく、生産手段投入 k を含んだ生産関数を簡略化して次のように設定しよう。本格的な設定は第 4 章で行なわれるが、必要最低限の説明のためにここではこの生産手段投入をフローでのみ記述する。すなわち、

$$y = Al^{\gamma_1}k^{\gamma_2}$$

と設定しよう。このとき、ここで導入した生産手段生産の生産関数も設定しなければならなくなるから、それを

$$k = Bl^{\gamma_3} k^{\gamma_4}$$

と設定しよう。そうすると、この式は

$$k = B^{\frac{1}{1-\gamma_4}} l^{\frac{\gamma_3}{1-\gamma_4}}$$

と変形することができ、さらにこれを先の生産関数（消費手段の生産関数）に代入すると

$$y = Al^{\gamma_1} \left(B^{\frac{1}{1-\gamma_4}} l^{\frac{\gamma_3}{1-\gamma_4}} \right)^{\gamma_2} = AB^{\frac{1}{1-\gamma_4}} l^{\gamma_1} l^{\frac{\gamma_2 \gamma_3}{1-\gamma_4}} = AB^{\frac{1}{1-\gamma_4}} l^{\gamma_1 + \frac{\gamma_2 \gamma_3}{1-\gamma_4}}$$

となるから、もしここでそれぞれの生産関数における $\frac{\gamma_3}{1-\gamma_4}$ や $\gamma_1 + \frac{\gamma_2 \gamma_3}{1-\gamma_4}$ が1となるのであれば「労働価値説的状況」が実現する。そして、それは γ_1、γ_2、γ_3、γ_4 のすべてが0と1の間にある（各生産要素に対する）収穫逓減技術でも $\gamma_1 + \gamma_2 = 1$、$\gamma_3 + \gamma_4 = 1$（という規模に関する収穫一定状況）であれば成立することが簡単にわかる（各人確かめられたい）[9]。

　したがって、「価値」として観念されるものと「投下労働量」との比例性とは生産活動において生産手段がより重要な役割を果たすようになった資本主義においてこそ現実的なものとなったということができる。前項では、異なる有用性（使用価値）を持つ異種商品間にある共通性があるとの認識には

9）　この条件は「規模に関する収穫一定」と呼ばれ、自然な条件として認められている。マルクスには Negishi（1985）の第4章が述べるように「規模に関する収穫逓増」を仮定していたとみられるところがあるが、本書の立場とは異なる。なお、大西（2019）は最低必要資本量（「事業規模の固有の最小限度」（『資本論』第3巻第40章））概念の導入によって各企業の長期費用曲線を導出し、そこから各産業の長期供給曲線は水平になるとした。ミクロ経済学の教科書にも類似の説明があるが、大西（2019）の場合は労働投入量を基準としているところが異なる。いずれにしてもこの状況は長期における収穫一定状況にほかならない。

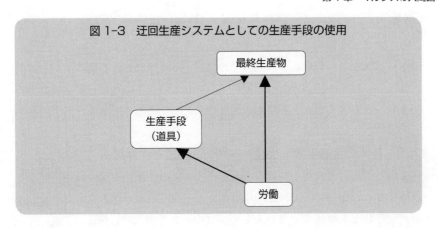

図 1-3　迂回生産システムとしての生産手段の使用

異なる商品が「等価」として相互に交換されているという状況が「労働価値説的状況」には必要であったと書いたが、この意味では、それには市場制度の完成とともに、「価値」と「投下労働量」との比例関係の成立という原因もあったことになる[10]。

　なお、こうした生産の二重構造はふたつの直接的生産要素と最終生産物および投下労働との関係として、図 1-3 のようによりシンプルに示すこともできる。ここでは、最終生産物の生産においてふたつの生産要素が投入＝使用されることを明示しつつも、そのうちの「道具」もまた社会の全人間労働の一部により生産されたものであること、またそのため社会的総労働は「生産手段」生産のための労働と最終消費財生産のための労働に大きく 2 分割されることを示している。また、これは、人類が自分の持つ総労働をすべて最終生産物の直接生産に使っているのではなく、その一部を将来の生産に利用するための事前の作業として使っていることを意味しているから、この意味で「迂回生産」をしていると理解することもできる。ここではその部門を

---

10)　実のところ、資本主義にとって決定的だった機械制大工業の成立は熟練の解体による労働の単純化・標準化によっても異種労働を比較可能なものと扱う「抽象的人間労働」の実体化をもたらし、それを基礎とした「価値」概念の成立を導いている。各種商品を製造するための労働は具体的有用労働であるが、それぞれに異なる具体的労働の背後に「抽象的人間労働」と呼ぶべき共通な労働を想定しうるためには、そうした現実の実態も必要であったのである。この意味でも「価値」概念は歴史的制約を持っている。

「道具生産」としてイメージしてきたが、より正確には「生産手段生産」であり、産業革命後の社会では「機械生産」となることによって、この度合いがさらに強まる。しかし、人類はその当初から「道具を作る動物」として始まり、それはその時点から「迂回生産」をしていたということが重要である。つまり、これは人類にとって本質的な特徴としてあるのである。

人間・他人の生産手段・生産——所有、階級と生産関係

　こうして人間と自然との物質代謝過程としての生産＝労働の理解は一段と具体化されたが、そこで決定的な役割を持った「生産手段」は上記のように最終生産物と同時に生産されるものではない。そのため、図1-2で見た第1段階と第2段階の生産過程は一般に分離され、よって第2段階の生産ではその担い手が当初から「生産手段」を既定のものとして利用できる立場にある。たとえば、大工はノコギリやノミを使うが、それらを作っているわけではなく、購入して所有している。また、漁師は釣竿を一般には個人的に所有している。このために彼らは心おきなくそれらの生産手段を利用して生産活動にいそしむことができるのである。

　しかし、こうした生産手段がノコギリやノミ、釣竿といった小さく廉価なものでなく、かつ個別生産者が貧しい場合はどうなるであろうか。たとえば、地引き網のような魚網は大がかりで共同労働を必要とするものであるから個々の漁民が持っているわけではなく、共同で所有するか誰かリーダー格の者が所有することになる。これは産業革命後の大型化した「道具」すなわち機械においてより典型的となり、多数の生産者が同時に利用する機械は共同所有でなければ誰か資本家が独占的に所有するものとなった。こうして「所有」の問題が、生産における生産手段の重要性の高まりに沿って生じることとなっている。

　そうすると、この場合には、この重要な生産手段を所有する者と所有しない者との利害の相違、もっというと対立が生じることとなり、それを「生産関係」と呼ぶ。典型的には資本主義における生産手段の所有者たる資本家と非所有者たる労働者との階級関係であり、それは生産過程における支配者と

被支配者の関係でもある。もちろん、広義には同様の階級区分を人類はそれ以前の歴史時代にも持っており、農奴制の時代には、最重要な生産手段たる土地は農民と領主が二重に「所有」するという独特な状況が生み出され[11]、さらに遡る奴隷制の時代には（小さな道具しか持たなかったという生産条件のもとで）最重要な「生産手段」として奴隷が奴隷主によって扱われ、彼らが「所有」されていた。この意味では、生身の人間が他人に「所有」されることのなくなった資本主義は明らかに進んだ歴史段階といえるが、農奴制の時代と比べて資本主義下の労働者は生産手段の所有関係上において後退しているということが重要である。

　実際、農奴制下では土地所有権の半分＝「下級所有権」＝「占有権」は農民に保持されており、したがって、農奴主は農業労働のあれこれを細かく農奴に指示することなく、農民は自由に土地を使用することができた。農民はこの自由とともに、土地から離れて生きていけないという制約＝土地以外には何も持たないので土地にしがみつくしかないという不自由（土地緊縛）にも甘んじなければならなかったが、いったんその不自由を甘受するならば、生産過程においては完全に自由であった。これは土地を「所有」、正確には「占有」しているということを条件としているものであった。

　しかし、生産手段が資本家に所有され、労働者が他人の生産手段を使用するしかないことになると状況が一変する。資本家は労働者に「俺の機械を使う以上は……」とさまざまな要求をすることができるようになるからである。たとえば、労働者に機械を貸し出す際には「使用料」に関する要求をし、労働者を雇う際には「賃金」を安く設定することができ、あるいは仕事の強度や内容にも口を出すことが可能となる。なぜなら、もしそれらの要求を労働者が拒否するのであれば、資本家は彼をクビにすればすむが、労働者は生産手段なしでは何も生産できないから飢え死にすることになる。これは「生産手段なしに何も生産できない」状況、すなわち、生産手段が生産過程において決定的に重要な位置を占めるようになったという条件が決定的に作用して

---

11)　農奴制に対するこの理解は中村（1977）参照。

いる。この条件における資本家の労働者に対する強制権はマルクスによって「労働への専制的指揮権」と表現された（第3章で詳述）。これは「資本」とは何かということ自体へのマルクスの回答、すなわち「資本」の定義そのものでもあるとともに[12]、資本主義的生産関係＝階級関係とは指揮する者と指揮される者の関係であるということを端的に示している。

　こうした関係が成立する条件、すなわち①生産手段が生産過程において決定的に重要な要素となり、かつまた②その「所有」が労働者（直接的生産者）によってなされないという条件を明確にするために、そうでなかった時代を思い起こすことは重要である。たとえば、①の条件については、これは生産手段とともに生産過程で使用されるもうひとつの生産要素たる労働力＝「直接労働」のほうがより重要な要素となっていた、前資本制的な手工業の場合がそれである。ここでは高い熟練度を持つ職人の「熟練」こそが生産過程における最も決定的な要素であって、そのためにここでは「道具」の所有関係は重要な要素とはならない。「熟練」を誰が持っているか、どう育成するかだけが問題なのであって、生産手段の所有関係は重要ではなかった。これは、決定的な生産要素が人間の外に人間と対峙して現れるのではなく、人間の「腕」の中に、すなわち人間と不可分な形で現れるということが事柄のポイントとなっている。そして、もしそうすれば、こうした前資本制的な状況ではなく、人間の個性や創造性といった、人間がその身体と不可分に有する力量が生産手段の重要性に勝ることによって、生産手段の所有者が生産過程において決定的な権力を保持し続けることはできなくなるような未来社会も想定しうる。これが私の考えるポスト資本主義社会の生産力的条件である。

　この意味で、現在課題となっている「教育の無償化」や貧困家庭への教育保障も所得分配上の政策ではなく生産力的な意味での政策と捉えることが必要である。

　また、②の条件も重要である。私は旧ソ連や東欧、毛沢東時代の中国などを「社会主義」とは捉えずに「国家資本主義」と捉えるが（これは別に議論）、

---

12) いうまでもなく、マルクスによるもうひとつの「資本」の定義は「自己増殖する価値」である。

20

その時代、「工場長」が生産過程で専制的な労働への指揮権を持たなかったのは彼らが生産手段の所有者ではなかったからである。つまり、こうして「国有」という曖昧な所有のあり方は生産過程の労働指揮権を弱くし、これらの社会はそれを補完するために党組織による国民監視を必要としたのであった。逆にいうと、かの地の党組織による国民監視はそれだけ生産過程における労働指揮権が弱かったことを反映しているのである。これは、ユーゴスラビアにおける非国家主義的な自主管理企業においても同じであった。そして、最後に、労働者の富裕化を前提とした大衆化した株主による透明で厳しい説明責任を伴う株式上場制度には、もっと積極的な意味での「生産手段の社会化」の可能性が孕まれていると私は考えている[13]。

したがって、これらとの対比の中で生産手段が決定的な時代、かつまたその「所有」が労働者（直接的生産者）によってなされない時代を考えるとき、生産手段は「労働への専制的指揮権」という権力（強制力）に転化し、社会にさまざまな軋轢・矛盾・対立を生み出すこととなるが、こうした状況はマルクスによって「労働疎外」という概念で哲学的にも深められている。なぜなら、ここで労働者に強制を行なう主体は本来は労働者が労働によって作り出したものであるにもかかわらず（前項で述べた「第1段階」の生産）、現在は労働者の外に立つ外的で敵対的な存在となっているからである。前項では最終生産段階で使用される直接労働を「生きた労働」と呼び、それに先立つ生産手段生産における間接労働を「死んだ労働」や「過去の労働」と呼んだから、このタームを使えば、この支配・被支配関係は「死んだ労働」による「生きた労働」の支配ということもできる[14]。また、前項では「精神労働と肉体労働の分業」の可能性を論じたが、このレベルで論じ直すと、この分業の可能性は今や決定的となった生産手段が資本家に独占されることによって必然性にまで高められることとなった。そして、この分業は生産手段の所有者による構想とそれに基づく労働の一方的指揮、およびその指揮下の労働者

---

13)　この点は、第4章第Ⅳ節でくわしく論じる。

14)　「生きている労働を支配する過去の労働」（マルクス『資本論』第3巻、ディーツ版、55ページ）。

の単なる実行との分離ということになる。深い事前の心象形成能力こそが動物と異なる人間の本質的な特質であったとすれば、そうした人間の本質的特質を労働者は奪われ、労働指揮者の単なる道具に貶められるのである。

II　上部構造の唯物論的理解

対自然関係における上部構造——国家とイデオロギーの生産力的役割

　以上により、人間の本源的な活動としての生産＝労働の人間的本質、特徴、現実について見たが、人間社会は「生産」のレベルのみで諸活動をしているわけではない。宗教を含む思想や文化を形成し、またある時期以降は国家を作って政治的な活動・行動をも行なうなどさまざまに活動している。「上部構造」として一括されるこれらの諸活動はそれ自身が生活手段を「生産」するものではないが、それらもまた、人間が本質的に「生きていく」という物質的必要の生み出したものであることを本節では論じる。そして、その最初のものは、国家成立以前の原始的な自然崇拝の宗教活動である。

　この場合、「自然崇拝」であるから、太陽や月などの天体、あるいは山や海、さらに動物や樹木などの生物が畏敬の対象となるが、「畏敬」という言葉が示すように、当時の人々はそれらをときに崇め、ときに畏れた。これらは人間の自然制御能力が圧倒的に低く、それらが決して「支配」の対象でなかったことを意味している。そして、人間はまだ採集と狩猟で食べ物をとっている限り、それらの恵みを乞い、また怒りを鎮めねばならなかった[15]。つまり、恵みを乞い、怒りを鎮める諸行為は彼らの生活上の不可欠の作業であったのであって、「生活上の必要事」あるいは表現を進めれば一種の「生産

---

15)　日本の古代文化における銅鐸と銅剣はこの両者に対応する。銅鐸は神を讃え、銅剣は魔物を追い払う役割を果たした。ゾロアスター教、バラモン教などに正邪の神が存在するのもこれと関係している。したがって、人間の正邪の感覚とは、そもそも人間生活にありがたいものとありがたくないものとが自然界に存在したことに始まっている。なお、これらとは別に古代人は「生命の再生産」に関わり、生殖器やそのシンボルとしての月をイメージした土偶などの文化財を遺している。太陽は農耕社会において決定的に重要となるが、他方の月は「生命の再生産」と関わらせて重視されている。この点は Neumann（1963）参照。

活動」であったということになる。もちろん、現在の我々の科学的知識からすれば、いかに生贄を捧げてもそれによって天体の運行に変化はない。しかし、それは現在の認識ではそうであるということでしかないのであって、当時の認識では生贄は天地の怒りを鎮めるための、すなわち人間が食べ続けるために決定的に重要な社会的活動であったのであって、この段階では「生産活動」と「宗教活動」はまだ未分化であったということになる。もちろん、このために多数の人々が生贄となって殺されたとしても、それもまた人間が生きるために必要な「文化的」＝「生的」な活動であったのである。

　しかし、もちろん、時代の経過にしたがって、こうした「宗教活動」が「生産活動」と区別されるようになる。なぜなら、「宗教活動」には神との通信を行なえる特殊な人物＝祈禱師が必要となり、それは一般の生産者とは異なるばかりでなく、天地を左右するそうした宗教行為は個別の生産活動よりずっと大きな生産力的な意味を持っていたからである。そして、このため、人々の神への畏敬は祈禱師への畏敬へと拡張し、よって祈禱師は人間社会に大きな影響力を発揮しうる社会的リーダーとなる。彼／彼女が隣接するコミュニティーと戦争をせよといえば戦争をし、彼／彼女が必要とする生贄の数は必ず揃えられなければならなかった。ちなみに、中国殷王朝やインカの戦争は生贄獲得のためのものでもあって、生贄を要する原始宗教と戦争は不可分の関係にあった。

　しかし、この社会的リーダーの存在をすぐそのまま「国家の成立」とすることはできない。私の考えでは、「国家の成立」とするにはこうした社会的リーダーの世襲化が必要であって、共同体構成員の誰が選ばれることになるかがわからない状況下では、「リーダー」ではあっても「王家」とは呼べないと考えるからである。考古学上は、さまざまな宝物と一緒に丁寧に埋葬された幼児の遺骨がときに発見されるが、この場合はこの幼児の才能が評価されたとは考えられないので、社会的リーダーの世襲化が行なわれたと考えることができる。しかし、この過程において「政治の宗教からの自立」は徐々に進行する。

　実際、この社会的リーダーは単に純粋な宗教活動のために戦争を指示する

だけではなく、共同体の純粋生産力的な必要事（これを「共同事務」という）をさまざまに指導した。たとえば、洪水を抑えるための堤防の建設や森の管理などがあったであろう。これらは単なる信仰上の行為ではないから「宗教活動」ということはできない。直接的に純粋な生産活動であり、あるいはこのために家長が集まる会議を開いたり、共同体成員全員を集める場所、つまり会議場や広場の建設も社会的リーダーは指導しなければならなかった。ただし、本項として重要なのは、これらもまた「生産上の必要事」としてこれらの政治的行為がとり行なわれるということである。ともかく、ここまでくると「政治の宗教からの自立」は明確となる。

　これらの過程は農業の発生と発展によって飛躍的に進む[16]。というのは、農業の発展は雨量や気温、それに季節の移り変わり、すなわち暦への強い関心をもたらすから（これがわからないといつ植えていつ刈り取るべきかがわからない）、人間の自然界との関係は単なる信仰の領域を超えて自然科学的な認識を必要とするようになるとともに（「自然科学」の「宗教」からの自立）、宗教の対象は自然界を離れてもっと人間関係的なものとなる。社会はどうあるべきか、人はどう生きるべきかといった人間関係を律する規律として述べられるようになり、これによって、その後の宗教は社会のさまざまなあり方を反映・代表する思想として存在することとなる[17]。

　これは実は後に述べる階級関係とも深い関わりがあるのであるが、そのひとつの典型は封建社会の必要を代表した儒教である。封建時代は手工業的には前述のように熟練に依存する社会であるから、その熟練形成のための独特な人間関係、具体的には徒弟制を必要とする。この場合の熟練は、近代的な科学的知識によって得られるのではなく、ただ従順に親方を頂点とする年長者の指示に従うことによってのみ獲得することができる。このため、年長者

---

16)　遊牧社会でも最終的にはその生産の出来不出来は草の発育状況に依存するという意味で、この特徴は同じであった。

17)　自然に関する科学の成立に遅れ、19世紀にはマルクス主義が社会に関する科学的法則的な認識を提示し、よって宗教の領域をさらに縮小した。多くの宗教がマルクス主義に敵対的となるひとつの理由はここにある。

を敬う年功序列の思想、「忠」を重んじる思想は直接にこの独特な生産力を
支えることができた。儒教の中でも日本で力を持った朱子学は特にこの面を
強く持ったために、日本の封建的生産力の発展に極めて大きな役割を果たす
こととなったのである。

　また、こうした宗教の直接生産力的なあり方はプロテスタンティズムにお
いても見ることができる。マックス・ウェーバーはこの思想の個人主義的、
企業家主義的側面に注目して資本主義形成に決定的な役割を果たしたと述べ
たが、同種のことは実はマルクスによっても述べられている。マルクスは
『資本論』で以下のように述べて「プロテスタンティズムや理神論など」が
商品生産社会に適合的であることを主張していたからである。すなわち、

> 「商品生産者の一般的な社会的生産関係は、彼らの生産物を商品とし
> て、したがって価値として取り扱い、この物的な形態において彼らの
> 私的労働を同等な人間労働として互いに関係させるということにある
> ……（そこでは——引用者）抽象的人間にたいする礼拝を含むキリス
> ト教、ことにそのブルジョワ的発展であるプロテスタント教や理神論
> などとしてのキリスト教が最も適当な宗教形態である」
>
> （マルクス『資本論』第1巻、ディーツ版、93ページ）

　もちろん、マックス・ウェーバーとマルクスとは同じではなく、ウェーバ
ーは思想が社会を形成したと主張し、マルクスは社会が思想を形成したと主
張する。しかし、後者が「社会が思想を形成する」ということの一部には当
該社会の安定のためにその思想が寄与するということも含まれるのであって、
この限りでは「思想が社会を形成する」ともいえる。とすると、問題は、プ
ロテスタンティズムが資本主義形成期に初めて影響力を拡大したのはなぜか、
ということになる。逆にいうと、プロテスタンティズムに似た考えがそれ以
前に誰かによって考えつかれても、それはたとえば奴隷制時代や原始共産制
期に適合的ではないから社会から排除される（少なくとも定着しない）。そし
て、その適合性が生じて初めて同意する者が現れ、あるいは誰かが思いつく

こととなった。この意味で、プロテスタンティズムが資本主義を作ったのではなく、資本主義の必要性がプロテスタンティズムをもたらしたのである。

　なお、農、工、商をともに「仏業」として推進する宗教改革は日本でも江戸期に禅宗において行なわれており、そのことを山本（1979）はくわしく論じている。この場合は利潤追求的な資本主義ではなく「ただ世のため人のために業を行なうのは尊い」とするような労働重視の思想であったので、封建制・資本制の双方に適合的な思想形成といえるかもしれないが。

　生産力と文化の関係についても論じておきたい。宗教その他の思想と区別された「文化」にも宗教その他の思想と同様、次に述べる階級支配の正当化・対抗イデオロギーとしての役割にとどまらず、直接に生産力的な役割がある。たとえば、遊牧民の文化は遊牧生活に極めて適合的である。

　というのはこういうことである。遊牧民は草原を移動することによって初めて大量の草食動物の飼育を実現できるので、そのためには移動に適切な家屋を発明せねばならなかったが、それだけではなく家財を軽く少量にしなければならなかった。これは「質素」を美しいと感じる生活感覚と結びつき、彼らからすると農耕民が家に持ち込む装飾品はゴミのように見える。私は永らく中国の辺境民との交流の中でこの感覚を十分理解することができた。また、持ち物を少なくするという文化は、汎用性の高いものを重んじるという文化でもあり、その名残りは成年男子が短剣を自身の宝とする風習にも残されている。遊牧民にとって短剣は料理の際も食事の際も、そして最後には闘いの際にも利用できる非常に汎用性の高いものであって、用途別にさまざまなモノを持つ生活を彼らはよしとしない。これは明らかに「文化」であり、彼らの生産力の性格が必要とし、よって生み出したものである。こうして、我々が自然に身につけている「文化」とは、実はこのようなものである。生産力のあり方が生活のあり方を決め、それにはそれに適合的な生活感覚もが含まれる。さまざまな民族が持つ「文化」とは、こうしてそれぞれの生産・生活様式の必要を表現したものにほかならない。もちろん、この結果、各民族が農業革命や産業革命を経て生産・生活様式の転換を必要とする際には、その「文化」もまた革命されねばならないことになる。

　以上は、「文化」が生産力の質＝性格にどのように規定されているかに関する問題であるが、「生産力」には質とともに量＝高さもあり、それも文化を深く規定している。たとえば、現代人はほぼ全世界的に同種の服を日常着るようになったが、この「文化革命」も生産力の発展を根本的な条件としているといえる。というのは、運動に制約がなくなったという利点以外にも、体の大きさによって大小に作り分けられる巨大な繊維・アパレル産業の生産力がそれを可能としたということが重要である。日本の和服は体の前で〝打ち合わせ〟を重ねるが、これは太い細いに関係なく同じ服を着られるようにするための工夫であったし、〝お太鼓〟とは足の長さに裾を合わせて太鼓の胴のように結び、これもまたどんな身長の者も同じ服を着られるようにするためのものであった。ふんどしやターバンなど体の周りに細長い布を巻きつけるタイプのものも、同じ必要から生み出されたものである。

　さらに、もっと「衝撃的」な例を挙げれば、熱帯の原始狩猟民がしばらく前まで保っていた首狩りという文化も、その生産力の高さが不可避としたものであった。私は「首狩り族」として知られるマレーシア北ボルネオに住むイバン族の村を訪問したことがあるが、そこでは結婚を希望する男性は他村の男性の生首をどうしてもひとつ狩ってこなければならないというルールが存在した。もちろん、これは現代まで継がれているルールではないが、狩猟採集で生きる民の人口制限のひとつの方法であると理解される。狩猟採集社会は土地面積当たりの人口保蔵能力は極めて低いから、人口密度をある臨界値内にとどめおくために子孫を残せる男性の数を制約する必要があり、その必要を満たすためにイバン族は男性の狩猟民としての能力を基準としたことになる。彼らは狩猟民としてはだしで川に入ってワニと闘わねばならず、そうした力量のあるなしは首を他村から狩ってこられるかどうかで判断することができる。妥当な判断基準である。

　しかし、ここで重要なことは、こうした独自の「文化」が単に独特であるだけではなく、殺される側に「人権」の概念がないことである。この社会では他人の結婚のために何の罪もなく殺される他村の男性が人権を侵害されたというような感覚は存在しない。すなわち、人権という概念自体が根本的に

存在しないか根本的に異なる概念となっている。「人権概念」もまた「生産力」に厳格に規定されていることを確認しておきたい。

階級社会における上部構造──階級国家とイデオロギー

こうして「生産力」と区別された領域にある「上部構造」の直接に生産力的な特質を知ることができるが、こうした「生産力」の中で「生産手段」の占める位置が拡大し、かつそれが直接的生産者（労働者）によって「所有」されない事態に至ったとき、「階級」という問題が関わってくることを前節では論じた。そして、この現実に存在する「階級」もまた「上部構造」を構成する文化やイデオロギー、政治に規定的に関わっている。

もちろん、「政治」に関わるのは「階級」だけではない。一般に異なる「産業」、異なる「地域」、異なる「民族」、異なる「ジェンダー」など異なる利害を持つそれぞれの社会集団は政治＝国家関係において自身の利害のために動いているのであって、まず根本的に認識されねばならないことは、人間社会の構成員はそれぞれ異なった利益を持っているということである。近代経済学では一般に各人の相違は選好の相違に矮小化されているが、それでは現実社会を少しも認識することにはならない。そして、これは「政治」の世界において特に明確となる。

たとえば、私は中国研究者でもあるので、中国の基層社会における民主選挙の導入の影響を調べたことがあるが（大西（2011））、そこでは導入以前に自己の個別的利害要求をできずにいた社会集団が一挙に要求実現に走り出している。たとえば、大宗族がその利益代表を候補として出し、他宗族候補に勝つようなケースであり、その場合、以前には主張することさえできなかった要求が「選挙結果」という根拠によって実現できるようになっている。政治とはこうして市民社会内部で実現できなかった要求を実現させる別種の要求追求手段なのであって、実は「労働者階級は民主選挙によって自己利益を代表する政党を選出しよう」と主張するのと同じことである。政治とはそうした独自の利益追求手段である。

しかし、このようにさまざまな社会集団が政治の場で自己利益を追求する

といっても、どのような社会集団であるのかも問題である。もちろん、「産業」も「地域」も「民族」も「ジェンダー」も個別利益を政治の場面で要求をしているが、それらの社会集団がどれも生産手段の所有問題と根源的に関わっていることが重要である。たとえば、「産業」にはいろいろな種類があるが、現代において最も根源的な産業間対立は農工間対立であると思われる。これは地域問題とも深く関わり、政治の焦点はFTA（自由貿易協定）やTPP（環太平洋経済連携協定）の締結、農業保護の是非などをめぐって常に揺れている。そして、ここで十分理解しておかなければならないことは、少なくとも東アジア農業にとっての「農民」とはひとつの階級であるということである。労働者は直接には生産手段を持たないが、農民は小土地所有者として存在している。このため、彼らは労働者階級に属するのではなく、またもちろん（労働指揮権の発動者としての）資本家階級でもないから、独自の階級である。この階級の利害をめぐる対立が「産業」と「地域」をめぐる最も大きな規定因として作用しているのである。

　これは「民族」においても同じである。先に遊牧民の文化は「遊牧」という独自の産業と不可分に結びついていることを述べたが、それを言い換えると民族間対立とは産業間対立の別表現である。中国内モンゴルの非都市圏では、モンゴル族は（日本の農民と同じく生産手段を「保有」した自営業者としての）牧民として生き、その生産物を漢族は商人として買い叩きにくる。したがって、ここでの民族対立は牧畜業の利益と商業の利益の対立である。あるいは、内モンゴルやチベット、新疆ウイグル自治区の都市部では漢族は資本家として、少数民族は主に労働者として暮らしている。この結果、本来は資本家と労働者との対立であるものが、民族対立という外観を形成しているのである[18]。

　最後に、「ジェンダー」の問題が少なくとも現代日本において階級問題ないし労働問題に密接に関わっていることを述べておきたい。というのは、現代日本においては、保育所整備の問題も、老人介護の問題も、正規労働者の

---

18)　これらの問題は、大西（2008）、大西編（2012）参照。

長時間労働の問題も、それらは事実上すべて女性の働く権利の問題として存在しているからである。もっというと、労働現場における正規労働者の長時間労働と非正規労働者の差別こそがジェンダー差別の中心問題として現在は存在するからである[19]。両性関係・家族関係の歴史は被搾取者たる労働者・農奴・奴隷の人口＝労働力の供給強制の抑圧関係史であったとの理解も存在する[20]。

　したがって、ここでは異なる利害を持つ社会諸集団の中心的存在をひとまず階級として話を進めよう。そうすると、諸階級がそれぞれに政治的手段を用いてそれぞれの利益を政治の場＝国家において追求している様が浮かび上がる。生産手段を所有する階級は一般に富裕な階級でもあるから、もちろんこの対立は富者と貧者の対立でもある。累進課税の是非をめぐる闘争、消費税か所得税か資産税かといった論争はこの具体的形態である。もちろん、この闘争のために各階級は自己利益追求のための政党をも結成する。これにより、階級闘争は一般に政党間闘争・権力闘争としての形をとることになる。

　しかし、上部構造を構成するものは「政治」＝「国家」の領域にとどまらない。文化や思想・イデオロギーの分野でもこの闘争は繰り広げられる。つまり、各階級は「政治」における自身の利益代表とともに、「思想・イデオロギー」の分野においても自身の利益代表を形成する。日本では東日本大震災に伴う原発事故を契機に今までどれだけの学者たちが原発推進のために雇われてきたかを知ることとなったが、一体全体、上述のように利益のうずまく現実の社会を考えた場合、社会を論じる「学問」や思想・イデオロギーが「利益中立的」であることは不可能である。どのような社会的提案をしようとも、それによって社会の全構成員が同じ割合で利益を受けることは絶対にできないからである[21]。

　このことを説明するために、私はいつもある小さな村が近隣の都市と鉄道で結ばれるようになった際の影響を例に挙げている。というのは、このような交通手段の発達はそれ自身としては歴史的進歩に違いないのであるが、そ

19）　たとえば、基礎経済科学研究所（1995）参照。
20）　青柳（2010）がその代表である。

うした村民の都市へのアクセス権の改善は、買い物客が都市に流れることによって村の小商店の没落を招くかもしれないからである。こうして村民の大多数にとっての利益も、ある一部分の人々には不利益として現れる。人間社会がのっぺらぼうで均質な人間によって成立しているものでない以上、すべての社会的変化、すべての社会的提案はこうした利害対立のどちらかの利益しか本来は代表できない。そして、もしそうであれば、それぞれの利害関係者はそもそも利益のために行動しているのであるから（これが本書の最初からの人間観であった）、それぞれの利益を追求して政治行動も起こせば（政治的利害代表者をサポートすれば）、利益を「学問」や「思想」として代表する者たちをサポートもしている。私自身もこうした社会の中で生きる学者のひとりとして、自身の利害代表性を自覚している。社会にうずまく諸利益から中立的な社会科学はありえない。マルクス派では階級闘争には、経済レベルの「経済闘争」、政治レベルの「政治闘争」とともに、思想・イデオロギーレベルの「イデオロギー闘争」があるというが、その意味はこのようなところにある。

　しかし、それではマルクス派の理論は最初から労働者に肩入れした偏った理論であるのかといえばそうではない。微妙な違いに見えるかもしれないが、「中立性」と「客観性」との似て非なる性格をよくよく理解するところにこの解答はある。マルクスの言葉によって再現すれば次のようになる。

> 「ブルジョワジーはフランスとイギリスではすでに政権を獲得していた。そのときから、階級闘争は、実際的にも理論的にも、ますますあからさまな険悪な形をとってきた。それは科学的なブルジョア経済学の弔鐘を鳴らした。いまや問題は、これとあれとどちらの定理が正しいかではなく、それが資本にとって有益か有害か、好都合か不都合か、

---

21)　厳密にいうと社会的総生産ないし総効用を増大させることのできる変化はその追加的生産ないし効用（余剰）の適切な再分配によって全構成員に利益を分配できる。いわゆるウィン＝ウィン関係の成立である。逆にいえば、そうならないゼロ・サム的な状況で諸社会構成員の対立がより激化する。ゼロ成長下の先進国はそのひとつの典型である。

> 反警察的であるかそうでないか、だった。私利をはなれた研究に代わ
> って金で雇われた喧嘩売りが現われ、とらわれない科学的研究に代わ
> って弁護論の無良心と悪意とが現われた（傍点は引用者）」
>
> （マルクス『資本論』第1巻第2版後記、ディーツ版、21ページ）

　この言葉にはいろいろな意味が込められている。というのは、まずは「ブ
ルジョワ経済学」もある時点までは科学的であったと述べていることであっ
て、ここではマルクスはそれを担った学者たちの「私利をはなれた」「とら
われない」態度が彼らをして「ブルジョワ経済学」としての性格を担わせた、
つまり資本家階級の利害代表としての機能を果たさしめたとしているからで
ある。つまり、ここでは科学としての絶対条件である「私利をはなれた」
「とらわれない」態度はあるときある条件のもとで特定の利害関係者に有利
に働く帰結をもたらすが、それは私利によってその結論を導いたのではなく、
私利を離れることによってのみ達成されたものと理解されている。逆にいう
と、そのブルジョワジーが政権をとってしまったそのときから、その経済学
は私利にとらわれたものとなって科学ではなくなったとしているのである[22]。
私はこの「とらわれのなさ」を「客観性」という言葉で表現したいと考えて
いる。

　その趣旨から再び私自身の表現に戻れば、マルクスは資本主義に反対した
のではないとの認識が重要である。資本主義が必要な時代がどの国にも必ず
あり、そのことはその限りで資本家階級をサポートしなければならないこと
を意味する。そして、まさに「政権を獲得するまでのブルジョワ経済学」は
「私利にとらわれることなく」客観的科学的にそのことを認識することがで
きた。これはマルクス経済学も科学である限り当然のことである。もっとい

---

22)　このくだりを読んで思い起こすのは、中国マルクス経済学者の現状である。今や中国でも近
　　代経済学が主流派となり、各大学経済学院ではマルクス経済学者に特別の便宜はほとんどない。
　　ただし、中国ではマルクス経済学が逆に不当に貶められているようにも思われず、両派経済学は
　　ほどよくバランスされている。このバランス感覚が日本や欧米の近代経済学優勢の学問状況との
　　違いである。

うと、たとえブルジョワジーが政権をとっていても、資本主義という社会制度がすぐに不要となるわけではなく、それは資本主義が生産力発展にとってすでに時代遅れとなったのかなっていないのかに依存する。つまり、依然として有効な体制である限りはマルクス経済学もまた、本質的に資本主義の擁護者でなければならない。もちろん、これは「私利をはなれて」達成されるべき認識でなければならず、その「とらわれ」の有無は「資本主義を擁護する」といってもそのあり方に大きな違いをもたらすかもしれない。たとえば現在、中国やベトナムではマルクス主義政党が資本主義的発展を推進しているが、それは完全に正当なことである。しかし、同時にその微妙な推進のあり方が「私利をはなれた」客観的科学的なものになっているか＝行きすぎた資本家擁護になっていないかどうかが問題となるように、である[23]。

　しかし、それでももう一度強調しておきたいのは、この「私利をはなれる」ことが極めて困難なことである。本書の人間観は唯物論的なものであるという意味では、本質的に不可能なことであるともいえる。それは私が社会科学者として「人々は自己利益で行動する」といいながら、「科学者だけはそうであってはならない」といっているようなものであるからである。というよりむしろ、ここでは「科学者も自己利益で動き、よって各社会集団の利益代表として機能している」と客観的に認識することが重要であろう。それは、この認識がそれ自体として真に客観的であり、よってそれ自体として「利益代表的」でないからである。

　というのはこういうことである。さまざまな思想家・イデオローグが何らかの社会集団の利益を代表しようとするとき（これは意図的な利益代表、意図せざる利益代表であるとを問わない）、彼が真に利益代表たりうるためには自身の理屈を「利益代表」と認めるわけにはいかないからである。逆にいうと、「世の学者たちは基本的に利益代表にすぎない」との認識は自身を含む学者たちの理屈を相対化する議論であるから、真の利益代表としてはいってはな

---

[23]　この視点からこの30年の中国政治指導者の姿勢を評価すると、江沢民には一方的な偏りがあり、胡錦濤ではバランスが調整され、習近平ではさらに労働者・農民寄りに路線修正がなされた、となる。

らない議論である。彼らはどうしても「私がこういうのは中立的に考えた結果である」と主張しなければならないのであって、こう主張しない学者は雇い主にとっても役に立たない学者、つまり利益代表にもなれない学者ということになるからである。学者はどうしてもこの意味で「中立性」を装わねばならない。いきなり特定社会集団の利益を論じるのではなく、どの社会集団にも「中立的」と映る分析装置を考えつき、また「査読制度」や「学会賞」などの「客観的」な学術評価システムを志向するのはそのためである[24]。いうまでもなく、マルクス派はそれ自身が欺瞞的であると主張するのであるが。

　重要なことなので繰り返すが、このような利益代表は支配階級の側にいるだけではなく、被支配階級の側にもいる。そして、その側で被支配者の利益を代表する者たちは心優しき人が多いかもしれない。支配される者たちは一般に弱者で、それを救おうとする心情は一般に美しいものだからである。あるいは、学者はそれ自身が支配階級ではなく、「雇われ人」にすぎないので、その「雇われ人」との共通利害を発見して被支配者と「連帯」しようとする場合もあろう。しかし、ここでの問題はそのどちらもが「私利を離れた」ものではないということである。先の小村と都市との鉄道建設の例に明らかなように、誰か弱者が不利益を受けることだけである政策に反対することはできない。これはそもそも、資本主義の生成・発展期に資本主義制度を促進・維持するというマルクス派の態度は弱者の立場に常にあったわけでないことを示している。この問題を明確にするために、私は大西（2001）で「左翼主義」と「マルクス主義」の区別という問題を正面から提起した。いうまでもなく、ここでは「弱者の立場」が「左翼主義」であり[25]、弱者の立場からも強者の立場からも独立に客観的に社会を分析する立場が「マルクス主義」である。簡単な図式であるが、明確化のためにこれを図にすると図1-4のよ

24）　この叙述は「学問」レベルの「イデオロギー」を念頭に置いているが、これを宗教に置き換えると次のようになる。すなわち、「いきなり特定社会集団の利益を論じるのではなく、どの社会集団にも「中立的」と映る道徳を考えつき、また独自の「しきたり」が形成されるのはそのためである」。たとえば、チベットの土着宗教であったボン教における左回りの、チベット仏教における右回りの神聖化、ヒンズー教やイスラム教における食事制限、各種宗教の断食や修行、祈りの儀式などである。これらはすべて「中立性」の装いのための装置にすぎない。

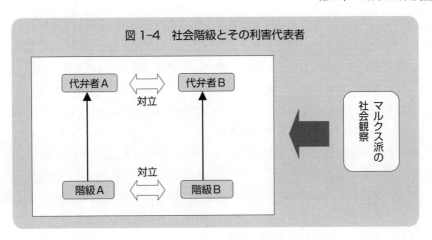

図 1-4　社会階級とその利害代表者

うになる。

　何の変哲もない図であるが、図示した趣旨は、こうした社会観からマルクス派は社会を外から（＝客観的に）観察しているのであって、左の枠内で説明される対象としての「代弁者」では決してないということにある。学者とは一般に不生産的な代弁者であって、そういう私自身も京都大学職員組合と全国国公立大学の労働組合連合体（全国大学高専教職員組合）の委員長もしたから、「利益代表」として機能したことがある。しかし、それは科学者として働いたのではなく、社会科学によって説明される社会的存在としての行動

---

25)　この対極にあるのが強者の立場の「右翼主義」である。先の小村と都市との間の鉄道建設の例では弱者の不利益を圧することがあっても鉄道建設を推進する立場、資本主義一般の例でいうと資本家の指導性を根拠にその優遇策を主張する立場である。社会の発展のためにはこうした立場も重要な役割を果たし、マルクス派的社会観とときに一致する。これはときに「左翼主義」とも意見や立場が一致するのと同じである。ただし、問題はどのようなときにどちらの立場と一致するかであり、その解答には当該社会の生産力発展の正確な状況理解が不可欠となる。なお、「右翼主義」にはシオニズムや日の丸右翼、大漢族主義といった支配民族擁護の思想、「左翼主義」には被抑圧民族解放の流れがあるが、これらもまた強者の論理と弱者の論理の一例である。これに対し、マルクス主義は生産力発展を基準に諸民族・諸個人はそれをどう実現するかに留意し、その実現に適合しない民族が消滅したり呑み込まれたりするという歴史の現実を論じる。たとえば、極めて原始的初期的な農業しか持たなかった縄文人が稲作を行なう弥生人に支配されるに至ったというような状況の説明である。ただし、他方で諸民族の生産力段階に合った適切な保護関税など産業保護政策といった被抑圧民族側の運動も支持する。

をとったにすぎない。学者もまた私学労働者であったり、公務員であったり
し、かつまた男性であったり女性であったり、地方の出身者であったり都会
の出身者であったりして、社会内で彼／彼女自身の利益を追求しなければな
らない立場にあるから、いかに科学者として客観的な学問をしていても、他
方で必ず自己利益のための行動・主張をしないわけにはいかない。このため、
すべての学者はいかにマルクス主義者であってもそれぞれの主張のすべてを
客観的科学の営為として展開するわけにいかないこともまた、事態の複雑さ
を形成している。

　もっというと、客観的社会科学の困難さの根源は前述のように利益代表者
としての社会的役割を果たすうえでその主張を客観的科学的でないと主張で
きないこと（私も組合委員長の際にはそうはいわなかった）から予想されるご
とく、そうした客観的認識はどの社会集団からも敬遠されることにある。
「この主張は客観的で中立的である」と主張しつつ利益を代弁してもらえる
のはありがたいが、「これは科学でなく単なる利益の代弁である」との理論
を有しつつ主張されてもそれは弱々しくときには有害でさえある。このため
に、マルクス派の客観的科学的なイデオロギーの認識は他の代弁者の攻撃の
材料としては有効でも、自己利益の代弁者としては役立たない。労働者階級
を含む社会的弱者の利益を守りたいとする左翼勢力がときにマルクス派を意
識的、無意識的に排除するのはそのためである。

　したがって、真の客観的社会科学には本質的にいかなるサポーターも存在
しない。せいぜいある特定社会集団がその対抗イデオロギーを批判しようと
する際に、対抗イデオロギーの相対化のために利用することができる程度で
ある。そして、その結果、真の客観的社会科学は孤高の精神なしに維持でき
ない本質を持つこととなるのである。現在、大学と学術界に対して、「社会
に役立つ学問を」との圧力が強くかけられているが、この圧力は極めて危険
である。「役に立つ」との内容がほとんどの場合、何らかの社会集団への利
益に貢献する、ということとなっているためで、この圧力は客観的科学の余
地を狭める。社会科学も自然科学と同じく、対象の法則を客観的に認識する
活動であり、それが役立つか役立たないかは本来別の問題である。真理か真

理でないか、事実か事実でないかはそれがどのような社会的インプリケーションを持つかとは独立に存在するものであるからである。この意味で、マルクス派の社会科学は「科学」を「科学」として（つまり「有益性」と切り離して）価値あるものと認める一種の科学主義として存在する。

　なお、以上では文化・思想・イデオロギーを学問・科学の領域を中心に論じたが、本来は宗教もひとつの重要な領域である。そして、これは前項でその直接に生産力と関わる教義についてはすでに論じたが、もっと階級的な内容も簡単に議論しておかなければならない。原始時代に遡る自然崇拝の宗教に対して、階級社会成立後の宗教はやはり人間社会の現実たる階級の問題と無関係に存在できなくなったからである。そして、実のところ、少なくとも仏教、キリスト教、イスラム教の 3 宗教は神仏の前の万民平等を掲げて支配階級に対する被支配階級の解放思想として成立し拡がったことを指摘できる。たとえば、当初ムハンマドは多神教を説いて王族たちに歓迎されたが、後に一神教に転化して万民平等を説くようになった際、彼らの弾圧を受ける。しかし、逆に貧者や奴隷たちの支持を得て巨大な帝国を建設する。原始キリスト教については土井（1966）がくわしいが、キリスト教には 1960 年代以降、アメリカ黒人のキリスト教徒、中南米のカトリック急進派、アフリカ教会などで台頭した「解放の神学」というものもある。さらに、儒教の男尊女卑と闘う思想として中国唐代の女帝則天武后が仏教を奨励したということもある。

　しかし、これら 3 宗教とも多くの場合、支配階級の支配のための道具としての役割を果たしてきたというのが現実である。これには鎮護国家の思想として機能した奈良・平安期の日本の初期仏教や、ヨーロッパ中世の教会権力、さらに自らも農奴主階級として君臨した解放前のチベット仏教などがある。特にチベット仏教では、「輪廻転生」の仏教思想が「農奴に生まれたのは前世が悪かったから、領主に生まれたのは前世が良かったから」という理屈で農奴制維持のために直接利用された。こうして各種宗教は諸社会集団（階級）の利益代表として機能していたのである。

階級国家とイデオロギーの生産力的性格

　こうして、国家＝政治と文化・思想・イデオロギーは生産力からの直接的な規定性と階級関係からの規定性の二重の規定性を持っていることがわかったが、そうしたふたつの規定性はどう関わっているのだろうか。一見するとこのふたつは相対立しているように見えるが、実は後者もまた前者の「生産力」の派生物として密接不可分に関わっている。

　というのはこういうことである。まず、「階級」というものの発生は生産過程において「生産手段」が決定的に重要になったという生産力的状況を反映しているが、それにも増して重要なのは、そうした階級関係を含む当該の生産関係はそれぞれの時代に適合的なものであるということである。先にも述べたが、資本主義が適切な時代には資本主義が維持されなければならず、農奴制が適切な時代にはそれが維持されなければならない。これはそれぞれ資本家階級、農奴主階級がその指導階級として擁護されなければならないことを示しており、その意味で支配階級の政治・文化・思想・イデオロギー上の代弁者も生産力的に有益な役割を果たしているからである。たとえば、資本主義制度下で労働を指揮する者たちが適切に成長しなければ生産力発展はない。決定的に重要となった生産手段を蓄積する階級が成長しなければ生産力発展はない、というようにである。つまり、こうして支配階級の利益擁護者もその特定の階級利益のみへの貢献ではなく、迂回的には全社会的な貢献をしているのである[26]。ときにこうした諸政策がまじめな＝「私利から離れた」学者たちによって主張されることがあるのはそのためである。

　しかし、こうはいっても、被支配階級の利益を代表することが反生産力的というわけでは必ずしもない。というのは、奴隷制から農奴制、農奴制から資本主義への転換でも、直接的生産者（被支配階級）の人格上の独立性は明らかに進展しており、したがって、人格上の独立を推進したこうした努力を

---

26)　このことをマルクスは以下のような文章で表現している。すなわち「人間社会の意識的再建に直接に先行する歴史時代に人類一般の発展が確保され達成されるということは、じっさい、ただ個人的発達の極度の浪費によるよりほかはないのである」（『資本論』第3巻第5章、ディーツ版、99ページ）。

歴史進歩的なものであったといえるからである。あるいは、これも先に触れたが、もし生産過程における決定的な生産要素の地位を人間の外にある生産手段から人間が取り戻せるのだとすると、その重要な候補は個性や創造力といった人間力となろうが、その発達のためには十分な賃金と労働時間の短縮がなければならない。これは資本家側の自発的な経営改革として行なわれることもあるが、多くの場合は労働者側からの圧力で実現されよう。この意味で左翼ないし被支配者側の圧力もまた歴史的な生産力発展に寄与することができるのである。

　このような意味で、歴史の進歩とは一般に、支配階級側の利益も代表・推進されることを必要とするとともに、被支配階級の利益も代表・推進されなければならない。いわば、そのふたつの推進力は90度の角度で別方向を向いたふたつのベクトルのようなもので、その合成力が結果としての歴史の進歩をもたらしている、というような理解である。

　実をいうと、こうした上部構造における「生産力」か「階級問題」か、といった問題は国家の本質規定をめぐって展開された過去の論争と本質的に同質のものである。というのは、国家の場合は、国家の「公共的機能」と「階級的機能」とが対峙され、前者を本質と見る「公共国家論」と後者を本質と見る「階級国家論」[27]とが相戦ったからである。

　しかし、以上に見たように、「階級的」であることは「生産力的」でないことを意味しない。人類が階級社会を形成しなければならない時代において「階級的」であること（たとえば資本家をサポートして資本蓄積を推進すること）は「生産力的」であるからである。そして、もしそうであれば、「階級的」であることは「公共的」でもありえよう。特に、ここで「国家の公共的機能」というものに産業基盤整備の公共投資がイメージされている場合はそう

---

27)　特定の階級が国家権力を握った状態をマルクス主義では「階級独裁」と呼ぶ。たとえば、関ヶ原の戦いで独裁者は豊臣家から徳川家に移ったが、それは「武士階級」内部の権力移行にすぎなかった。「豊臣家独裁」から「徳川家独裁」に変化したものの「武士階級の独裁」であることに変化はなかった。こうした次元での国家の性格理解を可能とするのが「階級独裁」という概念である。

である。それは明確に「生産力的」であるが、同時に「産業基盤整備」であるから「階級的」でもある。「公共国家論」が他方で強調する国家の社会福祉行政も、私にいわせれば「生産力的」である。それが労働者の労働力再生産を保証するからである。この意味からは、「公共国家論」は「公共的」かどうかを問題とするのではなく「生産力」こそを問題としなければならなかったのである。

　ともかく、ここでのポイントは「階級的」たることと「生産力的」たることを矛盾なきものとして理解するところにある。

Ⅲ　土台が上部構造を規定するとはどういうことか

上部構造の反作用と相対的自律性①──政治運動における相対的自律性

　なお、歴史上の階級国家が経済的土台に規定されつつも相対的には自律していることは、政治革命が生じるための条件を以下のようなゲーム理論で示すことで説明することができる。多数者ではあっても、あるいは多数者であるがゆえに簡単には団結することのできない被支配階級が政治革命のために団結するにはどのような条件が必要かをモデル化できるからである[28]。

　そのために、「多数の被支配階級構成員」をまずは簡単化のために2人と仮定し、団結して支配階級と闘うかフリーライド（不団結）するかの2択の状況にいるものとする。その典型的なケースはゲーム論の表現形式で示すと次の表1-1のようになろう。各マスに書かれた2つの数字の最初のものは各ケースにおける被支配階級成員Aの利得、数字の2つ目のものは被支配階級成員Bの利得を表している。この表1-1の場合、両者が団結すればフリーライドの場合よりも両者ともに利益を得ることができるが、この利得構造下では相手がどんな態度であったとしても各人は常にフリーライドする（相手が団結しようとしてもフリーライドする、あるいは相手がフリーライドしようとすれば自分もそうする）のが利益となっている。そのため、このとき、

---

28)　本項は武藤（2015）のモデルをヒントにしている。

表1-1　被支配階級成員が団結できない状況（囚人のジレンマ・ケース）

		被支配階級成員Bの選択	
		団結	フリーライド
被支配階級成員Aの選択	団結	68, 68	54, 81
	フリーライド	81, 54	<u>60, 60</u>

表1-2　被支配階級成員が革命家とフリーライダーに分裂する状況（チキンゲーム・ケース）

		被支配階級成員Bの選択	
		団結	フリーライド
被支配階級成員Aの選択	団結	104, 104	<u>72, 108</u>
	フリーライド	<u>108, 72</u>	60, 60

（団結×フリーライド）×（団結×フリーライド）の計4つのうちの（フリーライド、フリーライド）のケースが社会的に選択されることとなり、両構成員はともに60の利得を得る。これは双方が団結することで双方が獲得できる利得68より小さいので「社会的ジレンマ」の一種として認められている「囚人のジレンマ」状況となっている。つまり、この状況では被支配階級は団結することができず、不利益を受けながらもその状態から脱することができない。

　ただし、実は、このような状況よりもある意味ではもっと悪い状況も現実にはあり、それは次の表1-2のような利得構造として表現することができる。この場合には不団結による不利益の発生がより厳しいものとなり、よって相手が不団結（フリーライド）の場合には自分は無理をしてでも階級利益を守る側（「団結」の側）にいなければならなくなっている。自分もまた階級利益を無視することで自分の利得も低くなる（60になる）よりは自分だけでも頑張って階級利益の側に立つことが自分のためにも利益となる（利得が72に増える）からである。これは「チキンゲーム」といわれるゲームの状況を

表 1-3　被支配階級成員が一致団結して革命を起こす状況
（非問題状況）

		被支配階級成員 B の選択	
		団結	フリーライド
被支配階級成員 A の選択	団結	160, 160	100, 150
	フリーライド	150, 100	60, 60

表しているが、このとき各成員はなるべく他人に階級闘争を闘わせて自分だけ利益を得たいと考えることになる。ただ、どうしても他人が闘わないなら自分がやるしかないという状況で仕方なく闘うのだから恨みも強くなる。「団結しない」ことが真の意味で「フリーライド」になる状況であり、実をいうと、現在の日本の労働組合運動などはこの状況に近いと考えられる。

　しかし、被支配階級はときに団結して社会体制の転覆をしている。これはまた別の利得構造が生じさせるもので、それは上の**表 1-3** のような場合である。ここでは、団結して獲得できる利得の改善が非常に大きくなり（利得がともに 160 となる）、よってフリーライドしようとした側もそうしないこと＝団結することのほうがより望ましくなっているからである。つまり、過去に被支配階級の団結による革命があったということは、それほどに大きな「革命によるメリット」があったということを意味している。体制転換が歴史的に求められる状況とはそのような状況であろう。そして、そのような状況になるのであれば、それまで団結することのなかった被支配階級も団結するに至るのである。このケースは双方ともに同じ選択（ここでは団結）をすることが社会的に見ても合理的となっている（社会的総利得が 160＋160）。この意味でこの状況は「社会的ジレンマ状況」を脱しており、「非問題状況」といわれている。

　なお、こうして各構成員が迷うことなく同じ選択をするようなケースはほかにもある。次の**表 1-4** に示されたように、両者ともが団結する状態（この場合の利得は 56, 56）以上に、「団結」することなくいわば支配階級に協力

表 1-4　被支配階級成員が現状に満足して革命を起こさない状況
（非問題状況）

		被支配階級成員 B の選択	
		団結	フリーライド
被支配階級成員 A の選択	団結	56, 56	48, 72
	フリーライド	72, 48	<u>60, 60</u>

する状態（被支配階級同士の不団結＝「フリーライド」の選択）のほうが両者ともに望ましい（両者の利得は 60, 60 に増える）こともありうるからである。イメージでいうと、現社会体制は基本的にうまく機能しており、それを革命によって転覆しても（被支配階級にとっても）利益にはならないような状況である。厳密にいうと実はこの場合にも、相手には「団結」させておいて自分だけフリーライドすることで個人的には最大の利得（72）を得ることができるが、それは双方ともにいえることなので両者ともにフリーライドすることで右下の状態が実現されることとなっている。ただ、この状態は左上の両者団結の場合よりも双方ともに良い結果を帰結する。これが表 1-1 のケースとの違いであって、その意味でのこの状態も「非問題状況」に分類されることになる。

　こうして、被支配階級成員の団結／フリーライド問題はそれによってもたらされる利得構造に規定されていることがわかったが、それをより明確にするために以上の利得構造を数値例によってではなく、一般的な数式として示してみよう。そうすると、革命運動による支配階級の譲歩と革命運動に参加することのコストをうまく表現するという問題となり、たとえば次の表 1-5 のような構造を考えることができよう。ここでは、革命前の現状における両成員の利得を S（status quo）としたうえで、1 人の革命運動への参加により改善する被支配階級成員への社会的な利得の改善を F（fruit）とし（これは運動参加者の人数に比例して増える。1 人なら「社会改良」にとどまり、2 人なら「社会革命」に至るというイメージ）、また「革命運動参加のコスト」は各人の時間が活動に割かれることによる個別的利得の縮小率 h を導入するこ

表 1-5 被支配階級成員の団結／不団結問題を決める利得構造

		被支配階級成員 B の選択	
		団結	フリーライド
被支配階級成員 A の選択	団結	$h(S+2F)$, $h(S+2F)$	$h(S+F)$, $S+F$
	フリーライド	$S+F$, $h(S+F)$	S, S

とで表現している（ここでは $0<h<1$）。実のところ、先の表 1-1、1-2、1-3、1-4 は $S=60$、$h=2/3$ としたうえで、それぞれに $F=21$、48、90、12 を代入して得られたものである。これは結局、$1-h$ で表現される革命運動参加の各人へのコストと運動による社会改良／社会革命の利益（F）とのバランスで運動の発展度合いが決まること、言い換えるとこれらの事情によって決まる（$h(S+2F)$, $h(S+2F)$）と現状（S, S）との大小関係が革命の社会的当否を決め、それがさらに社会構成員個人にとっての革命の当否を決めることを表現していることになる。F や h に注目すれば、それらはともに大きければ大きいほど革命を有益なものと認定することになる。

　実際、上記の 4 状況の違いは S が以下のどの領域に存在するかによって決まっている。具体的には、

状況①　$\dfrac{2h}{1-h}F < S$ のとき　　　表 1-4 で示された現状満足の非問題状況

状況②　$\dfrac{h}{1-h}F < S < \dfrac{2h}{1-h}F$ のとき　　　表 1-1 で示された皆が不団結となる囚人のジレンマ・ケース

状況③　$\dfrac{2h-1}{1-h}F < S < \dfrac{h}{1-h}F$ のとき　　　表 1-2 で示された革命家とフリーライダーに分裂するチキンゲーム・ケース

状況④　$S < \dfrac{2h-1}{1-h}F$ のとき　　　表 1-3 で示された一致団結による革命成就の非問題状況（このケースは h が 1/2 以下のとき存在しない）

　この結果は史的唯物論にとって極めて興味深い。なぜなら、状況①や④は

全社会的に見て望ましい経済状態が社会構成員によって社会運動的＝政治的にも正しく選択されているという意味で経済的土台と上部構造が正確に照応しているが、状況②や③ではその照応が破れているからである。つまり、ある条件のもとでは経済的土台の要請を上部構造がうまく反映できない、言い換えると上部構造の経済的土台からの相対的自律性が示されているからである。社会変革が客観的には求められていても政治レベルでの革命が生じないという状況の表現となっている。このモデルでは、それはまだ革命後に期待される状況の改善が革命のコストを十分上回っていないことによることが示されている。言い換えると、革命の成功のためにはかなりの程度に現状 S が悪化するか、運動の成果 F が相当程度に大きなものにならなければならないことが示されているからである。マルクス主義の用語でいえば、かなりの程度に矛盾が深化していなければならないということになる。

　ところで、このとき、支配階級は $1-h$ で表現される運動参加のコストを引き上げるだろう。たとえば、労働組合参加者への賃金や雇用上の差別などがありうる。また、他方、こうして全社会的には新体制への転換が望ましくとも労働者の個別的決定が運動を成功させないのであれば、労働者の自由な個別的決定を阻止し、集団的強制や運動組織に対する革命政党による支配が正当なものとして集合的に選択される可能性が強まる。この場合、変革の形態も暴力的なものになる可能性が高い。フランス革命やアメリカ独立革命を含む人類史上のほぼすべての革命が暴力革命であったのはこの理由によるものと考えられる。こうして支配階級の側も被支配階級の側もこの時期には暴力的になり、社会は一般に混乱する。こうして社会運動を含む政治的諸現象を考慮に入れれば入れるほど「上部構造の経済的土台からの相対的自律性」が明らかとなる。

　なお、私は大西（2018）で構成員 2 人のみで構成されている以上のモデルを N 人に拡張したモデルを示しているが、そこでは構成員数の増加が団結をより困難にすることが解明されている。また、過半数政治という政治システムの導入がこの困難をさらに決定的にすることも大西（2020b）で解明している。マルクス主義政治学に存在する「少数者革命論」や革命党論、イデ

表 1-6　世界システムにおける覇権国の交代を説明するモデル

		小国 B の選択	
		新興覇権国 C への同調	旧覇権国 U への同調
小国 A の選択	新興覇権国 C への同調	$h(S+2F)$,　$h(S+2F)$	$h(S+F)$,　$S+F$
	旧覇権国 U への同調	$S+F$,　$h(S+F)$	S, S

オロギーの外部注入論、労農同盟論、労働組合や市民団体との連携論など多くの非「過半数政治」的でない政治理論は、こうした困難性の認識によってもたらされたものと考えられる。

　最後にもうひとつ、このモデルは経済レベルでの国家間バランスが政治レベルでのバランスに反映するという意味での土台⇒上部構造の規定性のモデル化にも応用可能なものとなっている[29]。たとえば、2 つの大国 U,C の間で同調相手の選択を迫られる小国の選択行動として先の表 1-5 を読み替えると上の表 1-6 のようになる。そうすると、新興覇権国 C への乗り換えで獲得する利益（たとえば旧覇権国 U への「貢献」の不要化）と不利益（新しい負担の増加）を秤量して各小国が行動する結果として覇権の交代が表現できることになる。特にこのモデルで重要なのは、何カ国の小国が新興覇権国 C に同調するかで「新興覇権国のありがたみ」が変化する仕組みとなっていることである。新興覇権国 C はそれへの同調国が増えて初めてその恩恵を非覇権国にもたらすことができるとの想定である。覇権システムとはそんなものである。ともかく、その結果、このモデルは正常な覇権国の交代の過程で上記の状況②や③のような不安定な時代がありうることを示すことになる。人類は覇権国の交代期に戦争を含む多くの混乱を経験してきたが、これが状況②（古くなった覇権国への諸国の執着による不利益）や状況③（世界が 2 大勢力圏に分裂して対立）として示されるのである。リアリスティックである[30]。

---

29)　大西（2020a）参照。
30)　社会運動モデルが N 人モデルに拡張できるのと同様、このモデルも N 国モデルに拡張できるが、その場合は世界の何割が旧覇権国 U に同調し、残りの何割が新興覇権国 C に同調するかが分析可能となる。

上部構造の反作用と相対的自律性②──イデオロギーの中立的外観

　こうした上部構造の相対的自律性は上述の政治運動に限らず、思想やイデオロギーのレベルにおいても存在する。

　たとえば、各民族の（生産様式に規定された）生活様式が「文化」に固定化するというとき、なぜそれを人々は「文化」と認識するのであろうか。前述の遊牧民の質素を重んじる文化の例では、そもそも「質素が一番」との「文化」を初めから子孫に伝えなくとも、各ジェネレーションが考えれば当然にたどり着く生活感覚である。逆にいえば、各ジェネレーション、ないし各人に伝えることは生活感覚の強制となる。こうした摩擦は社会の仕組みが急速に変化する時代によく世代間で生じている。

　しかし、今、この変化がそれほど激しくないと仮定しよう。そのとき、あえて「文化」として形成されるには、各ジェネレーション、各人がどうせ必ずたどり着く生活感覚なのであれば、試行錯誤のコストを省略して後世に伝えようとする知恵であると理解することができる。「保守」とはこのような形で「先人の知恵」を引き継ぐこと自体に価値を見出す考え方である。しかし、こうして不要な試行錯誤を省略するためのひとつの社会的装置も、それは社会に基本的な変化がなければ、という前提での話であって、たとえば遊牧社会が資本主義社会に変わっていくなら、その文化も転換されねばならず、この場合には「文化革命」に独自の努力が必要となる。逆にいえば、土台の変化に対して「文化」は抑制的＝保守的に機能することがあるということになる。これは「文化」には「土台」に対する相対的な自律性があることを意味している。

　少し異なる例を挙げれば、イデオロギーの中立性というものがある。こうした外観が追求される理由は、そもそもイデオロギーがその本質たる利益代弁者としての自身の性格を覆い隠さなければならない（そして、その結果として利益代弁者として有効に機能する）ことにあったが、ともかくその結果としてイデオロギーはその可能な限界まで「中立」でなければならなくなった。これは、「土台」に存在する諸階級の利益との相対的な自律性が深まることにほかならない。

さらに、同様の関係は国家の「階級性」と「公共性」との関係でも存在する。「公共的」な外観がないと階級的な機能も十分発揮できないからである。こうして、「公共性」が外観として相対的に自律して機能することはありうるのである。

　もうひとつ、これらを総括して「正義」というレベルで論じると次のようになる。つまり、我々が「この文化は守らねばならない」とか、「この権利は獲得されねばならない」とか「人殺しをやめよ」とか「汚職糾弾」とかいうとき、それは「あってはならないこと」をやめさせ、「あるべきこと」を求めるメンタリティーとして一括することができる。こうした 'should'（ドイツ語では sollen）の議論は、これは利益となりこれは利益とならないといった利益的な議論とは一応異なる。唯物論は本書で述べてきたように、すべての人間行動は「利益」の追求に帰結すると考えるが（そして、これを人々の生き方として肯定するものであるが）、そのことを目的として発展してきた人間社会はさまざまに異なる利害関係の中で「イデオロギー」なるものを発明し、かつ「文化」をも発明した。そして、それらが以上の「正義」の根拠を構成することとなっているのである。つまり、上に述べたように相対的に自立・自律化した観念一般を一括して「正義」を定義することができる。「利益」の対語としての「正義」である。

　したがって、実はこの「正義」なる観念はただ「利益」を「利益」として主張するだけでは根拠が薄い。何がしか「客観的」な、「公平」な、「中立的」な理論構成をしなければならないとする人間社会の志向性が生み出した観念として、社会の発展を反映している。私はこうした「正義感」がユダヤ、キリスト、イスラム教という一神教の西洋社会において極めて強いことに大いに好感を持っている。これに比べ、中・日・韓の東アジア世界は人は「利益」で行動することをよく知っている反面、どんなことでも（「正義」的にはどうかと思われることも）「利益」となればやってしまう「野蛮さ」を強く残している。あまり良くない例であるが、私は2002〜3年のアメリカ滞在中、ジョージ・W・ブッシュ大統領がイラク爆撃をさえ「正義」として正当化したのに驚いた一方で、ある中国紙が「これで何が儲かるか」を特集している

のにさらに驚いたことがある。一神教の教会／モスクでは信者は「神のために何をすべきか」を祈っているが、中国のお寺では信者たちは「自分に何をしてくれるのか」を仏に対して問うている。

　この後者の態度への違和感を理論化すれば次のようになる。本章前半で述べたように、社会科学者は「客観的」でなければならず、自身の利益のために社会科学に携わるのであってはならない。「客観的」たるためには、自分の「利益」を追求する態度を厳しく諫め、それから自由とならなければならないからである。この態度は、「真理は歪められてはならない」との厳しい自己鍛錬を要求するのであって、そのメンタリティーは「正義」を重視する一神教のそれに通じる。マルクス・レーニン主義もその限りでは、一神教世界のみが生み出すことのできたイデオロギー（マルクス派ではこのイデオロギーを、利益の正当化のためのイデオロギーすなわち「虚偽のイデオロギー」と区別して、「科学としてのイデオロギー」と呼ぶが）ということができる。

　しかし、それでも、ここで確認しておかなければならないことは、本来「正義」なるものは、「利益」の正当化を目的としたものであるということである。この関係は「正義」と「正当化」を表す英語によって明瞭に示されている。本来は「利益」でしかないものを「正義」（justice）であるかのように主張することが、「正当化」（justify, justification）である。Justifyとは、本来そうでないものをjusticeにしてしまうことを意味しているのである。

　実は現在、「マルクス派」の流れでは「正義論」（「規範理論」と呼ばれることもある）が流行っている。主張すべき事柄を単に「労働者の利益」として主張するだけでは弱いとの考えから、もっと「客観的」に主張を論理構成しなければならないとされるようになったためであるが、私はこの流れに半分のシンパシーを感じつつも、半分は同意できない。同意できない理由は、上述のように「正義」とは本来「利益」であるものをあれやこれやと理屈づけるものにすぎず、社会の本質は「利益」と「利益」のぶつかり合いにすぎないと主張することこそが大事だと考えるからである。資本家イデオロギーを批判したければ、それをその内部で批判すること以上に、「実はその主張も利益を正当化するためのものでしかない」とその本質を暴露することが何よ

りもまず必要だと考えるからである。マルクス派の社会観とはそういうものである。

　しかし、それでも、同時に何がしかのシンパシーを感じるのは、ある種の「客観性」志向があることと、社会集団間の利害の争いが、ナマの「利益」の主張のし合いでは駄目で、「正義」のレベルで争わねばならなくなったことの反映であるからである。日本でもそうした研究が流行るのは、そのような理論立てが必要だと人々が考えるようになったことの反映である。これは上述の意味でひとつの社会進歩である。

資本主義的人格とポスト資本主義的人格

　ところで、こうした「利益」と「正義」の問題の労働現場における現れ方はより具体的である。そこではもちろん人々は生活のために働いている、つまり「お金」＝「利益」のために働いているのではあるが、あるタイプの人間たちがそうした利益性から離れ、ただ自分の仕事をまっとうすることしか考えていないように見えることもまた事実である。たとえば、現代でも優れた職人たちの仕事への情熱はこのようにしか表現できない。そして、この「職人気質」は「利益」とは異なる志向性として、上に述べた「正義」のひとつの表現ということができる。そうした職人にとっては儲かる／儲からないで仕事の姿勢を変えることは「正義」ではなく、職人たる以上何があっても真面目に精魂込めて働くのが「正義」であるからである。

　しかし、繰り返すが、一般論として人間が「生きるために働く」こと、つまり「利益」のために働くことを否定するわけにはいかず、そこではドライな利益の追求があり、よりよい条件があればすぐに仕事を変える。このような生き方、働き方を人々は尊敬しないかもしれないが、同じ労働に対してより高い賃金の職場に移動するのは近代経済学の教科書では当然のことと書かれている。そして、もちろん、マルクス経済学の人間観も唯物論である限り、これが基本である。しかし、それでも、ここで改めて考えてみたいのは、この唯物論にもさまざまな次元があり、資本主義というシステムに適合的な人間のあり方、封建制というシステムに適合的な人間のあり方、さらに共産主

義というシステムに適合的な人間のあり方というものを考えると、そう単純
ではなくなるということである。

　マルクスが『共産党宣言』で絶えざる変化こそが資本主義の本質だと説い
たように、資本主義は絶えざる変化に対応できる人間を要求する。それは異
なる生産過程に対応可能な一般的な教育を受けた大量の労働者群であるとと
もに、絶えざる産業構造の変化を導き、かつそれに対応する人間でもなけれ
ばならない。そして、このためには、新たに勃興する産業を目ざとく発見し
投資する企業家や、旧産業を出て新産業に移動する労働者がいなければなら
ない。これは、当然、過去の雇い主に「忠」を誓う人間でもなければ、競争
相手に「仁」や「徳」を示す人間でもない。つまり、資本主義が求める人間
像とは、まさにこの意味で「忠」でも「仁」でも「徳」でもなく、ドライに
「利益」を追求できる人格である[31]。そうした人格こそが資本主義には必要
とされるのである。

　しかし、「変化」ではなく、「安定」こそをその本質としていた封建制期に
は、まったく異なる人格が必要とされた。変化のないときには「目ざとさ」
は役に立たない。したがって、ほとんど存在しない社会の変化に関心を抱く
よりは、自分の仕事を「天職」としてただそれを「まっとうする」ことのみ
に集中する「職人気質」が何よりも求められる。また、この「職人」の熟練
形成は親方との親密な人間関係を必要とするから経済体は小規模でなければ
ならないが、その規模を「安定」・維持させるためには競争を制限して「業
界秩序」を守らねばならない。この期に栄えた儒教は、この「秩序重視」の
イデオロギーを代表するものであった。

　実のところ、このある種の「安定」は「資本主義後の社会」＝共産主義社
会の特徴でもあり、そのことは本書第 4 章でくわしく説明される。そして、
その意味では、ある種の「職人気質」は新たな土俵で意味あるものになる可
能性があるのである。

---

31)　こうした特質をユダヤ人や中国の漢族が持っていたために他民族に忌避されたり、あるいは
　　そうした点で劣る周りの諸民族との経済格差を形成したりした。ただし、こうした人格は「ポス
　　ト資本主義」には適合的なものではなく、その変革が現在求められている。

たとえば、こういうことである。「変化」を本質とする資本主義のもとではその変化を目ざとく察知し、それに対応する能力こそが求められたが、変化のないときには地道に製品の品質向上のみに関心を集中する「職人気質」は有効である。そして、この気質は「良いものさえ作っておればいずれ報われる」という人生観に反映されるであろう。「ものづくり」に徹した日本の経済的成功は、実はこうした人生観に基づく超高品質な製品の供給のおかげであった。高成長をなしえた頃の日本経済に変化がなかったということはできないが、金融や自動車・家電の川下部門での変化が速くとも、農業32)や部品産業では必ずしも変化が速かったわけではない。そうした部門ではリンゴならリンゴ、ミカンならミカンをどう美味しく作るかのみに関心を向け、決められた規格の部品の精度をどう上げるかのみに「職人」たちは関心を向け続けた。そして、その結果の超高品質な製品が日本の産業を支え、最後には職人たちの生活の改善にも結びついている。このような場合には、人々は「真面目に働いておればいずれ報われる」という人生観を持つこととなろう。変化の激しい部門、変化の激しい社会ではその変化に目ざとく対応することこそが自身の利益のために最も重要となるが、そうでない「安定」した部門や時代に適した生き方は異なる。そして、この意味で、産業の部門や時代に育てられる人間のあり方が異なってくるのである。

　重要なので繰り返すが、ここでより強調したいのは産業部門間の相違ではなく時代による差異である。あるいは、「目ざとさ」を重んじる人格の形成と終焉ということもできる。資本主義はそうした人格の形成をもってして初めて大規模に発展することができたが、資本主義の終焉による「安定」社会

---

32)　この表現は農業が一般に変化の少ない部門であるかのような誤解を生みかねないが、本当はそうではない。戦後農地改革後の日本農業は比較的急激な変化を免れてきたが、中国の現代農業は現在「現代化農業」の大波にとらわれている。私自身が数年前に寧夏回族自治区銀川市周辺で見学した新たな模範農業では、リーダーのもとに集まった「集団化」農民が市場経済化の流れの中で花卉（かき）やブドウといった「売れ筋」の農産品を探し、毎年作物を変えて付加価値の拡大に一生懸命であった。高成長前の貧しい中国であれば、花を買う庶民はいないから、麦や米やトウモロコシ、コーリャンなど主要穀類以外の生産はまず考えられなかったが、今は違うので、激変する農産物需要に対応できる「目ざとさ」が求められているのである。ただし、もちろん、この激変も永遠ではないので、何十年後かにはまた異なるメンタリティーが必要になる。

への復帰はまた異なる人格を要請する。そして、もしこのように考えれば、急な賃金カーブ（労働努力の少しの変化に賃金が敏感に反応するような賃金システム）とは「目ざとさ」を重視する人間の形成のためのシステムであり、そうした資本主義的人格の形成（人間の変革）を目的としていたのだと理解することができる。つまり、実は人間は「利益追求的」であるということも唯物論的であるが、異なる時代の客観的要求に応じた人間が形成されるということもまた唯物論的な社会法則であり、このレベルでの唯物論的理解もまた非常に重要である。

　なお、こうした人格の変化に数世紀かかること、それによって初めて真のポスト資本主義が実現できることをマルクスが認識していたことはマルクスの『フランスにおける内乱』の叙述から確認できる。この段階は本章の注 4 で「自由の国」とマルクスが呼んだものに対応する。ただし、マルクス自身はこうした超長期＝数世紀先のポスト資本主義論とは別に、現にある人間のままで実現可能な、つまり短期的目標として実現可能なポスト資本主義論も展開していて、『ゴータ綱領批判』という文献においては前者を「共産主義の第 2 段階」、後者を「共産主義の第 1 段階」ないし「社会主義」と呼んでいる。この点については、聽濤（2018）第 5 章の整理が優れている。

集団主義社会から"自由人の連合"へ

　ところで、こうした人格の問題は、当然、利己主義的人格と利他主義的人格の形成の問題をも含んでおり、それが外的諸条件によって左右されるという基本的には唯物論的理解が Bowles（2004）の第 3 部第 13 章において示されている。進化ゲームモデルを用いてボウルズが説くのは、一般には集団内で不利に働く利他主義も、集団としては他集団との競争・抗争において利益のあることから生き残り、場合によっては拡がる可能性さえ持っているということである。また、社会規範は「文化」として諸個人に影響を与えて広まる可能性をそもそも持っている。こうした文化の同調主義的拡張や、集団内で利他的（＝集団主義的）でない人物を懲罰するシステムがあればその可能性はさらに拡がる。このことをボウルズは、マルチエージェントが集団の内

外でランダム・マッチングするモデルを作ってシミュレーション実験し、図1-5のような結果を得ている。

　このシミュレーション結果が重要なのは、社会内に存在する諸集団の平均規模や集団間の人口移動率（移民率）や集団間抗争の頻度などが人々が利己主義的になるかどうかに影響を与えることを示していることであり、さらには各集団が持つ集団内秩序としての「資源の分け合い」があるかどうかや、「利他主義者の比率」で表現される諸集団の特徴に差異があるかどうかがどのような影響を与えるかについても調べているからである。そして、その結果は、図から見られるように次のようなものであった。

① 集団の規模が大きくなればなるほど利他主義は存続しにくい（逆は逆）。
② 人口の流動性が高まれば高まるほど利他主義は存続しにくい（逆は逆）。
③ 集団間抗争の頻発は利他主義者の増加をもたらす（逆は逆）。
④ 資源を分かち合うような集団内の平等主義的制度は利他主義にプラスに寄与する（集団内における利他主義の不利益を縮小させる）。
⑤ 諸集団が多様であればあるほど利他主義も生き残りやすい（少なくとも一部集団で利他主義者が多くなり、そこでは彼らが排除されにくくなる）。

　したがって、人間が「利己主義」であるか「利他主義」であるかはもはや外的に決められるものではなく、社会の諸事情によって決められるものであることがわかる。上述の「資本主義的人格」と「ポスト資本主義的人格」の問題に加え、このことを人格形成の唯物論的理解として確認しておきたい。

　しかし、実のところ、以上の結果はどうもボウルズ自身が当初期待したものと以下の点で異なっているように思われる。ボウルズの研究計画は、「合理的経済人仮説」を否定するところに本来あり、その文脈で「利他主義」の成立・発展をモデルで示そうとしたものであった。そして、以上の結果、確かにある条件のもとで利他主義が成立・発展することが明らかとされたのではあるが、それは①′集団の規模が小さく、②′集団間の人口の移動が少なく、③集団間抗争が激しく、④平等主義的分配が集団内で行なわれ、⑤集団間の

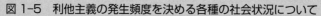

図 1-5　利他主義の発生頻度を決める各種の社会状況について

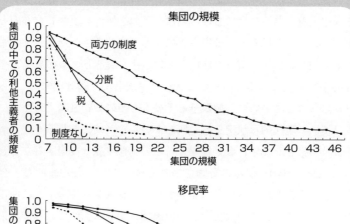

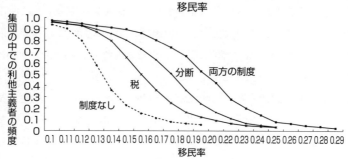

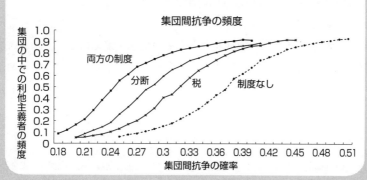

出所）　Bowles（2004）p. 464（塩沢他訳、445 ページ）.

注）　各グラフ中に記された「分断」は各集団における利他主義者比率の違いが大
きな場合を表し、「税」とは、各集団が集団内で資源の分け合いをして内部の利
害対立を緩和する措置を取る場合を表している。

多様性が大きい場合でのこととなるから、これはたとえば狩猟採集社会での
ことということになる。このため、ボウルズはこのモデルを狩猟採集社会に
おける利他主義、農業社会における利己主義の必然性を説明したものとして
いるが、私の目から見ると、帝国主義に包囲や支配をされたり、また帝国主
義間戦争で厳しい状況に遭った諸国におけるナショナリズムの高揚、そこで
の国内的平等主義としてのいわゆる「社会主義」や「福祉国家」、さらには
現代日本における激しい企業間競争とそのもとでの労資協調主義など、この
モデルは極めて現代的な状況をも説明している。ただ、もしそうだとすると、
いよいよ「正常」な安定社会／世界ではこの利他主義は後退することとなる。
これはBowles（2004）がこの書物で当初意図したもっと一般的な「合理的
経済人仮説の否定」にとって逆のインプリケーションを持つことになる。

　私の考えるところ、この「失敗」の原因は、ゲーム論的にいって本来成立
が困難な利他主義を集団主義的に防衛しようとした点にあった（集団内利他
主義が集団に利益を与えることを肯定的にモデル化した）。もっというと、「ポ
スト資本主義的人間像」として我々が想定すべきはこうした「集団主義的利
他主義」ではなく、もっと個人を基礎とした「自由人の連合」[33]ではなかっ
たのだろうか。ナショナリズムや企業内での労資協調主義を肯定してしまう
ような理論的枠組みにはやはり問題があると考えざるを得ない。

　したがって、今後の社会における人々の調和した人間関係とは、「集団外
の他者」、たとえば他国や他社と闘うための集団主義ではなく、①大きな集
団規模、②高い流動性、③′集団間の平和を基礎により一般化する「利己主
義」と矛盾せず、かつまたそれを前提とした人々の協調的関係でなければな

---

33)　こうした自由な人間のつながりをマルクスはドイツ語で Assoziation と表現した。これは日本
語としてはさまざまに訳されてきたが、現在それらは原語そのものである「アソシエーション」
と訳されつつある。大谷（2011）や田畑（2015）参照。なお、田畑（2015）57ページはこの派
生語 assoziiert が socialisiert とほぼ同義だとしているが、このことはこの語の接頭語の as が英
語の toward であること（同書44ページで説明）からも納得できる。その場合、この「自由人の
連合」とは「社会化された人間（der sozialisierte Menschen, socialized man）」のことだとなる。
こうした人間によって成立する社会は "socialized society" と呼ばれるのがふさわしいが、これこ
そが socialism という言葉の原意だと私は考えている。本書203ページも参照のこと。

らない。そして、それはボウルズの研究計画とは異なり、やはり合理的経済人を前提に無限繰り返しゲームが説く人々の協調ではなかろうか[34]。

　前項では「ポスト資本主義的人格」として「真面目に働いておればいずれ報われる」という成熟した人生観を紹介したが、ここでも重要なのは「いずれ報われる」という個人合理性が前提となっていることである。これがないままにこの人生観が全社会に安定して広まることはできない。したがって、やはり、「個人的にも利益がある」ことが一定の価値観、人生観、大きくは文化が成立する必要な条件であり、やはり唯物論は重視しなければならない。マルクスの唯物論も、「人々は食うために活動する」ことを基本としているのであるから、である。

　ただし、この点に加えて、「真面目に働いておればいずれ報われる」という生き方が真に「文化」として定着・自立した姿では、この後半の内容＝「いずれ報われる」ことが判断基準として明示的に意識されなくなろうことも強調しておきたい。たとえば、人々が過去の人生で真面目でなかった頃の自分の「失敗」を長く心にとどめる記憶力があり、また同様に将来起こりうる状態も長期の視野で考えることができるとき、報われるべき「いずれ」の時間感覚は長くなり、努力がすぐに「報われる」必要はなくなる。これは「報われる」ことなしに努力できる人物を形成するだろう。また、物質的な要求に満たされた社会では自分が他人にどのように見られているかがより重要な関心事となり、「彼は真面目だ」との評判を得ることのほうが重要な人生の目標となろう。そして、最後に、社会が安定的で資本主義における高成長期のような激しい変化のない状態ではそもそも「変化への目ざとい対応」より「真面目に働く」ことが重要となる。このような場合にも「報われる」ことを明示的に求めない「努力」が人々の間で自立的に価値あるものとみな

34)　Bowles（2004）は、その前章（第12章）で「よりよい集団利益のために他集団と闘う集団的共同行動（その典型が階級闘争）を説明するモデル」を提供している。これも一種の集団間抗争なので第13章のモデルと連続するが、しかしこのモデルを「利他主義モデル」と呼んだり「合理的経済人仮説の否定」とみなしたりすることはできない。なぜなら、この集団的共同行動は「勝利」の後のよりよい経済的利益を求めるものであり、いわば集団の共同行動が持つ長期的な帰結の確率的可能性を計算しうる極めて合理的な人間行動を想定しているからである。

されることとなろう。このような場合、人々の間で「労働努力に依存しない分配」、すなわち「必要に応じた分配」が成立する条件が拡がる。マルクスが『ゴータ綱領批判』という文書の中で論じた「労働が第一の生命欲求となる社会」＝共産主義の分配原則である。

　以上、本節では上部構造の相対的自律性を論じたが、その中心的内容としての人格や文化も、このような意味で個人合理的であり、しかもなお直接には利益から独立な「努力」のできる共産主義的文化として成立しうることを示した。人格や文化も最終的にはやはり唯物論的に説明可能な現象なのである。

第 2 章

商品生産社会としての資本主義
——資本主義的生産力の量的性格、自己増殖する価値としての資本

　前章では狭義の経済学に入る前段階の社会認識の枠組みを示した。ここからの4章は「資本主義」という歴史段階の特殊性を論じる。マルクスの『資本論』に直接対応するのはこの4章であり、そのうち最初の第2、3、4章は『資本論』第1巻に対応し、最後の第5章は『資本論』第2巻および第3巻に対応する。

I　商品生産が一般化する条件としての生産力

自給自足経済から商品経済へ

　そこで、この誰もが知っているはずの「資本主義」を特徴づける最初のものとしての「商品生産社会」という特質について解説する。これはマルクスが『資本論』の冒頭1行目で規定した「すべての富が商品のかたまりとして現れる社会」という内容である。これを本書では、それまでのすべての発展段階と決定的に異なる非常に高い生産力の必然的な帰結であることを説明する。

　そのために、今、出発点として社会的分業のない基本的に自給自足で成り立つ経済を考えてみよう。この「自給自足」の経済単位は、今のところ「家族」であっても、「村落共同体」であってもよい。ともかく、その内部で「交換」がないという意味で一体化したひとつの経済主体を想定する。しか

し、この「自給自足経済」も、①分業による各生産者の専業化が生産性を上げるという条件（「専業化の経済」）、および、②流通過程の生産性が上昇するという条件のもとでは、その度合いに応じて「商品生産社会」へと徐々に移行する。このことを少し数学的に定式化する。そのために、まず、今、

1）当初の自給自足経済ではそれぞれ k の生産要素を有する n 戸の経済主体が、それぞれ自力で m 種類の財を生産していたとする。また、ここでは簡単化のため、この m 種類の財に必要な生産要素量は均等であるとする。すなわち、この経済では各種財の生産にそれぞれ k/m 単位の生産要素が投入されていたものとする。今、生産関数を $f(k/m)$ とおくと、各種財が経済全体では $n \cdot f(k/m)$ ずつ生産されることとなる。

2）しかし、その状態から、x_i 戸が第 i 財の生産に特化し、他の $n - x_i$ 戸が第 i 財以外の生産だけにあたるとすると、$y_i = f_i(k_i)$ の技術下で経済全体では $x_i \cdot f_i(k)$ だけ第 i 財が生産されることとなる。このとき、$n - x_i$ 戸による第 i 財以外の生産は増加するが、その量は

$$y_{j \neq i} = f_{j \neq i}\left(\frac{k}{m-1}\right)$$

の技術のもとで

$$(n - x_i) f\left(\frac{k}{m-1}\right)$$

となる。

とすると、問題は、このような変化＝商品経済への変化が生じる条件とは何かということとなるが、それには以下の３つの条件が必要となる。すなわち、

① 第 i 財の生産が減らないこと、すなわち、$x_i \cdot f_i(k) \geq n \cdot f\left(\frac{k}{m}\right)$

② 第 $j \neq i$ 財の生産が減らないこと、すなわち $(n - x_i) \cdot f\left(\frac{k}{m-1}\right) \geq n \cdot f\left(\frac{k}{m}\right)$

③ 第 i 財の生産者が第 $j \neq i$ 財の生産者に第 i 財を供給し、かつ後者が前者に第 $j \neq i$ 財を供給する（総じて第 i 財と第 $j \neq i$ 財を交換する）ための追

加的な社会的費用を賄えること

これらのうちでまず最初の２つの条件を特定化するために $f(k) = Ak^\alpha$ の形の生産関数を導入することとしよう。そうすると、上の２つの条件は

$$x_i Ak^\alpha \geq nA \left(\frac{k}{m} \right)^\alpha$$

$$(n - x_i) A \left(\frac{k}{m-1} \right)^\alpha \geq nA \left(\frac{k}{m} \right)^\alpha$$

となるが、これをまとめると、

$$\frac{n}{m^\alpha} \leq x_i \leq n \left[1 - \left(\frac{m-1}{m} \right)^\alpha \right] \Leftrightarrow 1 \leq m^\alpha - (m-1)^\alpha$$

となり、$\alpha = 1$ のとき、$1 = m^\alpha - (m-1)^\alpha$ となること、$1 < m^\alpha - (m-1)^\alpha$ となるには $\alpha > 1$ となること、つまり収穫逓増技術が必要であることがわかる。

とすると、最後に残るのは上記③のコストが上記①②で可能となった余剰生産能力によって賄えることを式で示すことになる。そして、そのためにはまず、この「商品経済化」で発生する余剰生産要素を計算する。商品経済下では $\frac{n}{m^\alpha}$ 戸で自給自足経済と同量の第 i 財を生産でき、かつ $n \left(\frac{m-1}{m} \right)^\alpha$ 戸で第 i 財を除くすべての財を自給自足と同量だけ生産できるから、$n - \frac{n}{m^\alpha} - n \left(\frac{m-1}{m} \right)^\alpha$ 戸が余剰生産に参加できる。そうすると、「商品経済下」での余剰生産要素は

$$\left\{ 1 - \left(\frac{m-1}{m} \right)^\alpha - \frac{1}{m^\alpha} \right\} nk = \left\{ 1 - \frac{(m-1)^\alpha + 1}{m^\alpha} \right\} nk$$

となるから、この生産物を交換するために追加的に必要となる交換手段の量を $T(>0)$、またこの交換手段の生産関数を $g(g'>0)$ と設定すると、

$$g \left[\left\{ 1 - \frac{(m-1)^\alpha + 1}{m^\alpha} \right\} nk \right] > T$$

でなければならない。これは、T を一定と仮定したとき、交換手段生産の要素生産性が高ければ高いほど「商品経済化」が進みやすいこと、そしてそのときは社会の交換手段の総生産（典型は金生産）も増大することを示している[1]。なお、この傾向は社会構成戸数（n）が多かったり、各戸の生産要素保有量（k）が多かったりしても強まるが、これは都市の成長や社会的な豊かさの増大もが影響することを示している。

　ともかく、これらの結果をまとめると、①②は「専業化の利益」が大きければ大きいほど、また③は主に交換手段生産の広義の生産性が高ければ高いほど「商品経済化」が進行することを示していることになる[2]。

専業化の利益と流通部門の生産性上昇

　とすると、それでは、こうした2つの条件はどのようなときに満たされるようになるのだろうか。まず最初に①の「専業化の利益」を取り上げると、この問題を最初に明確にした経済学の父アダム・スミスの意見を聞かないわけにはいかない。彼は手工業的なピン工場を想定して、あれやこれやの作業に同一職人が従事するのではなく、それぞれが別々の作業に特化するような工場内の分業（＝専業化）が生産性を高めるのだと主張した。「分業の利益」ともいえるこの特徴はまさに「工場制手工業」の大規模な成立を歴史的にも可能にしたのであるから、これは否定できない現実の効果である。

　ただし、現在の現実の主要な生産過程を「工場制手工業」と主張することができない以上、現在の「機械制大工業」でこの「専業化の利益」を説明しないわけにはいかない。そして、実際、高価な固定資本を初期投資として要するこの「機械制大工業」が自給自足できないのは当然だから「専業化の利益」が現れる。このことは数学的に次のように示せる。すなわち、まず、この固定資本投資額を κ で示し、かつその初期投資額（稼働に必要な最低投資

1）　銀行による信用創造はこの交換手段生産を節約して銀行利潤の源泉となる（マルクス『資本論』第3巻、ディーツ版、557ページ）。このため、社会における銀行部門の比重は、上記の T、g および銀行による信用創造機能の生産性によって決まることとなる。

2）　収穫逓増技術を機械制大工業の特徴に即してより厳密に説明したものに関根（2017）がある。

額）として必要な投資金額を κ_0 として、それらの金額が設備量を直接に反映しているものと（またその他の生産要素の影響を無視すると）すると、

$$Y = A(\kappa - \kappa_0)^{\alpha}, \quad \alpha < 1$$

のような生産関数を想定できよう。$\alpha < 1$ は収穫逓減技術であることを示している。このとき、生産効率は

$$\frac{Y}{\kappa} = \frac{A(\kappa - \kappa_0)^{\alpha}}{\kappa}$$

で表すことができるが、これは κ で微分すると、

$$\frac{\partial}{\partial \kappa}\left(\frac{Y}{\kappa}\right) = \frac{A\alpha(\kappa - \kappa_0)^{\alpha-1}\kappa - A(\kappa - \kappa_0)^{\alpha}}{\kappa^2} = \frac{A(\kappa - \kappa_0)^{\alpha-1}(\alpha\kappa - \kappa + \kappa_0)}{\kappa^2}$$

この符号を調べるためにこの分子が 0 となる点を調べると、

$$\kappa_0 = (1-\alpha)^{\alpha}\kappa \iff \kappa = \frac{\kappa_0}{1-\alpha}$$

となるから、$\alpha < 1$ との先の条件のもとで

$$\kappa < \frac{\kappa_0}{1-\alpha} \quad \text{のとき、} \quad \frac{\partial}{\partial \kappa}\left(\frac{Y}{\kappa}\right) > 0 \text{ より、収穫逓増}$$

$$\kappa = \frac{\kappa_0}{1-\alpha} \quad \text{のとき、} \quad \frac{\partial}{\partial \kappa}\left(\frac{Y}{\kappa}\right) = 0 \text{ より、収穫一定}$$

$$\kappa > \frac{\kappa_0}{1-\alpha} \quad \text{のとき、} \quad \frac{\partial}{\partial \kappa}\left(\frac{Y}{\kappa}\right) < 0 \text{ より、収穫逓減}$$

であることがわかる。この結果は、たとえ $\alpha < 1$ で示される収穫逓減技術のもとであっても、固定資本に必要な初期投資量がある場合には収穫逓増領域が現れること、また、その必要初期投資量が大きくなるにしたがってその領域も拡がることを示している。したがって、「工場制手工業」によって先鞭をつけられた「専業化の利益」も、それが現実的・安定的なものとなるためには「機械制大工業」の成立が不可欠であった。そして、これによって初めて商品生産社会も一般的なものとなることができたのである[3]。

しかし、実は、もうひとつの②流通業務の生産性の上昇のほうがより「機械制大工業」との理論的接点を持っている。というのは、「機械制大工業」の技術的本質であるところの「機械」＝固定資本の生産過程への導入は、歴史的には「工業」に先立つ「運輸業」においてなされたからである。これはHicks（1969）が指摘したことであるが、「生産」活動において最も初期に重要な役割を果たした固定資本は実は船舶であった。たとえば、13～16世紀に興隆を極めたベネチアは、最初に竜骨を船台に設置しそれに肋骨を付加して全体の骨組みを構成したうえで船板を貼り付け、隙間を繊維と瀝青（れきせい）で充塡するという造船技術の開発により、低コストで大型の木造船舶を建造することを可能とした。さらに滑車と梃子（てこ）を応用した舵取り装置も開発して容易な操船を可能にしている。これが産業革命に先立つ飛躍的な商業の発達をもたらしたのであるから、「工業」ではないにしても、「機械」＝固定資本の技術革新が商品経済の成長に果たした役割は疑いない。こうして「専業化の利益」も「流通部門の生産性上昇」もがともに「機械」＝固定資本の登場と発達に依存していたことを確認しておきたい。

生産的労働と不生産的労働

　ところで、このような「自給自足経済」と「商品経済」の理解は、通説とは違った「生産的労働／不生産的労働」の理解を帰結するので、ここで明示しておきたい。これまでの「生産的労働／不生産的労働」の区別は「物質的生産／非物質的生産」の区別となっていたため、美容、医療、料理や教育、娯楽など各種の対人サービスまでもが「不生産的労働」に分類されていたが、ここでの理解は異なる。というのは、マルクスにおいて商業や金融業が「不生産的労働（部門）」に分類されたのは、それがなくても社会が成立すること、もっと明確にいうと自給自足の場合には商業や金融業がなかったということからであった。つまり、この意味で商業や金融業自体は「生産的」では

3）「企業」という存在が「家計」とは異なる存在として「専業化」するという形式で、収穫逓増技術の役割をモデル化したものに関根（2017）がある。ただし、本章のこのレベルでは家計間の専業化に議論を限定している。

なく、「生産的」部門のサポーターにすぎないことがそのポイントであった。サポーターとしての意味を十分に持っているが、それ自身はサポーターにすぎず、それだけでは存在しえないということである。金融部門のみに特化して経済を運行させようとしたアイスランドやアメリカなどが失敗したのはこの理解が足りなかったからである。これは「生産的労働（部門）／不生産的労働（部門）」という概念を一切持たない近代経済学の問題でもあり、逆にいうとマルクス経済学の決定的な優位性のひとつを構成している。それが証拠にマルクス経済学が支配的な国では金融部門への過剰な依存は存在しない。

　しかし、ここで述べたいことはこうしたマルクス経済学の優位性ではなく、その従来の学説が美容、医療、料理や教育、娯楽といった対人サービスをも「不生産的」だと誤解していたことである。商業や金融業は「非物質的」であることは確かであるが、ここで本来問題となっていることはそうした物理学上の問題ではない。自給自足の本来的状態においても存在した産業／労働であるかどうかであり、その意味では美容、医療、料理や教育、娯楽は（それがいかにプリミティブなものであれ）自給自足経済でも存在したものと考えられる。したがって、これらは「不生産的部門」と位置づけられるべきではなく、「生産的部門」に位置づけられなければならない。

　他方、「サービス業」が扱うもうひとつの業務として重要なものに企業活動に対する支援としての「対事業所サービス」があるが、これには商業や金融が成立する以前から存在した製造業における設計や製品検査などの業務の支援とともに、商業や金融が発生して初めて出現した配送業務や営業業務の支援もが含まれる。これらは、前述の意味で当然、前者は生産的部門（業務）、後者は不生産的部門（業務）と理解されなければならない。

　ただし、ここで重要なのは、これらはすべて個人（家計）や企業がもともとは自給自足的に供給していたものであることである。太古の昔には、漁師は子供に魚の取り方を教え、自分や家族の髪を結い、薬草を探した。これらは皆、独立した専業者なしに存在した原初的な教育、美容、医療業務である。また、もともと各製造企業は設計や検査、配送や営業を自分自身の手で執り行なっていたが、その部門が独立して他企業の業務を扱うなどの過程で、独

立した専業企業が成立している。したがって、これらは総じて、「サービス経済化」というより、専業化の進展、すなわち「社会的分業の拡がり」（「対事業所サービス」はこれを多くの場合、「分社化」やアウトソーシングという形で進めている）と見るべきものである。この意味で、この問題を本書では「自給自足から商品経済への転換」および「専業化の利益」の事例として挙げたい[4]。

II 取引される生産物としての商品
——具体化された唯物論的人間観としての商品交換

単なる生産ではなく交換目的の生産

　以上で商品生産が拡がる条件を見たので、ここから後は社会が基本的に商品生産社会として成立していることを前提に議論を進める。とすると、すぐに改めなければならないのは、先の図1-1が示したような人類総体としての観点から生活する個々人の観点への移行である。誰もが「生産」に携わっているが、各人が生活で使用する物のすべてが他人の生産によるものとなっている。これが「商品生産社会」というものの本質である。とすると、先の図1-1は次の図2-1のように書き換えられねばならなくなる。

　ここでのポイントは各人の生産活動は自身が利用する物の生産ではなくなり、他人が使用する物の生産となるということである。逆にいうと、各人は他人の生産物を入手する以外に生活することができなくなる。そして、その「入手」が強奪や贈与という形式をとらないためには、各人は自身の生産物を反対給付として差し出す必要が生じる。これが商品交換である。

　このとき、図2-1に示された2主体の労働投入（l_1, l_2）とそれによる生産物の生産（y_1, y_2）を使って、本書4ページで示した式に対応する数式を考えてみよう。すると、図中上段の主体1は

4）　以上のほか、階級支配のための軍隊や警察、イデオローグ、工場において労働者を見張る監督などもまた階級社会という特殊な社会における「不生産的労働」を構成する。

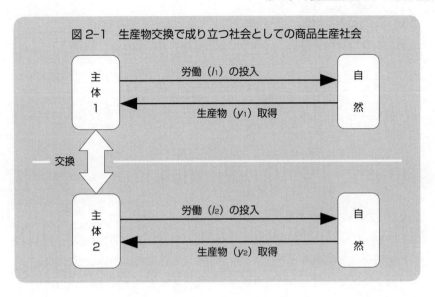

図 2-1　生産物交換で成り立つ社会としての商品生産社会

$$\frac{dD_1}{dl_1} = \frac{dU_1}{dy_2} \cdot p \cdot \frac{dy_1}{dl_1}$$

となる。ここで、D_1, U_1 は主体 1 の労働の不効用と消費財消費による効用を、そして p は主体 1 が生産した生産物が交換比率 p で主体 2 の生産物と交換されることを示している。自分の労働の限界不効用が、それによって生産した生産物 1 を比率 p で交換して得た生産物 2 から得られる限界効用と等しくなることを示しており、このことは、外生的に決められる両財の交換比率 p は

$p = \dfrac{dy_2}{dy_1}$ と表現できることを考えればより明確に示すことができる。なぜ

なら、この p を上式に代入すれば

$$\frac{dD_1}{dl_1} = \frac{dU_1}{dy_2} \cdot \frac{dy_2}{dy_1} \cdot \frac{dy_1}{dl_1} = \frac{dU_1}{dy_1} \cdot \frac{dy_1}{dl_1}$$

となって、主体 1 については本書 4 ページの式とまったく同じ式となるからで

ある。このとき、当然、$dD_1 = dU_1$ ともなる。

また、この関係は当然、主体2でも同様に成立する。この場合、

$$\frac{dD_2}{dl_2} = \frac{dU_2}{dy_1} \cdot \frac{1}{p} \cdot \frac{dy_2}{dl_2}$$

が当初の式であるが、ここにも $p = \dfrac{dy_2}{dy_1}$ を代入して

$$\frac{dD_2}{dl_2} = \frac{dU_2}{dy_1} \cdot \frac{dy_1}{dy_2} \cdot \frac{dy_2}{dl_2} = \frac{dU_2}{dy_2} \cdot \frac{dy_2}{dl_2}$$

および $dD_2 = dU_2$ が計算される。

　したがって、結局、商品生産社会でも自給自足経済と同様、経済主体は自分の労働の限界不効用とそれによって獲得する生産物の限界効用とをバランスさせることで効用−不効用の極大化を図っていることになる。そして、これはどの経済主体においても成立しているので、結局のところ、社会全体としての効用極大化行動となっているというのが重要である。上段の人間と下段の人間を合わせた総体としての「人間」が上段の自然と下段の自然を合わせた総体としての「自然」との間で効用の最大化を図って行動しているのである。

　なお、図中の2主体はここではそれぞれ他者が必要とする生産物を生産するが、それが商品交換のない自給自足よりも合理的となるには、両者の労働生産性にある一定の条件がなければならない。

　今、主体1が第1財を生産する際の労働生産性を e_{11}、第2財を生産する際のそれを e_{21} とし、同様に主体2が第1財を生産する際の労働生産性を e_{12}、第2財を生産する際のそれを e_{22} とすると、主体1が l_1 の労働で y_2 を自給自足すれば $e_{21} \cdot l_1$ の y_2 が、主体2と交換すれば $p \cdot e_{11} \cdot l_1$ の y_2 が獲得できる。したがって、商品交換が合理的となるのは、

$$e_{21} < p \cdot e_{11} \qquad すなわち、\qquad \frac{1}{p} < \frac{e_{11}}{e_{21}}$$

の条件が成立する場合となる。また、主体2についても同様の計算をすると、

$$e_{12} < \frac{1}{p} \cdot e_{22} \qquad \text{すなわち、} \qquad \frac{e_{12}}{e_{22}} < \frac{1}{p}$$

となるが、この両者の条件を総合すると、

$$\frac{e_{12}}{e_{22}} < \frac{e_{11}}{e_{21}} \qquad \text{すなわち、} \qquad e_{12}e_{21} < e_{11}e_{22}$$

という条件が導かれる。

　この条件式は極めて興味深い。というのは、生産特化（自給自足でなく商品生産となること）の条件が、$e_{21} < e_{11}$ や $e_{12} < e_{22}$ で示される「絶対優位」ではなく、少し条件を緩められた「比較優位」となっているからである。たとえば、$e_{21} < e_{11}$ であってもある程度以上の $e_{12} < e_{22}$ であればこの条件は成立し、また逆に $e_{12} < e_{22}$ であっても、ある程度以上の $e_{21} < e_{11}$ であればこの条件が成立する。この法則は、リカードによって「比較生産費説」として定式化され、現在は主に「比較優位説」と呼ばれるようになっている[5]。

　もちろん、人類の歴史は強奪と贈与の歴史であったということもできる。戦争が絶えなかったということは武力による利益の取得が横行していたことを意味し、それはどれもここでいう「強奪」であった。ただ、それでも、社会のすべての生産物が強奪されていたわけではない。いかに混乱した戦国の世でも、社会的生産物のほとんどが交換ないし生産者各自の利用のために生産されていたことは否定できない。

　また、一応、現在も一種の「共同体」として残存する家族の内部では「交換」が行なわれないという意味で「贈与」の経済も存在する。しかし、たとえば愛による家族内の「贈与」も、ある種の見返りは期待されている。親子関係でも年老いた両親の面倒を子供が看るのはその「見返り」の典型である。この意味で、「贈与」もまた広義には「交換」の特殊なあり方ということができる。

使用価値と交換価値

　したがって、人々の生産目的はその生産物を利用することにではなく、それが他人と交換できることにあるようになる。つまり、もちろん、「役に立

つ」ものでなければ「交換できる」ことには一般にはならないのであるが、しかし直接には「役に立つ」ことが重要なのではなく「交換できる」ということが生産者にとって重要になる。そして、この「役に立つ」という性質と「交換できる」という性質は「使用価値」と「交換価値」との分裂として現象することとなる。

　商品にはふたつの性質があって、ひとつは食べれば美味しいとか、着れば暖かいとかいった「有用性」である。これをマルクスは「使用価値」と呼んだ。しかし、この「使用価値」は常に生産物を商品とするのではない。たとえば、そのことは自分だけにしか役に立たない子供の写真や記念品を見ればわかる。これらには「使用価値」はあっても、交換されないからである

5）　以上では主体1は生産物2だけを、主体2は生産物1だけを消費するものとしてモデル化しているが、両主体とも2財を消費するというのが通常のあり方であるから、たとえば、主体1はその労働を $\gamma : 1-\gamma$ の比率で自家消費のための労働と交換する商品のための労働に分割するとすると

$$\frac{dD_1}{dl_1} = \gamma \, \frac{\partial U_1}{\partial y_2} \cdot \frac{dy_1}{dl_1} + (1-\gamma) \, \frac{\partial U_1}{\partial y_2} \cdot p \cdot \frac{dy_1}{dl_1}$$

また、このとき、主体1は両財から得る限界効用が均等化していなければならないから、

$$\frac{\partial U_1}{\partial y_2} \cdot \frac{dy_1}{dl_1} = \frac{\partial U_1}{\partial y_2} \cdot p \cdot \frac{dy_1}{dl_1}$$

となるが、同様の式は主体2においても成立するから、

$$\frac{\partial U_2}{\partial y_2} \cdot \frac{dy_2}{dl_2} = \frac{\partial U_2}{\partial y_1} \cdot \frac{1}{p} \cdot \frac{dy_2}{dl_2}$$

このとき、両財の交換比率 p は

$$\frac{\dfrac{\partial U_1}{\partial y_1}}{\dfrac{\partial U_1}{\partial y_2}} = \frac{\dfrac{\partial U_2}{\partial y_1}}{\dfrac{\partial U_2}{\partial y_2}} = p$$

でなければならない。これは、財の交換比率が両主体が持つ同一の両財の限界効用比となることを意味しているが、現実の経済に参加する主体は無数であることを考慮すると、この条件は次のようになる。

$$\frac{\dfrac{\partial U_1}{\partial y_1}}{\dfrac{\partial U_1}{\partial y_2}} = \frac{\dfrac{\partial U_2}{\partial y_1}}{\dfrac{\partial U_2}{\partial y_2}} = \frac{\dfrac{\partial U_3}{\partial y_1}}{\dfrac{\partial U_3}{\partial y_2}} = \frac{\dfrac{\partial U_4}{\partial y_1}}{\dfrac{\partial U_4}{\partial y_2}} = \cdots = p$$

また、こうして決められる価格と第1章冒頭5ページで論じた「価値」との相違も理解しておきたい。

（「他人にとっての使用価値」がない、ということもできる）。また、この問題を考えるうえでは空気も興味深い。空気はそれなしに人間が生きられないという意味で決定的な使用価値を持っているが、（大気汚染などの状況を今無視すれば）満ち足りているために商品とならないからである。逆にいうと、生産物が他の商品と交換されるものとなって初めて得られる「交換できる」という性質が商品生産社会では重要であり、マルクスはこのことを他商品との交換比率を「交換価値」と命名することによって表現した。こうして「使用価値」がそれ自体として必要とされる時代は終わり、「交換価値」が自立した生産目的となる。生産の目的が根本的に変化したのである。

交換価値から価値へ

　しかし、もしそうすると、その交換比率は何によって決まるのだろうか。このためにもう一度図2-1を見てみると、ここでは各人は他人の生産物を得るために自分の生産物を作っているのではあるが、問題は他人の生産物を取得するために自分の労働をどれだけ投入するかという問題となっていることがわかる。そして、その意味では、図中の上段の主体1が投入する労働量が図中の下段の主体2が投入する労働量より大きければ、主体1が「損」をしたことになるのがわかる。つまり、主体1より多くの労働で作った生産物を主体2がより少ない労働で入手したことになり、この場合には上段の主体1が交換比率の改善を要求することになろう。そうしなければ、上段の主体1は後者の生産に移行し、その比率で上段の生産物を交換してくれる誰か別の人物を探すほうが有利となるからである。つまり、そのような交換比率であれば、前者は不利で後者が有利となるから、多くの生産者は後者に移動し、前者の生産は過小となる。そして、こうしたバランスの変化は結局のところ交換比率自体の変化、つまり上段の生産物の「交換価値」の上昇＝下段の生産物の「交換価値」の下落を生むことになろう。

　したがって、この思考を続けていくとわかることは、最終的には1対1で交換される生産物の生産に必要な投下労働量は同じとなるということ＝同じ投下労働量の生産物のみが1対1で交換されるようになるということである。

このことを図2-1で使った記号によって表現すると次のようになる。すなわち、両主体間では、2種類の生産物が $y_2 = p \cdot y_1$ の比率で交換されるが、主体1によって専業的に生産される第1財は $y_1 = e_{11} l_1$、主体2によって専業的に生産される第2財は $y_2 = e_{22} l_2$ と表現されるから、

$$e_{22} \cdot l_2 = p \cdot e_{11} \cdot l_1$$

これは、$e_{22} = p \cdot e_{11}$、すなわち、両財の交換比率 p が両財の労働生産性の比に等しいときに交換される労働量が等しくなることを示しており、これがつまり今述べた労働の部門間移動によって得られるバランスであるということになる[6]。「交換価値」自体はさまざまな事情でたえず変化するものであるが、それはある変動の重心を持っていて、それを決めているのはこうして各生産物の生産における投下労働量であるということになる。マルクスは、この「重心」を「価値」と呼び、それが上記のように投下労働量で決まるという性質から価値の実体は労働である、とした。これが「投下労働価値説」の基本的内容である。

　このことをマルクスは、異なるふたつの生産物が等置される条件は両者に共通する何ものかがあることだという論理で導いている。実は以上の論理で明らかなように、「交換」の条件はその「使用価値」が異なることである。同じものは交換しないからである。しかし、そうして異なるふたつの生産物が等置されるとはどういうことか、とマルクスは問う。そして、それにはその異なる物に唯一共通したものが隠されているからであって、それがともに

6）　ひとつ前の注で述べたように両主体が両財を消費する場合に決まる交換比率 p を使えば、この条件は

$$e_{22} = \frac{\dfrac{\partial U_1}{\partial y_1}}{\dfrac{\partial U_1}{\partial y_2}} \cdot e_{11} = \frac{\dfrac{\partial U_2}{\partial y_1}}{\dfrac{\partial U_2}{\partial y_2}} \cdot e_{11}$$

となり、各主体の2財に対する効用の感じ方に依存することとなってしまう。しかし、現実に一般化した交換比率 p は単にこの2主体の効用関数のみにではなく、社会総体の平均的な効用関数に依存することとなる。

「労働生産物」という性格であると説く。つまり、この共通性が「交換」を可能とさせ、「労働」を「交換比率」を規制する「価値の実体」とするとしたのである[7]。

　しかし、この説明は間違いではないにしても、いくつかの追加的な説明が必要となる。というのは、マルクスのこの説明への批判者がいて、彼らは「共通したもの」はほかにもさまざまにあると説いているからである。たとえば、「水」が生産のどこかの過程で直接にか間接にか投入されているだろう。「何らかのエネルギーが投入されている」ということもできる。そして、あるいは、人間か動物か太陽のような非生物によるものかは別として、そのようなさまざまなものによって加工されたもの、という共通性を指摘することもできる。このため、「労働」を特別な投入要素として主張するためには追加的な説明が必要となるのである。

　といっても、実は、この答えは前章第Ⅰ節の労働の本源性を論じたところで行なっている。そこでは、生産活動を人間と自然の間の関係（物質代謝）として捉え、その限りでは人間が支出できるものは労働以外にないこと、太陽などの作用もそれを前提にして、それを含む「自然」に人間が労働を加えているのだと述べた。こうして初めて「労働」がほかとは異なる根源的なものであることがわかる。

　しかし、そうしたポイントと同時に、同じく前章第Ⅰ節で近代経済学の限界効用原理を使って論じた部分も重要である。なぜなら、ここでは確かに人間が労働の支出量を基準として生産の決定をしていることが示され、かつまた「効用」＝使用価値との関係が明示されているからである。現代の商品生産社会で人々がある商品の購入にある金額のお金を払ってもよいと考える根拠は、そのお金を失うマイナス＝不効用よりも、その商品から新たに得られる効用のほうが大きいと考えるからである。これは原理的にいうと、そのお

---

7)　ここでの「労働」は、建設労働とか裁縫労働とか散髪労働とかいったその具体的内容を捨象し、ただ「人間の労働である」という性質のみを意味しているので、これをマルクスは「抽象的人間労働」と名づけた。また、これに対する建設労働や裁縫労働や散髪労働といった具体的内容は「具体的有用労働」と名づけられ、商品に「使用価値」としての側面をもたらすとされている。

金を稼ぐのに必要な労働支出の不効用よりも商品の効用のほうが大きいと判断したということであるから、ここでは「効用」は「不効用」によって、つまり労働の支出量によって測られている。正しい価値論は「効用」を排除して初めて論じられるのだという議論も世の中にはあるが、それはまったく逆で、「効用」を論じてこそ、真に労働が価値の基準であることがわかるのである。

Ⅲ　特殊な商品としての貨幣
──具体化された唯物論的人間観としての貨幣目的

単なる商品目的ではなく貨幣目的の生産

　以上のように前節では、諸個人の生産目的を自身による使用ではなく「商品交換」というレベルで理解し、そのレベルで論じられる限りを論じた。しかし、それはまだ諸個人の生産目的の理解としては具体性に欠ける。というのは、生産物は今や生産物同士で物々交換されているのではなく、必ず貨幣を媒介として交換されるようになっているからである。つまり、人々は自身の生産物をいきなり他者の生産物と交換しているのではなく、後に他者の生産物を入手するためにまずは貨幣を入手している（貨幣と交換している）。なぜなら、貨幣はどのような生産物とも交換できるもの＝「一般的等価物」として存在しているからである。つまり、人類は「貨幣」という特殊な商品を歴史的に形成することによって、それさえいったん取得すれば、後にどのような生産物も得られるようにしているのである。

　この貨幣形成の過程は「交換過程論」と名づけられて、マルクスによって説明されている。というのは、貨幣のない最初の状況では、たとえもしある生産者が欲しい生産物の所有者を発見したとしても、相手がこちらの生産物を欲していなければ交換できない。逆の場合もしかりとなって商品交換は困難に陥る。つまり、諸商品は「総じて商品として相対するのではなく、ただ生産物または使用価値として相対する」[8] ＝使用価値は示せても交換できないという困難である。そして、この解決すべき困難に対し、人々は「はじめ

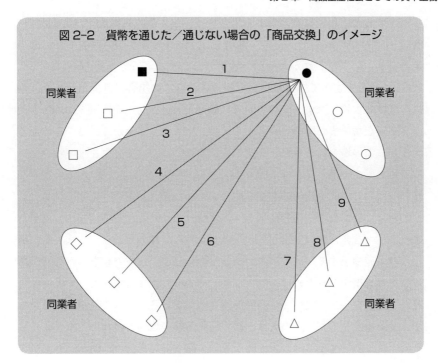

図2-2　貨幣を通じた／通じない場合の「商品交換」のイメージ

に業ありき」で「考える前にすでに」[9]「ある一定の商品を一般的等価物に」[10]した＝貨幣を形成したのである。

　したがって、こうして「貨幣」は困難を解決する「便利」な手段である。そして、そのように「便利」であるということは、経済的に「合理的」でもあるということだから、貨幣のない状態とある状態を比較し、後者がどのように有利であるかはモデル的にも表現できるはずである。そのために、今、図2-2で4種類の生産物をそれぞれ3人の生産者が生産する合計12人の社会を考えてみよう。ここで12人の各構成メンバーは○□◇△の4種類の生産物をそれぞれ誰が生産しているかも知っているとしよう。

8）　マルクス『資本論』第1巻、ディーツ版、101ページ。
9）　同上。
10）　同上。

そうすると、普通に貨幣がある場合には、まず●の人物は□の生産物を1、2、3のどれかの取引で、◇の生産物を4、5、6のどれかの取引で、△の生産物を7、8、9のどれかの取引で入手することによって（自身の生産する生産物○を含む）すべての生産物を取得できる。この場合には貨幣があり、●に生産物を供給したすべての生産者は●から対価として受け取った貨幣を使って必要な物をまた別の生産者から入手＝購入することができるからである。つまり、この場合は、各自が3度の取引を行なうだけで必要生産物を受け取ることができる。そして、その結果、この社会全体としては、3×12＝36度の取引が社会的生産物の必要な配分のために必要だということになる。

　しかし、貨幣のない場合にはそう簡単ではない。なぜなら、先にも述べたように、たとえば●の人物が□の生産物を欲して■のところに行っても、■が○の生産物をすでに入手済みである場合には取引が成立しない。なぜなら、ここでは貨幣がないために「物々交換」でなければならず、よって取引者双方がともに相手側が提供できる生産物を欲しているという条件が必要となるからである。そして、たとえば、●の人物と■の人物との物々交換が成立する確率はこの場合1/3としよう。これは、■から見た場合、■が○の生産物を持つ3人のうち誰と最初に取引を成立させているかについて、○の3人それぞれが1/3ずつの可能性を持つことになるという設定である。現実には□の人物が●とは異なる○との取引を意図していても、その取引がまだ未執行であれば□との取引が成立する可能性もあるが、計算が非常に複雑となるのでこの簡便化を許容されたい。このとき、●と■の取引が成立する確率は1/3である。

　しかし、2/3の確率で●が■と取引ができないとどうなるか。その場合には先方の□はこの●かもう1人の○のどれかと交換するものと考えられるから、ここで取引が成立する確率は1/2となる。このとき、線分2の取引が成立する確率は2/3×1/2＝1/3となる。

　そして、最後に、線分1の取引も線分2の取引も成立しなかった場合に線分3の取引が成立する。この場合は○の生産物を供給する残りの生産者は●だけであるから取引は必ず成立する。このケースが発生する確率は2度の取

引にそれぞれ 2/3、1/2 の確率で失敗する確率であるから 2/3 × 1/2 = 1/3 となる。つまり、結局、線分２の取引も線分３の取引も 1/3 の確率で生じることとなる。

したがって、これらすべての結果を総合すると、無貨幣交換経済の場合には、●が□の生産物を交換によって取得するための期待交渉回数は

$$1 \times \frac{1}{3} + 2 \times \left(\frac{2}{3} \times \frac{1}{2}\right) + 3 \times \left(\frac{2}{3} \times \frac{1}{2}\right) = \frac{1}{3} + \frac{2}{3} + \frac{3}{3} = \frac{6}{3} = 2$$

全生産物を取得するための期待交渉回数は

$$2 \times 3 = 6$$

社会の全構成員が４種類の全生産物を取得するための期待交渉回数は

$$6 \times 12 \times \frac{1}{2} = 36$$

となる。なお、ここで左辺の最後に 1/2 を掛けているのはそれぞれの「取引」は物々交換だから双方が必要な生産物を入手していることになるからである。そして、この場合、結局、貨幣が存在してもしなくても同じく 36 回の取引が必要ということになる。

ただし、こうして両ケースの取引回数が同じでも、これはもちろん、このケースが社会構成員を 12 とし、生産物の数を４と設定したという特殊な結果にすぎない。次に以上で 12 とした社会構成員数を n とおき、以上で４とした生産物数を m とおくこととしよう。また、n/m は整数となるものとし、どの財を生産する主体の数も同数であるものとする。そうすると、上記の２例の交渉回数はそれぞれ

① 貨幣の存在するケース

$$n(m-1)$$

② 貨幣の存在しないケース

$$n(m-1)\left\{\frac{1}{4}\left(\frac{n}{m}+1\right)\right\}$$

と表現できることとなる[11]。

　したがって、この形から、$\left\{\dfrac{1}{4}\left(\dfrac{n}{m}+1\right)\right\}$ の大きさが 1 より大きいかどうか
で「貨幣経済」と「無貨幣交換経済」の優劣の違いが出てくることがわかる。
これは明らかに n/m が 3 のときに両経済の交換回数が同等となり、4 以上
のとき、貨幣経済が優位となり、逆に 1 ないし 2 となる場合に物々交換経済
が優位となることを意味している。

　この結果は極めて興味深い。なぜなら、社会に存在する財の種類 m に比

---

11)　これは以下の計算に基づいている。すなわち、まず「ある財」のある 1 人の生産者（自分と
する）が、「他の財」の 1 人目の生産者のもとに赴き、この両者で取引が成立する確率は $1/\left(n/m\right)=m/n$ である。したがって、取引が成立しない確率は $1-m/n$ である。さて、1 人目との取
引が成立しなかった場合、自分は「他の財」の 2 人目の生産者のもとに赴くわけであるが、ここ
で取引が成立する確率（すでに 2 人目であるという条件付き確率）は $1/\{(n/m-1)\}$ である。な
ぜなら、1 人目と取引できなかったということは、この 1 人目はすでに他の「ある財」の生産者
（すなわち自分の同業他者）と取引済みであり、交換可能な対象はすでに 1 人少なくなっている
からである。したがって、交換に赴く前の事前確率として、2 人目と交換することになる確率は、
$(1-m/n)\times 1/\{(n/m-1)\}=m/n$ である。このような考え方に沿って、改めて事前の取引成立確
率を順次書いていくと、以下のようになる。

1 人目：$\dfrac{1}{\dfrac{n}{m}}=\dfrac{m}{n}$

2 人目：$\left(1-\dfrac{m}{n}\right)\times\dfrac{1}{\dfrac{n}{m}-1}=\dfrac{n-m}{n}\times\dfrac{m}{n-m}=\dfrac{m}{n}$

3 人目：$\left(1-\dfrac{m}{n}\right)\times\left(1-\dfrac{1}{\dfrac{n}{m}-1}\right)\times\dfrac{1}{\dfrac{n}{m}-2}=\dfrac{n-m}{n}\times\dfrac{m-2m}{n-m}\times\dfrac{m}{n-2m}=\dfrac{m}{n}$

　以上より、結局、事前確率としては、「他の財」の生産者 n/m 人のうちどの人と交換すること
になるかはすべて等確率で m/n であることがわかる。そして、これらの結果より、自分がある 1
つの「他の財」と交換するための期待交渉回数は、

$$1\times\dfrac{m}{n}+2\times\dfrac{m}{n}+3\times\dfrac{m}{n}+\cdots+\dfrac{n}{m}\times\dfrac{m}{n}=\dfrac{m}{n}\cdot\sum_{k=1}^{\frac{n}{m}}k=\dfrac{m}{n}\cdot\dfrac{1}{2}\cdot\dfrac{n}{m}\cdot\left(\dfrac{n}{m}+1\right)=\dfrac{1}{2}\left(\dfrac{n+m}{m}\right)$$

となる。したがって、経済全体の期待交渉回数は、

$$\dfrac{1}{2}\left(\dfrac{n}{m}+1\right)\times(m-1)\times n\times\dfrac{1}{2}=n(m-1)\left\{\dfrac{1}{4}\left(\dfrac{n}{m}+1\right)\right\}$$

となる。

して社会の規模が拡大しその構成員数 n が増えれば増えるほど貨幣経済の必要性が増すことが示されているからである。ただし、この n/m の比率（各生産物を生産する生産者の数）が2でしかないような場合ではこの事情が逆転する。つまり、これくらい n/m の比率（各生産物を生産する生産者の数）が小さいような場合には貨幣を媒介することなく生産者との「偶然的」な交換成立を期待する物々交換経済のほうが合理的となる。そして、こうした状況はかなり原始的なムラ社会では成立したものと思われる。

たとえば、今、10戸によって成立するムラに5種類の生産物しかない場合を考えたい。その生産物とは、たとえば、首飾り、弓、斧、石包丁、毛皮といったもので、狩猟採集経済ではそれ以外の食糧は集団で、ないし各自が自分で取得したであろう。このような場合には、もし10戸のうち、2戸ずつがそれぞれの生産物を副業として生産していたとして、その間の物々交換は単純で無理のないものであった。あるいは、この経済がもう少し拡大し、初期農耕社会となっても、生産物の種類が20種類程度に限られるような場合はムラの規模が50戸程度となってもまだ物々交換が有効に機能したものと思われる。

他方、こうした小規模なムラ社会でなく、n も m も大規模な社会でも、その間の比率（n/m）が非常に小さいとき、貨幣経済よりも物々交換経済が合理的なことをこのモデルは示している。これは一見、奇異に感じられるかもしれないが、大きな n と大きな m を持つ経済でも、たとえば、その比率が2であるようなケースでは、同種の商品を生産する業者数が2人に限られるということであるから、たとえ1人目の生産者と取引が成立しなくとも、2人目では必ず成立することを考えれば理解できる。つまり、貨幣がないことによる「取引の失敗」の確率はこの場合もかなり抑えられるからである。

こうして、本章冒頭で述べたように「商品経済」自体が歴史的な存在であるとともに、そのひとつ先の「貨幣経済」もまた歴史的に限定された歴史的な存在であることがわかる。我々が当然のものとして受け取っている「貨幣経済」もある一定の条件が成立して以降の社会経済システムであるのである[12]。

特殊な商品としての貨幣

　こうして「単なる商品経済」から「貨幣経済」へと事柄の理解は具体的になったが、この「貨幣」とはいったい何なのだろうか。もちろん、上記のように「商品交換をスムーズにするもの」というのもひとつの理解であるが、人々がなぜそれを「一般的等価物」と認めるのかについての説明も本当は必要である。以上の説明ではそれを仮定して話が進められていたからである。そして、その問題をマルクスは、「価値形態論」という形で、すなわち「価値の現象形態」に関わる問題として提起している。

　というのはこういうことである。前節で見たように、「価値の実体」は投下された労働であるが、それは目に見えるものではない。そのため、まずは他の商品によってその価値が表現されなければならない。たとえば、

$$x \text{ 単位の商品 } 1 = y \text{ 単位の商品 } 2$$

という形態で現象する。この場合、x 単位の商品 1 の価値が y 単位の商品 2 によって表現されているという意味で、前者を「相対的価値形態」、後者を「等価形態」と呼び、この形式の表現をマルクスは「簡単な価値形態」とした。

　しかし、いうまでもなく、x 単位の商品 1 の価値は別の商品によっても表現することができるから、

$$
\begin{aligned}
x \text{ 単位の商品 } 1 &= y \text{ 単位の商品 } 2 \\
&= z \text{ 単位の商品 } 3 \\
&= v \text{ 単位の商品 } 4 \\
&= w \text{ 単位の商品 } 5 \\
&\quad \cdots\cdots
\end{aligned}
$$

という形でも表現することができる。これが「全体的な価値形態」である。

---

12)　本項のモデルは、商品交換が仲介者に仲介される経済と、商品が需要者と供給者とによって直接取引される経済との比較に転用することができる。前者が「貨幣経済モデル」、後者が「無貨幣経済モデル」の変形となる。永田（2020）参照。

　しかし、この形態をよくよく見ると、y 単位の商品2やz 単位の商品3やv 単位の商品4やw 単位の商品5などを、x 単位の商品1で表現することも可能であることがわかる。すなわち、

$$
\left.
\begin{array}{l}
y \text{ 単位の商品2} \\
z \text{ 単位の商品3} \\
v \text{ 単位の商品4} \\
w \text{ 単位の商品5} \\
\cdots\cdots
\end{array}
\right\} = x \text{ 単位の商品1}
$$

となるが、この場合の「意味」は大きく以前と異なっている。というのは、ここでは、y 単位の商品2やz 単位の商品3やv 単位の商品4やw 単位の商品5などが「相対的価値形態」の位置に移動し、このたび「等価形態」と役割を変えたx 単位の商品1が、それらの価値を表現するようになっているからである。こうしてx 単位の商品1は自身を除く社会の全商品の価値を表現する「形態」となる。つまり、価値を「形態」として一般的に固定することができるようになったのであり、この形を「一般的な価値形態」、この商品を「一般的等価物」と呼ぶことができる。いうまでもなく、この「一般的等価物」がある特定の商品に固定されたものが「貨幣」であり（この形態を「貨幣形態」と呼ぶ）、この貨幣と商品との交換比率が「価格」となる。

　これがマルクスの「価値形態論」と呼ばれる論理であるが、上述のようにマルクスには「交換過程論」と呼ばれるまた別の論理展開があって、そちらのほうが「貨幣形成の現実的必然性」を説き、今回の「価値形態論」は「貨幣存在の理論的根拠」、つまり「貨幣とは何か」を説明しているとするのが通説である[13]。そして、この「貨幣とは何か」は商品経済の理解にとって非常に重要である。なぜなら、貨幣とはもともとはそれ自身に価値を有する商品であったということ、一般の商品世界から排除された特殊な商品であることがわかるからである（これを「商品貨幣説」という）。つまり、貨幣は商品

---

13)　その代表が久留間（1957）である。

世界の外から生じたものではない。第1章で見たものでは、生産手段もまた「自然」の一部であったのと同様、貨幣もまた「商品」の一部である。そしてまた、たとえば金銀が「貨幣」となるから各種の商品がその価値を表現されるのではなく、諸商品がその価値を何らかの形（これが「価値形態」という言葉の意味）で表現されなければならないので、ある商品が「貨幣」とならなければならなかったのである。この意味で貨幣が商品（経済の必要）を作ったのではなく、商品が貨幣を作ったことを忘れてはならない。

貨幣の諸機能との関係

しかし、それにしても金銀が「貨幣」になるのには、それにふさわしい理由が金銀にあったことも重要である。金銀は高価（これは生産に多くの労働がかかることを意味している）であるがために、少量の金銀で大きな価値を表現でき、しかも等質でいかなる分割も可能という都合の良い性質を持っていたからである。

もちろん、現代ではこうした金属鋳貨は小額コインに限られ、一般には紙幣が機能している。また、紙幣に加えてデジタル通貨の発行が各国中央銀行によって検討されている。しかし、国家の信用によって流通しえている紙幣もいったん国境を越えればその信頼性は低下し、1930年代までは国際通貨は金でしかなかった（「金本位制」）[14]。また、その後の「ドル本位制」も1971年にアメリカのニクソン大統領が金とドルの交換を一方的に停止して以降はドルの信用ががた落ちし、今や当時の円ドル・レートが360円／ドルであったことを思い出すことさえ難しくなった。逆にいうと、やはり「金」という本来の貨幣の裏打ちなしには紙幣の通用も大きな制約を受けるのである[15]。このことを見越して現在、中国は金を意図的に蓄蔵して将来における人民元の基軸通貨化を狙っている。これがマルクス経済学的な考え方に基づいているというのが重要である。

---

14) 古代遊牧民は多数の異民族との交易に羊や馬を貨幣の代わりに使用したが、これには羊と馬が小判、大判のように一定の価値比率を持っていたこと、持ち運びの問題がなかったということがあった。これも一種の世界貨幣であった。

こうした形で国際場裏が貨幣の本質を明らかにすることは興味深い。「金」は本来は独自に価値を持った商品であるから国際通貨として通用している。つまり、それ自身に価値があること（労働投下による生産物であること）、そして、そのことによって他の商品の価値を量的に表現できることを前提にして初めて、国家間の商品流通を仲介できるようになっているということであり、これはここに「価値尺度」としての貨幣の機能と「流通手段」としての貨幣の機能が統一されていることが示されているからである[16]。

なお、金が観念的に機能しさえすれば実際にはなくとも「価値尺度」たることができ、また、紙幣でも「流通手段」たることはできるが、それらのふたつの機能が実際に「金」たる形をとってそれぞれ別々に機能すると「蓄蔵貨幣」や「支払手段」となる。このふたつの機能も貨幣が本来何らかの商品でなければならないこと、本来は何らかの価値を持った生産物のひとつであることを自ら証明している。これらは貨幣とは何かを理解する重要な鍵となっている。

IV　自己増殖する貨幣としての資本
——具体化された企業の生産目的としての利潤

単なる貨幣目的ではなく利潤目的の生産

こうして現実の商品交換は貨幣を媒介とした交換であること、もっといえば、そのために個々の生産者はまずは一般的等価物としての貨幣の獲得に精を出さねばならないことがわかったが、さらに議論を具体化すると「利潤獲得」という問題が登場する。なぜなら、資本主義のもとにおける基本的な生

---

15)　現在、この状況はさらに進み、電子決済を義務付けて紙幣のやりとりを制限する試みがイスラエルなどで開始されているが、これは逆に「紙幣」というものが本質的なものでないこと、各商品が客観的に保有する「価値」こそが本質的なことを示している。「金」としての貨幣は自分自身がその価値を持つことによって各商品の価値を表せていたのである。

16)　この「価値尺度」という機能と「流通手段」という機能は、「価値形態論」における貨幣の扱いと「交換過程論」における貨幣の扱いに対応している。この問題を指摘したのは武田（1983、1984）である。

産者は資本主義企業であり、その生産目的は利潤の獲得であるからである。単に貨幣が目的なのではなく、最後に獲得される貨幣は先に投下した金額より大きくなっていなければならない。その差額が「利潤」であり、まさにそれが目的となっているのである。

　このことは、本章における商品社会論のひとつの転換点でもある。なぜなら、本来は生産者が生産物を消費するために生産している（第1章）ものが、資本主義時代にはそうした消費財の取得は商品交換として実現する（本章第Ⅱ節）。しかし、個別商品の交換が物々交換として実現されるには困難があるので、諸生産者は現実には「貨幣」をまずは獲得することとなったのであるが（本章第Ⅲ節）、ここまではそれでも必要な使用価値を得るための交換の円滑化が貨幣導入の目的であった。しかし、ここで利潤が目的となると、もはや使用価値はどうでもよいものとなり、ただ「価値」の側面だけが注目されるようになっているからである。実のところ、その身体だけを見れば利潤もまた貨幣には違いがないのであるが、その貨幣で何かが買えるという性質には意味がなく、ただ「価値」だけが独立に「価値あるもの」として登場するようになっている。こうして、「貨幣」は、「商品目的」を「利潤目的」に転換するうえで決定的な役割を果たしているのである。

　しかし、それでも、この貨幣だけ、商品交換だけでは「利潤」を生み出すことはできない。商品交換＝商品流通は等価交換の世界だから[17]、交換において渡したもの（たとえば貨幣）と受け取ったもの（たとえば商品）の価値は等しくなければならず、それは交換によっては当初の貨幣の価値と後に得る貨幣の価値との差額たる「利潤」が生じないことを意味する。しかし、現実には生じている。それはどうしてだろうか。

流通のみから利潤が生じるとの外観

　この問題を考えるために、ここではまず、流通のみから「余剰」が生じる

---

17)　詐欺や強奪のような不等価交換が「利潤」を生み出すことはあるが、こうした「利潤」は社会の他面での「損失」を伴っている。したがって、全社会的一般的な「利潤」の発生を論じるためには等価交換を前提にして議論する。

との外観を持つ近代経済学の考え方を紹介したい。ここでの「余剰」概念は「生産者余剰」と「消費者余剰」によって成り立ち、前者は「利潤＋固定費用」を、後者は「財の効用の貨幣的価値－財の価格」を意味する。したがって、ここでの問題は前者であるが、固定費用を無視すれば「利潤」に等しい。つまり、ここで導入するのは、流通のみから「利潤」が生じるとの外観を持つ近代経済学の考え方である。

　そこで、まずこの近代経済学的な枠組みを説明すると、次のようになる。すなわち、ある消費者と生産者が商品取引をした場合、消費者はその商品の購入を自発的に決定した（強制されたのではない）のだから、その取引が自分にとって何がしか利益になるものと考えたものと理解される。これは

その財の効用の貨幣的価値＞その財の価格

であることを意味し、この両辺の「差額」が消費者余剰である。

　他方、この商品取引を生産者の側も自発的に決定したのであるから、彼もまたそれが利益になると考えたものと理解される。したがって、ここにも同様に、

その財の生産にかかった費用＜その財の価格

なる関係がなければならない。前述のように、この両辺の「差額」が生産者余剰である。そして、注意されたいのは、ここでは単なる商品取引＝流通によってふたつの「差額」、特に「利潤」が生じているということである[18]。先には商品交換は等価交換であり、したがって何らの「利潤」も生まないと述べたが、この考え方では「利潤」は生じうることとなっている。この違いはどこにあるのだろうか。あるいはどちらが正しくどちらが間違っているのだろうか。

　この問題を考えるために、まずは上記ふたつの不等式の「不思議」を理解されたい。というのは、このふたつの不等式は「その財の価格」より一方で

---

[18]　「だから、使用価値に関しては、『交換は両方が得をする取引である』とも言えるのである」（マルクス『資本論』第１巻、ディーツ版、172 ページ）。

は「その財の価値」が大きく、他方では「その財の費用」が小さいことを示しているからであるが、この「不思議」は上記のふたつの不等式を結合して、

その財の効用の貨幣的価値＞その財の価格＞その財の生産にかかった費用

と表現すれば解決する。なぜなら、ここでは消費者がその財に感じる効用以下の費用で生産がなされた場合、その中間のどこかに価格を設定すれば取引が成立することを示しているからである。これはつまり言い換えると、

その財の効用＞その財の生産に必要な費用

が根本条件であることを意味する。本書第1章が導いた労働価値説の言葉を導入すれば、

その財の効用＞その財の生産に必要な労働の不効用

ということになる。つまり、何のことはない。本書第1章はその冒頭で人間の労働＝生産活動を自然との間の物質代謝として、投入労働の不効用とそれによって取得される財の効用との差額の獲得活動として説明したが、その繰り返しとなっている。そして、もしそうであれば、ここでの「余剰」の発生（「利潤」の獲得を含む）とは、こうした生産活動が何よりも前提であることがわかる。つまり、単なる商品交換＝流通では何らの「利潤」も発生しない。そこに利潤が発生するのは、生産活動がそうした商品交換＝流通の前に存在するからだということがわかるのである。

マルクスの論法──利潤の根拠としての生産活動

この問題、つまり利潤の源泉は生産にあるということを、マルクスは少し異なる言い方で論じた。

マルクスは、資本主義的生産者＝資本家にとっては、やはり当初に所持している貨幣額（これを G と表現する）が取引の後に異なる（より増殖した）貨幣額（これを G' と表現する）になるという意味で、

$$G - G' \quad (\text{あるいは } G - G + \Delta G)$$

となる秘密を解明しようとする。ここで、ΔG は価値増殖の部分だから「利潤」を意味する。

　しかし、この過程が一気に実現するのではなく、手持ちの貨幣（G）を当初生産手段と労働力の購入に使用し、それによって生産された商品を販売して G' を得るのだから、それは、

$$G - W - G' \quad (\text{あるいは } G - W - G + \Delta G)$$

がより正確な表現となる（これを「資本の一般的定式」と呼ぶ）。ここで W は当初に購入された生産手段と労働力を指している。あるいは、生産手段（Pm と表現）と労働力（A と表現）を使用して行なう生産活動を明示すると

$$G - W < {}^{Pm}_{A} \cdots P \cdots W' - G'$$

となる。そして、実はこれによって、当初に購入されたふたつの生産要素（生産手段と労働力）の価値は G に等しいが、それによって生産された商品の価値は G' に等しいことがすでに示唆されている、最初の $G - W$ は単純な商品交換なので等価交換でしかありえず、最後の $W' - G'$ もまた単純な商品交換だから等価交換でしかありえないからである。したがって、結局、利潤の発生＝価値増加のポイントは生産活動（ここでは「$\cdots P \cdots$」で表現）にあることがわかる。

　ただ、マルクスはここで立ち止まらず、さらに考察を進める。というのは、当初に購入した W の生産要素のうち、生産手段 Pm の価値はただ生産活動で保存されているだけだから、強いてどの部分の価値が変化したのかとなると、事柄の本質は労働力 A の側にあると考える。そして、その結果、「労働力」たる商品は、「それ自体の価値」と「労働力の消費によって作り出される価値」が異なるのだと結論する。なぜなら、「それ自体の価値」とはその労働力を再生産するために必要となる消費財の価値であるからである。たとえば、衣食住に必要な手段の価値、労働力の質を高めるための教育に関わる

価値、次世代の労働力再生産のために必要な養育費などである。また、「その消費によって作り出される価値」とは、労働力の消費＝支出によって生産された生産物の価値である。そして、この両者は一致する必要はどこにもなく、逆にいうと、後者が前者より大きくなるような生産を行なえば両者の間の差額を「利潤」として取得できることになる。これが「利潤」の源泉であるとマルクスは説くのである。先の私の説明と方法こそ違え、主張している内容は同じである。

　実をいうと、このように「差額」の問題を考えることは、人類史の中での資本主義の理解にとって決定的に重要である。というのは、資本主義以前には「価値」の概念がなかったものの、原始共産制が終了して人類社会が階級社会に進展して以降の「搾取」とは一貫してこういうものであったからである。たとえば、奴隷を考えてみた場合、それには彼が生産する生産物の量が彼が自己の労働力を維持するのに必要な生産物の量を上回っていることは絶対的な条件であった。もしその両者が一致していれば、奴隷主には奴隷を使う客観的な意味がなかったことになり、実際、より生産力の低かった原始共産制時代には戦争捕虜は奴隷となるのではなく食べられてしまっていた。こうして階級社会の理解にとっては「労働力の再生産費」と「労働力の支出によって生産されるもの」とのギャップは決定的である。マルクスはそれほど明示的に論じていないが、資本主義的搾取の根源を労働力の再生産の必要から計算される「それ自体の価値」と「労働力の消費によって作り出される価値」とのギャップから説明したのは、こうした古代的な搾取との本質的な共通性に注目したからであると私は考えている。

　しかし、ここで追加説明しておきたいことは、こうした「労働力の売買」という概念の正確な理解である。近代経済学ではこれと「労働の売買」との概念上の区別はないが、この両者は異なる。たとえば、「労働力」すなわち労働することのできる能力をある時間決めで購入しても、その期間に適切な使用を行なわなければそれに支払った対価（賃金）以上の価値は生まれず、単なる浪費となる。つまり、「労働力」は単なる生産可能性を与えるのにすぎないのであって、それ自身は「労働」そのものではない。「労働」はその

労働力の消費＝支出であって、その可能性が実現されている状況を示しているからである。

　もうひとつ、「労働力の売買」を理解するうえで比較対照されるべきは「奴隷の売買」である。資本主義のもとで働く労働者は奴隷ではない。というのは、自分の労働力の処分権を売り渡すとはいえ、それは時間決めでの売り渡しにすぎず、その労働力の所有権は維持されているからである。この点で、「労働力の所有者自身の売買」たる奴隷売買となっていないことは、資本主義が過去の社会よりも前進していることの証拠である。しかし、それでもそこで販売されている労働力の価値とその支出の効果＝新価値の創造とは異なっているというのが、ここでのポイントである。

　ともかく、こうして「商品生産社会」での人間の行動はより具体的に理解することができ、その実際的な目的は「利潤」であること、そして、その源泉は生産活動＝労働にあることがわかった。さらにこの結果、資本家が当初に保持していた貨幣は商品交換と生産活動の後でより大きな貨幣額に膨らむこととなった。こうして貨幣は「自己増殖する貨幣」にその概念を進める。「自己増殖する価値」という表現でもよい。この「自己増殖する価値」＝「自己増殖する貨幣」こそが「資本」の第一の定義である。貨幣の概念は資本の概念に前進するのである。

第 3 章

工業社会としての資本主義
——資本主義的生産力の質、 労働指揮権としての資本

　前章では資本主義社会の商品生産社会としての側面を論じた。そして、その最後に到達したのは、「自己増殖する価値」としての資本である。つまり、商品の概念から出発して資本の概念にまで到達した。これは資本主義社会は単なる商品生産社会ではないことを示している。「資本」が労働の支配者として現実に君臨する社会である。

　したがって、本章では、なぜ労働が支配されねばならなかったのか、支配の目的であるところの搾取とは何か、といった問題を「生産力」の質的性格から説く。前章はそのサブタイトルに書いたように、ある量を持った生産力の結果として商品生産社会がもたらされることを説いたが、それに対して本章では産業革命後に獲得された新しい生産力の質——機械制大工業——が「工業社会」としての資本主義を形成したことを説く。

I　「労働指揮権」としての資本

もうひとつの資本の定義——労働指揮権としての資本

　ところで、前章の最後に到達した「自己増殖する価値」という資本の規定は理解可能なものである。日本語でも「資本」は、「資金」ないし「元手」の意味があり、最初に投下した G である。そして、なぜ最初に投下するかというと、後に G' となるからである。つまり、増殖しなければ意味がない。

増殖のための「元手」であるからである。『資本論』はこのことを第1巻第4章で明確に書いている。

　しかし、『資本論』が資本の定義として与えているのはこの定義だけではない。その第1巻第9章では、「労働に対する、すなわち活動しつつある労働力または労働者そのものにたいする指揮権」と、さらに「労働者階級に自分の生活上の諸欲望の狭い範囲が命ずるよりも多くの労働を行なわせる強制関係」と明確に書かれている。これはただ『資本論』のある箇所に書かれているというのではなく、「資本」の本格的分析が開始される「第3篇　絶対的剰余価値の生産」の総括文として書かれているのがポイントである[1]。つまり、資本が自己増殖できるのは、それが労働への強制権であるからであって、それこそが資本の本質／定義であるということである。前章が扱った世界は「商品交換」の社会であるから、交換場裏においては全参加者は平等であり、したがって経済主体間の対等性を問題としている。その対等性、よって詐欺・瞞着のなさにもかかわらず利潤が資本家の手元に残る秘密が説明されていたのであるが、ここではそうではなく、資本家と労働者の非対称性、力の差、よって支配が問題とされることになるのである。

　こうした資本の定義の発展は自然なものである。なぜなら、前章末に述べたように労働力の消費（労働）が生み出す価値（これに生産手段の価値を加えたものが G'）が労働力の価値（その再生産費用、これに生産手段の価値を加えたものが G）を上回ることが「自己増殖」が生じる理由であるとしても、ではなぜ両者が一致してはならないのか、両者の大小関係が逆転しないのかの説明が必要となり、そのためにはやはり賃金として支払われる労働力の価値以上に働かせる強制力がなければならないからである。これが「労働への専制的指揮権」であり、それは労働力の売買が等価交換であることと矛盾しない。なぜなら労働者は労働力という商品の所有者として取引を行なう際は等価交換の原則に沿っているからであって、その「強制関係」はその取引の後、「労働力」が時間決めで資本家の所有物になって以降の話であるからである。

1）『資本論』第3巻、ディーツ版、368ページでも「自己増殖する価値」であることと並んで「他人労働に対する指揮権」であることが「資本であるということ」の中身として述べられている。

つまり、労働者の自由は工場の門前で立ちすくむ。ここでの「強制関係」は
工場の中での話であるからである。こうして、「労働力の価値」がしっかり
資本家によって支払われてもなお（＝等価交換であってもなお）、G と G' との
ギャップの発生は説明できるのである。

置塩信雄による搾取の証明──「マルクスの基本定理」

　とはいえ、世の中の表面にとらわれると「労働力の消費（労働）が生み出
す価値」が「労働力の価値」を上回っていることを理解することはできない。
それは主に、前者の「労働力の消費（労働）が生み出す価値」は新たに追加
された価値のすべてとは捉えずに、たとえば「機械」自体も新たな価値を創
造しているとの見解に基づくものである。近代経済学はこうした考え方を持
っているが、それが間違っているのは、①機械もまた労働の生産物であるこ
と（唯一の本源的生産要素は労働のみであること）[2]、また②その機械生産を含
む全労働の投入量はそれによって得られる生産物の効用とのバランスによっ
て測られるということ（労働の不効用が生産量決定の基準となっているというこ
と）の理解不足にあると本書第１章ではすでに解説している。これさえ理解
されていれば、「機械もまた価値を創造する」との誤解に惑わされることは
なくなる。なお、こうして G と G' との間のギャップの発生が上述の「強制
関係」によるものという意味で、このギャップの発生を「搾取」と、そのギ
ャップ自身を「剰余価値」とマルクスは呼んだ。「搾取」は資本主義以前に
も存在したから、正確には「資本主義的搾取」ということになる。

　しかし、そうした関係はただ文章的に書かれるだけでは近代経済学者への
説得力は欠ける。そして、その克服のために置塩信雄は「マルクスの基本定
理」という定式化を置塩（1967）などで行なっている。このモデルで置塩は
日本における近代経済学の総合学会たる理論計量経済学会（現在の名称は
「日本経済学会」）の会長に選出されたというほどインパクトのある理論的成

2）　この問題を鋭角的に示したのが泉・李（2005）による全労働生産性の概念である。すなわち、
　労働生産性とは直接投入の労働を分母とするのではなく、直接・間接の全労働を分母とすべきと
　いう定式化の提唱である。

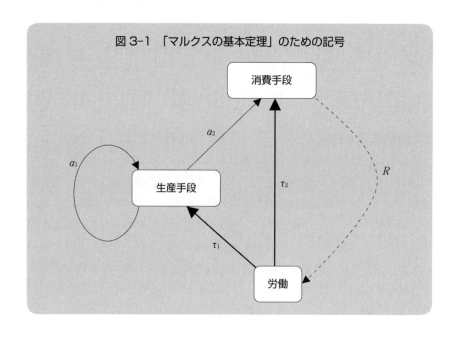

図 3-1 「マルクスの基本定理」のための記号

果であった[3]。その趣旨からここでも紹介したい。

　そこでまず、この定理の証明のための諸記号を図 3-1 によって定義する。いうまでもなく、この図は第 1 章の図 1-3 を基礎としたものであるが、生産手段生産でも生産手段が利用されるものとなっている。具体的には、生産手段 1 単位の生産に生産手段を $a_1(0<a_1<1)$ 単位と直接労働を $\tau_1(>0)$ 要し、消費手段 1 単位の生産に生産手段を $a_2(>0)$ 単位と直接労働を $\tau_2(>0)$ 要するとしている。また、生産手段と消費手段の 1 単位当たりの貨幣で測った価格をそれぞれ p_1、p_2 とし、賃金労働者が受け取る労働時間当たりの賃金（貨幣賃金率）を $w(>0$、両部門同一を仮定）とする。さらに、R で労働者がこの賃金で受け取ることのできる消費手段の量（実質賃金率）を表せば、これは $R=w/p_2$ と表現することができる。

　このとき、両部門で資本家がともに利潤を上げることができるのであれば、

―――――――――
3）　私の京都大学での指導教官であった野澤正徳教授は置塩教授とも親交があり、私自身も特に修士院生の頃は月 1 度のペースで両教授が共同で開催する研究会に参加していた。

以下の諸関係が成立しなければならない。すなわち、

$$p_1 > a_1 p_1 + \tau_1 w$$
$$p_2 > a_2 p_1 + \tau_2 w$$
$$w = R p_2$$

この最後の式は上述のように実質賃金率の定義式である。このとき、まずこの定義式を使ってほかのふたつの不等式を変形すると、$p_1/p_2 > \tau_1 R/(1-a_1)$、$(1-\tau_2 R)/a_2 > p_1/p_2$ となるから、これをまとめると

$$(1-\tau_2 R)/a_2 > \tau_1 R/(1-a_1)$$

これはさらに、$a_2 > 0$ より

$$1 - R(a_2 \tau_1/(1-a_1) + \tau_2) > 0$$

と変形することができる[4]。この式は実質賃金率のとりうる範囲が図 3-1 で定めた各種の技術係数で決められることを示している。そして、問題は、この複雑な係数は以下の消費手段生産に必要な直接・間接の投下労働量（価値）t_2 を使って、

$$1 - R t_2 > 0 \qquad\qquad (*)$$

と簡略化できることである。この簡略化は、生産手段および消費手段生産における直接・間接の投下労働量の総計を t_1、t_2 としたとき、

$$t_1 = a_1 t_1 + \tau_1$$
$$t_2 = a_2 t_1 + \tau_2$$

となる式（これを価値方程式という）を連立方程式として解いた

$$t_1 = \tau_1/(1-a_1)$$

4）　厳密にいうと、以上の説明のためには p_1、p_2、w が正の解を持つことを証明する必要があるが、ここでは省略した。

$$t_2 = a_2 \tau_1 / (1 - a_1) + \tau_2$$

の解（特にその後者）を代入することによって求められる。

とすると、ここで求めた(*)の式が意味するところの解釈となるが、ここで t_2 は上述のように消費手段生産に必要な直接・間接の労働量を意味するから、Rt_2 は「労働者が単位労働当たりに（1単位の労働を提供する交換に）受け取る消費手段に含まれている総労働量」を表していることになり、したがって結局この(*)式は、それが1単位を下回っていることを意味する。重要なことなので、少し言い換えて表現すれば、労働者は1単位の労働を提供して1単位以下の労働量で生産される消費手段の量を受け取るにすぎないこととなる。そして、これがすなわち「労働力の価値（受け取る消費手段の価値）」が「労働力の消費（労働）が生み出す価値」以下のものでしかないこと（搾取）の証明となっているのである。

また、この(*)式は左辺を t_2 で割ることで新たな意味合いを持つことになる。というのは、

$$\frac{1}{t_2} - R > 0 \quad {}^{5)}$$

と表現としたとき、この左辺は（既存の生産手段のもとで）1単位の労働が生産できる消費手段の量より、労働者が1単位の労働で受け取る消費手段の量が少ないことを示しているからである。これは、もともと価値単位（投下労働量単位）で搾取の存在を示していた(*)の式が、物量単位の表現に書き換えられている。つまり、「搾取の存在」は「労働者は生産した物財の一部しか受け取れない」という物財レベルの形式でも表現できるのである ${}^{6)}$。

しかし、もしこうすると、この関係はもちろん、「平均的労働者」について平均的にいえることだから、生産性の低い、一部の労働者は「自分の生産

5）　この式は分母分子を逆にすると $\frac{p_2}{w} > t_2$ と書き換えられるが、これは左辺が表す第2財の支配労働量（それが買い戻すことのできる労働量）がその財に含まれている投下労働量より大きいことを示している。このように「基本定理」の導いた搾取はさまざまに表現し直すことができる。

6）　こうした「価値」と「物財」の対応関係は『資本論』では第1巻第7章第2節で論じられている。

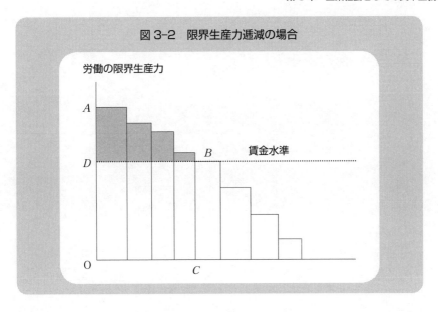

図 3-2　限界生産力逓減の場合

した物財の分をちゃんと受け取れている」ということもありうることになる[7]。そして、このことを逆にいうと、労働者の能力にさまざまなバリアントがあるとき、企業にとって合理的なのは、その最も有能な労働者から順番に雇用し、能力が賃金と同じになる労働者を雇用するに至った場合に雇用をやめることとなる。これはつまり、労働者の雇用に関する一種の「限界生産力原理」であり、図 3-2 によって示される。この場合、灰色の部分が労働力商品の購買者である企業の得た「消費者余剰」となるが、以上の論理から、この部分こそが「搾取」された部分ということになる。雇用されている労働者総体は、この図においては台形 ABCO の物財の生産を行なうが、賃金の形で受け取ることのできる物財は四角形 DBCO の部分に限られるからである。ただし、もちろん、こうした限界生産力原理によって賃金や雇用量が決定されなくとも、労働力の買い手独占など別種の事情で「労働者は自分が生

---

7)　もっといえば、何らかの事情で賃金以下の生産性しか有しない労働者が雇われ、よってマイナスの搾取が成立する可能性もある。ただし、企業に利潤が成立している限りこうしたケースは例外にとどまる。

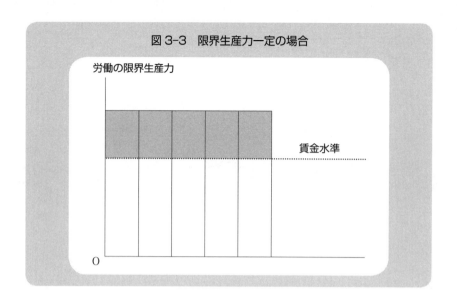

図 3-3 限界生産力一定の場合

労働の限界生産力

賃金水準

0

産した物財の一部しか受け取れない」という状況が作られても「搾取」は成立する。たとえば、図3-3のような場合である（ここでは同質の労働者を仮定）。結局、問題は、「平均的に」あるいは「総体として」労働者が作り出す生産物と受け取る生産物の間に差があることによって「搾取」が成立しているのである。

　ともかく、この置塩の証明は、多少複雑な記号を無視すれば、結局、資本家が利潤を得ているという条件から出発し、それが「労働力の価値（受け取る消費手段の価値）」が「労働力の消費（労働）が生み出す価値」以下であることと同義であることを示したものである[8]。そして、この世に「利潤」[9]が存在するのは事実であるから、これは「搾取」を証明していることとなる。

8）　置塩の証明がこれ以上のものでないという意味で、これは「何らかの搾取の証明ではあっても労働搾取の証明ではない」との批判があり、これは正しい。したがって、これを水や太陽エネルギーなどといったものの「搾取」でなく「労働搾取」であるというためには、別に「労働価値説」の正当性を主張しなければならない。本書ではその証明を第1章冒頭で論じた。なお、次に述べる分析的マルクス主義も労働価値説を前提としていない。

本書でも前章末で G から G' に「価値増殖」することを説いたが、その原因が「搾取」であることがここで証明されたのである。

　なお、いうまでもないことであるが、この「搾取」自体は奴隷制期以降ずっと人類社会には存在した。つまり、支配階級は被支配階級の労働生産物の一部を搾取し続けてきた。したがって、ここで証明されたことは、等価交換で成り立つ資本主義社会も、こうした階級社会のひとつにすぎないこと、その現れ方に差異があるだけだということになる。長い人類史の中で資本主義を捉えるとはこういうことである。

結合生産と固定資本を考慮した「マルクスの基本定理」

　ところで、こうして置塩の説明は極めて重大・衝撃的であった分、近代経済学分野からの反発も多く、その後、批判と反論が相次いだ。本書でもそのうちの2つのものを紹介したい。その最初のものはイアン・スティードマン（Steedman, 1975）によるもので、「結合生産」が存在するある反例（同じ労働が複数の生産物を生み出すようなケース）では「マルクスの基本定理」が成立しなくなるとの批判である。しかし、少なくとも生産手段と消費手段が明確に分離される通常の2部門モデルにはこの批判は当たらない。そのことは次のように示せる。

　まず、第1部門では生産手段1単位の生産につき消費手段も b_1 単位結合生産され、第2部門では消費手段1単位の生産につき生産手段も b_2 単位結合生産されるとすると、本書95ページ冒頭の価格不等式は

$$p_1 + b_1 p_2 > a_1 p_1 + \tau_1 w$$
$$p_2 + b_2 p_1 > a_2 p_1 + \tau_2 w$$

9）　近代経済学の一般均衡論は収穫一定技術のもとで企業利潤がゼロとなると主張するが、これは企業が資本所有者に資本のレンタル料を全額支払ってしまって成立する議論である。しかし、この「資本のレンタル料（一般には「資本収益率」といわれる）」には、減価償却部分のみならず資本提供者（や機能資本家）への「配当」も含まれているので、これは「利潤」も含むことになる。具体的には、「資本のレンタル料−減価償却」が「利潤」となる。この問題については第4章第Ⅲ節および第5章第Ⅲ節で詳述する。

となるが、これを変形すると

$$1 - R\left\{\frac{(a_2 - b_2)\,\tau_1 + (1 - a_1)\,\tau_2}{(1 - a_1) + b_1(a_2 - b_2)}\right\} > 0$$

を得る。ここでは上記価格不等式を変形した $(1 - a_1)p_1 + p_2 b_1 > \tau_1 w$ と $p_2 > (a_2 - b_2)p_1 + \tau_2 w$ から $1 - a_1 > 0,\ a_2 - b_2 > 0$ を想定している。第 1 部門での生産手段の純生産、第 2 部門での生産手段の純投入は自然な仮定であるからである。また、価値方程式のほうは

$$t_1 + b_1 t_2 = a_1 t_1 + \tau_1$$
$$t_2 + b_2 t_1 = a_2 t_1 + \tau_2$$

となるが、この式を解くと、

$$t_1 = \frac{\tau_1 - b_1 \tau_2}{1 - a_1 + b_1(a_2 - b_2)}$$
$$t_2 = \frac{(a_2 - b_2)\,\tau_1 - (1 - a_1)\,\tau_2}{1 - a_1 + b_1(a_2 - b_2)}$$

となり、ここで導かれた t_2 を上の不等式に代入すると「基本定理」とまったく同じ $1 - Rt_2 > 0$ の式が導かれるからである。スティードマンの反例は生産手段と消費手段の区別が存在しないより一般的なケースのものであるが、この反例に問題のあることは置塩（1977）第 3 章第 5 節によって示されている。

　なお、以上の証明は「生産手段と消費手段が明確に分離される通常の 2 部門モデル」を前提としているので、その前提へのありうる批判にもコメントしておきたい。このありうる批判とは価格不等式を

$$p_1 + b_1 p_2 > a_{11} p_1 + a_{12} p_2 + \tau_1 w$$
$$p_2 + b_2 p_1 > a_{21} p_1 + a_{22} p_2 + \tau_2 w$$

とし、価値方程式を

$$t_1 + b_1 t_2 = a_{11} t_1 + a_{12} p_2 + \tau_1$$

$$t_2 + b_2 t_1 = a_{21} t_1 + a_{22} p_2 + \tau_2$$

として、両財がともに生産手段としても機能するとするものである。たとえば、同じ鉛筆でも家計が自分のために使えば消費手段であるが、企業が業務用として使用すれば生産手段となるような事態を想定している。産業連関表はそのような構造を表現し、これは「現実」である。しかし、両方の鉛筆が同じ投入構造によって生産されたのだとしても、「実際に消費手段として使用された鉛筆」の投入構造と「実際に生産手段として使用された鉛筆」の投入構造を同じ投入構造を持つ2本の方程式に分けて表現することは可能であり、そういう抽象的な作業を施して表現するのが理論モデルというものである。この意味で「生産手段と消費手段が明確に分離される通常の2部門モデル」としての表現は妥当なものである。

　さらにもうひとつ、ここで紹介するのは森嶋（1974）第14章によって提起された固定資本考慮の場合の「マルクスの基本定理」の成立可能性に関する問題である。しかし、置塩（1977）第3章第3節はノイマンやスラッファらによる固定資本の扱い方法に基づいてこの問題を解決している。その定式化とは、来期も同じ固定資本を用いるとは、今期に1期間「加齢」した固定資本を副産物として生産しているとの解釈である。本来の生産物とこの「加齢」生産物のふたつを生産しているという意味では、これもまた「結合生産」といえる。ともかく、この方法で前項の利潤存在条件を表現すると次のようになる。すなわち、

　　第0期生産手段部門の利潤存在条件　　$p_1^1 + \sigma_1 p_1^0 > p_1^0 + R p_2 \tau_1$

　　第1期生産手段部門の利潤存在条件　　$p_1^2 + \sigma_1 p_1^0 > p_1^1 + R p_2 \tau_1$

・・・・

　　第$n-1$期生産手段部門の利潤存在条件　　$\sigma_1 p_1^0 > p_1^{n-1} + R p_2 \tau_1$

第 0 期消費手段部門の利潤存在条件　　$p_1^1 + \sigma_2 p_2^0 > p_1^0 + R p_2 \tau_2$

第 1 期消費手段部門の利潤存在条件　　$p_1^2 + \sigma_2 p_2^0 > p_1^1 + R p_2 \tau_2$

$\cdot\ \cdot\ \cdot\ \cdot$

第 $n-1$ 期消費手段部門の利潤存在条件　　$\sigma_2 p_2^0 > p_1^{n-1} + R p_2 \tau_2$

ここで、この固定資本は第 0 期から第 $n-1$ 期までという n 期の全耐用期間にわたって 1 単位ずつ投入されるものとしているが、その期間に少しずつ減価していくからその価格変化を表すために p_1 に付加した右上の添え字でその時期を示している。ただし、ここでは消費手段価格 p_2 と実質賃金率 R および両部門の労働投入量 τ_1、τ_2 には変化がないものとし、また、この生産手段 1 単位を使った生産活動では両部門が毎期それぞれ σ_1、σ_2 ずつ当該財を生産し続けるものとしている。これを前提に最初の「第 1 期における生産手段部門の利潤存在条件」を見れば、この右辺は真新しい 1 単位の生産手段と τ_1 単位の労働力を投入していることを示しているが、左辺は σ_1 単位の新生産手段を生産するとともに次期にこの同じ 1 単位の固定資本が残されることが p_1^1 によって示されている。そして、最後の第 $n-1$ 期でこの項が消えているのはこの期に固定資本は償却しきるからである。消費手段生産部門も同じである。

　したがって、問題はこれらの不等式を解くということとなるが、両部門それぞれ n 個の不等式を足し合わせると、

$$np_1^0 \sigma_1 > p_1^0 + nRp_2\tau_1$$

$$np_2^0 \sigma_2 > p_1^0 + nRp_2\tau_2.$$

この 2 式からさらに 95 ページの要領で変形すると

$$1 - \left\{ \frac{(n\sigma_1 - 1)\tau_2 + \tau_1}{\sigma_2(n\sigma_1 - 1)} \right\} R > 0$$

102

となる（この変形では後で導かれる $n\sigma_1 - 1 > 0$ も利用している）。したがって、ここでも問題は、この $\dfrac{(n\sigma_1 - 1)\tau_2 + \tau_1}{\sigma_2(n\sigma_1 - 1)}$ の部分が t_2 であることを示せるかどうかという問題に帰着する。そして、それは以下の価値方程式を解けば導かれる。すなわち、

第 0 期生産手段部門の産出＝投入 $\qquad t_1^1 + \sigma_1 t_1^0 = t_1^0 + \tau_1$

第 1 期生産手段部門の産出＝投入 $\qquad t_1^2 + \sigma_1 t_1^0 = t_1^1 + \tau_1$

$$\cdot\ \cdot\ \cdot\ \cdot$$

第 $n-1$ 期生産手段部門の産出＝投入 $\qquad \sigma_1 t_1^0 = t_1^{n-1} + \tau_1$

第 0 期消費手段部門の産出＝投入 $\qquad t_1^1 + \sigma_2 t_2^0 = t_1^0 + \tau_2$

第 1 期消費手段部門の産出＝投入 $\qquad t_1^2 + \sigma_2 t_2^0 = t_1^1 + \tau_2$

$$\cdot\ \cdot\ \cdot\ \cdot$$

第 $n-1$ 期消費手段部門の産出＝投入 $\qquad \sigma_2 t_2^0 = t_1^{n-1} + \tau_2$

　ここでは先の不等式体系の代わりに生産手段 1 単位に含まれる労働量（価値）が年齢付きの t_1 で、その消費手段の労働量が t_2 で表されている。そして、このときも先と同様、両部門それぞれ n 個の方程式を足し合わせると、

$$nt_1^0\sigma_1 = t_1^0 + n\tau_1$$
$$nt_2^0\sigma_2 = t_1^0 + n\tau_2$$

となり、これを t_1, t_2 について解くと

$$t_1 = \frac{n\tau_1}{n\sigma_1 - 1}$$

$$t_2 = \frac{(n\sigma_1 - 1)\tau_2 + \tau_1}{\sigma_2(n\sigma_1 - 1)}$$

が導かれる（なお、先に仮定した $n\sigma_1 - 1 > 0$ もこの結果により導かれる）。よって、上に挙げた式は $1 - Rt_2 > 0$ と変形される。すなわち、この場合も「マルクスの基本定理」は成立することとなる。

分析的マルクス主義の階級搾取対応原理──搾取の第2定義

ただし、こうして「マルクスの基本定理」が正しいとしても、以上の説明だけでは「強制関係」たることの説明としては弱い。Rt_2 すなわち「労働者が単位労働当たりに受け取る消費手段に含まれている総労働量」を少なくするために労働時間を長くしたり、賃金を低めたりするのに「強制関係」が有効であるとの説明をモデルの外でできるだけであるからである。その意味で、この定式化はまだ基本的には「利潤存在」が「搾取」であることの証明以上のものではない。

それで、この問題を補うべくさらにここで紹介したいのは、上記の置塩の定式化の影響を受けて1980年代にアメリカで登場した「分析的マルクス主義（Analytical Marxism）」による「階級搾取対応原理」と名づけられた新たな定式化である。これはその名が示すように固定資産＝生産手段を多く所有する「資本家」と少量しか持たない「労働者」として定義された階級の間では自発的に資本貸借が行なわれ、その結果「搾取」が発生するという説明方式である[10]。具体的には以下で簡単に紹介するが、この説明では「搾取」には「資本家」の「労働者」に対する強制権が必要であることが明示されていることが重要である。

この説明のためには分析的マルクス主義の「搾取」とは何かについての説

---

10) 厳密にいうと、分析的マルクス主義は自分では一切の労働を行なわない純粋資本家、自分でも労働を行なう中小資本家、自己労働だけで生きるプチブルジョワ、自分の生産手段を使った労働だけでは暮らせず労働者としても働く半プロレタリアート、賃金所得のみで生きるプロレタリアートの5種類の階級を定義したが、本書ではこの最初のふたつを「資本家」とし、最後のふたつを「労働者」として説明している。Roemer（1982）ないし Mayer（1994）参照。

表3-1　分析的マルクス主義の「資本貸借」と「搾取」概念

	資本家 機械 + 労働 ⇒ 生産			労働者 機械 + 労働 ⇒ 生産			全社会 機械 + 労働 ⇒ 生産		
初期保有量	10	1	3	2	1	1	12	2	4
貸借後の使用量	6	1	2.5	6	1	2.5	12	2	5
借料の授受 （分析的マルクス 主義の想定）			+1.49			-1.49			
最終的所得 （分析的マルクス 主義の想定）			3.99			1.01			

明が必要となる。そのために、次のような数値例を挙げたい。すなわち、今、ともに1の労働を持つ「資本家」と「労働者」がある時点でそれぞれ表3-1のような量の機械を保有していたとしよう。その場合、それぞれの生産量は3、1となって全社会的には4の生産が行なわれることとなるが、今もし資本家が労働者に機械を「貸借」して両者の使用機械量を均一化すればそれぞれが'2.5'ずつの生産を行なえるようになるかもしれない[11]。このとき、全社会的には5の生産が行なわれて1だけ純増する。そして、問題はこの増分をどちらの階級が取得するかである。分析的マルクス主義は前者によるほぼ全量の取得を想定し、それを「搾取」と呼んだ。他者の労働の成果の取得であるからである。

　では、どうして分析的マルクス主義はこの純生産の増分がほぼすべて資本家によって取得されると想定するのだろうか。それは、たとえばこの資本貸借では資本家が労働者に1.49の借料を要求するが、この高額な借料を労働者は受け入れるだろうことによって説明される。なぜなら、それだけ払って

---

[11]　この仮定はそう特殊なものではなく、資本の限界生産性の逓減性を想定することに等しい。この数値例の場合、資本が0→2と増えるときの限界生産性は0.5（機械0の場合の生産を0と想定）、2→6と増えるときのそれは0.375、6→10と増えるときのそれは0.125となっている。

も労働者の最終的な所得は資本貸借前の1より0.01だけ増えるからである。つまり、この状況では労働者はこの貸借契約を断るよりは受け入れたほうがましとなり、よって「自由意志」で契約関係が成立すると想定される。

　しかし、ここで気をつけなければならないことがある。というのは、ここでもし労働者のほうが強い力を持つのであったら、逆に労働者の側が0.51の借料を提案し、資本家に飲ませることもできるからである。この場合も、資本家は当初の所得3よりも少しだけ大きい3.01の所得を得ることができる。要するに、ここでは借料は0.51から1.49の間のどこにあっても「自由意志」で契約は成立する。したがって、結局、この間のどの額で契約成立となるかは契約外の事情＝力関係によって決まることとなるのである。これは、本論にひきつけると、強制力をどちらが持っているかが決定的であること、資本と労働との力関係こそが問題であることを示している。この意味で、分析的マルクス主義のこの定式化は「自己増殖する価値」としての資本が「労働指揮権」でもなければならないことをよく示すものとなっている。

　ただし、それでも、2点にわたって問題がないわけではない。そのひとつは、「資本貸借」と「雇用」との微妙にして決定的な相違である。

　というのはこういうことである。分析的マルクス主義のこの解釈における「資本貸借」は、労働者が自分の作業場にとどまりながら資本家の機械の使用を許されている状態を直接的イメージとしているが、それは機械の存在する場所（＝資本家の作業場）に労働者が通って作業するという働き方、すなわち「雇用労働」とは決定的に違うからである。分析的マルクス主義の場合には両者は区別されていないが、「労働指揮権」を問題とするという文脈では「働き方」こそが問題となる。そして、実際、『資本論』で「労働指揮権」を問題としている第3篇は、まさに第5章で「労働過程」と「価値増殖過程」を、そして続く第6〜9章がその両者を統一して理解するものとなっている。つまり、「労働過程論」と切り離して「労働指揮権」を議論することはできない。「雇用労働」とはそういうものであり、それこそがここで問われているのである。どういう働き方をしているか、どういう生産手段を用いているかといった「生産力の質」を問題としていると理解してもよい。本書

第2章では「生産力の量」のみが問題とされたが、ここではそれに代わって
その質が問題とされているのである。

「雇用労働」の特質を解明した抗争交換理論

　実際、この「雇用労働」としての特質に注目し、ゲーム理論を駆使して研
究をしてきた流れもアメリカにはあり、「ポスト・ワルラシアン」と呼ばれ
ている。ワルラスは市場取引をうまく表現できたが、資本主義の本質はそれ
だけでは表現しきれず、「市場外」のさまざまな交渉が合わせて検討されな
ければならない。そして、その最も重要な場面が労働力の売買である、とす
る議論である。この理論は「抗争交換理論（contested exchange theory）」と
呼ばれている。先には分析的マルクス主義の美点が「資本と労働の力関係こ
そが問題であることを示している」ことにあると述べたが、この問題は「雇
用労働」の特質を解明することなしに論じられない。実をいうと、表3-1に
おける純生産1の労資間の分配は両者の無差別曲線が接する点で決まるとい
ったような純粋な市場理論によっても論じることができる。しかし、それで
は「雇用理論」にならない、というような批判と理解されてもよい。

　それでは、その「抗争交換理論」とはどのようなものであるか。それを端
的に示した図3-4によって説明すると次のようになる[12]。

　まず、図中 $v = v^*$ の曲線は労働者側の特定の無差別曲線（等効用曲線）で
あり、これは、同じ賃金水準であっても労働努力を下げれば次期にクビにな
る確率が増えて効用が減少する事情と、しかし逆に労働努力を上げすぎるの
も辛いという事情をともに表している。このためにこの曲線は左に凸な形を
し、賃金が w^* となった場合、労働者の最適反応は点 a をとることとなる。
万が一、w^* の賃金で点 a 以外の箇所を選択するなら、それはより多くの無
駄な努力をするか、あるいは高いクビの確率を甘受せねばならなくなる。こ
うして形成された労働者の最適反応関数が $e\,(w, m; z)$ となっている。ここ
で、e は労働努力、m は資本家による労働者の監視コスト、z は労働者がこ

---

12)　以下の説明は、Bowles（2004）第8章によっている。

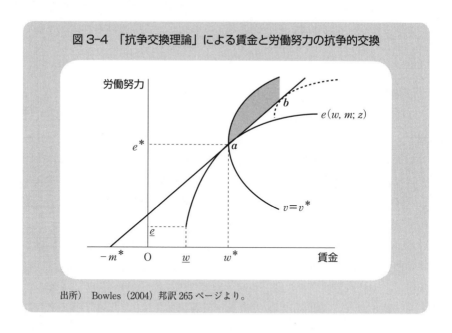

図 3-4 「抗争交換理論」による賃金と労働努力の抗争的交換

労働努力

e^*

$\underline{e}$

$e(w, m; z)$

a

b

$v = v^*$

$-m^*$　O　$\underline{w}$　w^*　　　賃金

出所）Bowles（2004）邦訳 265 ページより。

出所）Bowles（2004）邦訳 265 ページより。

の雇用契約を解消した場合に受けられる外部賃金（たとえば失業手当）である。

　以上が労働者の側の反応であるが、資本家の側は生産物 1 単位当たりのコスト（ユニット・コスト）を最小化しようとする。そして、そのユニット・コストは横軸上の $-m^*$ から右上に伸びた直線の傾きによって表されている（m^* はこの図の外で決められた最適な監視コストである）。というより、上で与えられた労働者の最適反応関数 $e(w, m; z)$ を前提にすると、図示されたこの直線が最小のユニット・コストを実現できるものであることがわかる。

　こうして点 a が労資双方の最適反応として選択されるように思われるが、「抗争交換理論」の本領はここから先にある。というのは、図中灰色で塗られた部分は労資双方にとって点 a より有利な状況であるからであり、そのために、労資双方は、上記のような「市場的取引」ではなく、交渉的取引（これを彼らは「抗争的交換」と呼ぶ）をしなければならない。「ポスト・ワルラシアン」は、これをもって雇用労働の特質と称しているのである。

　なお、私の考えでは、宇野派経済学が「労働力商品化の無理」を主張する趣旨はここにある。「資本貸借」と「労働力商品の売買」との根本的な相違を強調する趣旨が込められているからである。労働力商品が売買契約の後にどれだけの労働（労働力商品の消費）がなされるかは労働者のやる気や強制の度合いに依存する。「抗争交換理論」も含め、こうした雇用労働の特殊性は「雇用契約の不完備性」の問題として近代経済学では論じられている。

資本家とは何か

　以上、「分析派マルクス主義」のフレームワークの問題点のひとつとしての「雇用労働」の特質解明の不十分さを「抗争交換理論」との対比で述べたが、さらにもうひとつ、ある意味ではより重大な問題点がある。それは要するに「資本家とは何か」という問題であり、「生産手段所有の多寡」をもって「階級」を定式化することによって逆に見えなくなることがある、ということである。というのは、たとえば全構成員が平等な賃金を得る社会を考えても、「国家」が強力な強制力を使って剰余生産を吸い上げる（そして資本蓄積を推し進める）ような場合はどう考えられるだろうか。この場合は諸個人間の「搾取」はなくとも、「国家」たる社会的存在が労働を指揮し、したがって「資本家として機能」することになる。これが第 1 章でも言及した「国家資本主義」であり[13]、その典型は旧ソ連や東欧、さらに毛沢東時代の中国などであった。また、やや緩められた形では戦前期の日本やドイツ、あるいは 1967 年以前のインドネシア、1991 年以前のインドなどにも存在した[14]。

　この問題は「資本家とは何か」といった問題とも関わる。あるいはもっといって資本家を「ただ人格化された資本でしかない」というマルクスの「資本家」理解にとっては、「資本」が本来の主体＝搾取者であって、「資本家」はその機能の担い手＝代弁者にすぎないことと関わる。マルクスの言葉は次のようになっている。すなわち、

---

13)　「国家」自体を支配者とする階級社会の概念は中村（1977）の「国家奴隷制」概念および「国家農奴制」概念で深められている。

14)　これは旧ソ連崩壊以前からの私の主張点である。大西（1990、1992）など参照。

> 「価値の増殖——が彼（資本家——引用者）の主観的目的なのであって、ただ抽象的な富をますます多く取得することが彼の操作の唯一の起動的動機であるかぎりでのみ、彼は資本家として、または人格化され意志と意識を与えられた資本として、機能するのである」
>
> （マルクス『資本論』第1巻、ディーツ版、167-168ページ）

また、

> 「資本家としては彼はただ人格化された資本でしかない。彼の魂は資本の魂である。ところが、資本にはただ一つの生活衝動があるだけである。すなわち、自分を価値増殖し、剰余価値を創造し、自分の不変部分、生産手段でできるだけ多量の剰余価値を吸収しようとする衝動である」
>
> （マルクス『資本論』第1巻、ディーツ版、247ページ）

　前に述べたように資本（CAPITAL）は自己増殖欲求を持つが、資本自身には口がないので誰かがその欲求を代弁しなければならない。その代弁者が資本家（CAPITAList）である。そして、もしそうすると、単に「資本家」が労働者の雇用で利益を得るというのでは十分ではない。問題はそれによって資本の増殖欲求が満たされているかどうか、すなわち「資本の増殖」に帰結できたのかどうかなのだから、この「人格化された資本」は実は個人的には何の利益も得ない、単なる「労働指揮権」（＝労働への強制力）の担い手でもかまわない。これにはもちろん「国家」装置を使って資本蓄積を推し進めた政府官僚や政治家ないしそのまさに代弁者たるイデオローグも含まれるから、旧ソ連や東欧、毛沢東時代の中国もまた一種の資本主義と理解されることとなるのである。

　この観点からの分析的マルクス主義の「階級」イメージへの批判には、さらにふたつの事例も役に立つ。というのは、一方には①「所有」はしないが上述の「資本家としての機能」は十分に果たしている雇われ経営者がおり、

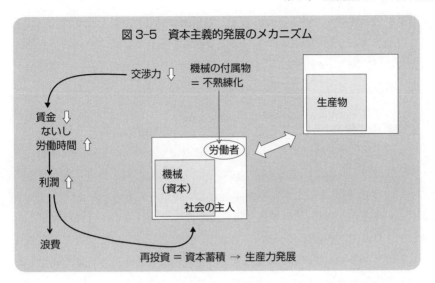

他方には②ときには労働者以下の所得で長時間働く中小資本家がいるからである。分析的マルクス主義は諸個人の資産格差（生産手段保有の格差）が雇用関係→搾取関係形成の原因であることをうまく定式化できたものの、結局のところ「資本家の機能とは何か」あるいは「資本とは労働指揮権である」という視角の欠如のために、「所有」とは独立な「労働指揮権」の存在と機能を明示することができなかった。そのため、所有と機能の分離のなかった初期資本主義の表現としては優れた理論装置も、「国家資本主義」やその他の「特殊な」資本主義の表現には適さない枠組みとなってしまっているのである。

　といってももちろん、私はここで所得や資産における格差の影響を理論的に定式化した分析的マルクス主義の成果を軽んじるつもりはない。彼らが現実に対峙するアメリカ社会は極めて格差の大きな社会だから、格差のもたらす帰結、その問題点を経済学理論として提示しようとしたのは当然のことであり、実は我々の日本社会でもこの問題が深刻化しつつある。したがって、彼らの搾取概念には独自に敬意が払われるべきであり、そのため私はこうした（資本）貸与に対する対価としての「搾取」に「搾取の第２定義」という

名前をつけて呼んでいる。もちろん、上述の「国家」や雇われ経営者や貧乏な中小資本家をも含む「階級」による「搾取」＝資本蓄積のための消費制限としての搾取こそが「第1定義」ではあるが、それと同時に格差問題を扱う際に有益な道具としてこの概念を大事にしたいと考えるからである。

生産手段の役割が決定的となった社会としての資本主義

しかし、この分析的マルクス主義の枠組みでもうひとつ積極的な事柄を指摘しておきたいのは、生産手段への関心である。ただし、彼らの場合はその「所有」が問題となったが、私が重視したいのはそのもっと技術的な性格である。前述のように、「労働指揮権」としての資本の本質は労働過程論ないしそれと価値増殖過程論との統一としての生産過程論を経て初めて解明されるものだからであるが、このことをもっと端的に技術が社会構造を規定する史的唯物論の枠組みだから、と述べてもよい。

それで、ここで実際に考えたいのは、生産手段とは（一部運輸業などを除き）「道具」でしかなかった時代が産業革命によって終了し、代わって「機械」が生産過程において決定的な役割を担うようになったという事柄である。本書でも、生産手段の重要性は一貫して主張してきたが、労働過程ないし生産過程を論じるこの段において初めて今や機械となった生産手段の技術的性質から「労働指揮権」としての資本の本質を論じるという問題である。ただし、この議論は「機械」の特質を理解するためにもそれ以前の「道具」の特質を特定化するところから始まる。

というのはこういうことである。まず、産業革命前、「機械」がなかった頃の手工業を想起されたい。ここでは「機械」がなく「道具」しかない以上、生産物の量と質を上げるためには「手の熟練」の水準を引き上げるしか方法がない。そのため、作業者は親方との間で「徒弟関係」に入り、そのもとで何十年と毎日同じ作業を行なう。親方に従順なこうした繰り返しのみがこの場合には生産力を保つ唯一の方法であるため、目上を大切にする、という「麗（うるわ）しい」人間関係が築かれる。儒教精神（あるいはその発展形態としての朱子学の「敬」（模倣→習慣化）の原理）[15]はそのイデオロギー的表現である。産

業革命後の現代では「定年制」が成立し、永く同一人物が組織の長を務める
ことは「老害」といわれるが、当時にはそのような観念は一切生じえなかっ
た。というのは、年季を要する熟練作業にとって最高の腕を持つのは年長者
であり、彼らを作業場から排除することは最も愚かなことであったためであ
る。つまり、こうした技術の特質に依存した生産力的根拠により過去には定
年制がなかったのである。

　このような転換は各作業所内での人間関係に限らない。たとえば、上記の
ような熟練の形成のためには、各作業所内で親方が指導する職人の数は制限
されなければならない。大学の大講義のようなシステムで教えられる「科学
的」知識ではなく、「腕」自身に覚えさせる「技」のようなものは親方との
人格的な交流ができる範囲の人数、10人前後に対してしか「伝授」するこ
とはできない。そして、そのためにその個々の経営体は小規模である必要が
あり（小経営）、経営体間の競争を制限して大規模経営を抑止する封建的な
同業組合（ギルド）が形成された。こうしてギルドという社会制度もこの時
代の技術的条件の賜物であることがわかる。ギルドは工房ごとが使用できる
職人の数を厳格に制限するということも行なっていた。

　しかし、こうした「麗しき」時代は機械の登場によって終わる。機械が登
場すると生産物の質や量は以前のような熟練に依存するものではなくなり、
機械の質や量によって決まるようになる。熟練労働者は不要となって職を失
い、代わって工場に入った不熟練労働者も「不熟練」であるがためにいつで
も取って代えられうる、そんな存在となった（「機械の単なる付属物」『共産党
宣言』、「機械の付属物」、「資本の付属物」『資本論』）。そのため彼らの雇い主に
対する交渉力は弱くなり、賃金や労働時間といった労働条件は悪化（「貧困
化法則」）し[16]、その結果、利潤はさらに大きくなってそれが再び資本とし
て機械に再投下される（自己増殖する）こととなる。こうして産業革命後の
社会では機械が社会の主人公のように振る舞い、その増殖が自己目的である
かのように運動する。そして、多くの場合、「機械」は「資本」と同義に扱

15）　朱子学の「敬」については、垣内（2015）第5,6章参照。

われているから、「機械の増殖が自己目的であるかのように運動する社会」は「資本の増殖が自己目的であるかのように運動する社会」である。産業革命後の社会が「資本主義社会（資本制社会、CAPITAList society）」と呼ばれなければならないのはこのためである。「資本蓄積が第一義的な課題となった社会」であるからである[17]。

　ただし、ともかくこうして機械が大きくなることは、生産力も大きくなることを意味する[18]。というより、生産力の大きさが熟練の程度に依存するのではなく、機械の質・量に依存するようになったという資本主義社会の技術的特質自身が、機械の増殖（←社会的富の多くが労働者にではなく「機械」に配分されるという状況）以外には生産力発展ができないことをそもそも意味していた。そして、実際、この「資本」制社会はまったく自動的にそうした自己増殖のメカニズムをビルトインすることとなったのである。

　したがって、確認されたいのは、こうした産業革命後の新しい生産手段＝機械の技術的特質がその「自己増殖」をどうしても必要なものにし、またその自己増殖のために労働側の条件の悪化、労働分配率の低下、要するに「労働指揮権の強化」を帰結しているということである。本書は一貫して、技術が社会の全構造を規定するとの唯物論命題を主張してきたが、ここで初めて「機械」という新技術の質的性格から「資本主義」という社会システムの必然性を導くこととなった。「労働指揮権の強化」とは、資本と労働の関係そのものであるから「生産関係」の中心的内容である。それが「生産力の質」の必然的帰結であることが明確となったのである。

---

16)　ただし、ここでの労働条件の悪化は労働者の階級としての再生産を可能とするものでなければならない。労働者階級の総人口（労働力人口）が少なくとも一定に保たれなければ、それを雇うことで初めて生存しうる資本の再生産も維持できないからである。そのために、階級としての労働者の賃金・労働条件は自身と子孫の再生産費を上回らなければならない。この最低限度は「生存賃金」と呼ばれる。

17)　マルクスは「資本主義的生産の本質」を消費を目的とした蓄積と捉えることに反対し、「資本主義的生産の目的」とはもともと「消費」にはなく、「剰余価値の獲得とその資本化すなわち蓄積」なのだとしている（『資本論』第2巻、ディーツ版、499ページ）。

18)　「生産過程の規模は（生産力の発展が変わらなければ）与えられた量の労働力で処理できる生産手段の量と規模とによって定まる」（マルクス『資本論』第2巻、ディーツ版、111ページ）。

　なお、この「資本主義」理解とほかの一般のそれとの違いを明確化しておくために２点の補足を行なっておきたい。そのひとつはここでの「市場」の位置づけについて、もうひとつは「私的所有」の位置づけについてである。マルクス経済学界ではもはや「市場」と「資本主義」、「私的所有」と「資本主義」を同一視する考え方は多数派ではないが、それでも世間一般では、「市場」と「私的所有」をもって「資本主義」の定義ないし基本的特徴と理解されているからである。私は「資本主義社会」とネーミングされる社会には「資本蓄積が第一義的課題となった社会」、要するに「資本のための社会」という定義以上に適切なものはなく、「市場」をもって定義するなら「市場主義社会」ないし「市場社会」と、「私的所有」をもって定義するなら「私的所有社会」と呼ばれるべきであると考えるが、かといって「市場」や「私的所有」が「資本主義」と無関係であるわけではないので、その点を明確化しておく必要がある。

　それでまず「市場」についてであるが、実はこれはすでに前章で詳細に論じている。そこで論じたのは「資本主義社会は商品生産社会である」ということであった。この意味で、本書でもまた「市場」的取引が全般を覆う社会として「資本主義」がイメージされている。さらにまた、「市場」が本書における資本主義の本質たる「資本蓄積」の推進者であることも事実である。たとえば、企業間における市場競争の激化は労働者間の競争をも促進することによって賃金の切り下げを招来し、また他方、生産効率の改善を進めることによっても蓄積資金の確保を促進しているからである。

　しかし、それでもここで主張しなければならないのは、このようにして「市場」が「資本主義的」であっても、それが資本蓄積に役立つ限りでのことであって、それ自身が定義ではないということである。「資本主義社会は商品生産社会である」とはいっても、「資本主義」というネーミングにとって重要なのは「資本蓄積的」だということであって、「市場」ではない。この意味で、たとえ「国家資本主義」など何らかの事情によって市場の制限された経済システムが成立したとしても、それが「資本蓄積的」でさえあれば「資本主義」なのである。

さらにもうひとつ、「私的所有」についても、特にそれは資本主義の初期において極めて重要な資本蓄積のための条件であったといえる。たとえば、原初的な私的資本の成立期に「資本家」が「この生産手段は俺のものだ」と宣言できるかどうかは、彼の労働者への指揮権の強弱に直接影響したはずである。誰のものであるかわからない生産手段を使用する労働者に、所有者であるかどうかわからない者が強力な指揮権を発動することはできないからである。

　しかし、ここでもまた主張しなければならないのは、これもまた「資本蓄積的」である限りでのことであって「私的所有」がそれ自体として定義となっているのではないということである。誰か特定の「所有者」が君臨していなくとも「生活協同組合」も「私立大学」も、はたまた「国立大学法人」も基本的に同じ原理で賃下げが行なわれ、新店舗や新学部、運転資金の資金確保が行なわれているからである。総じて、事柄の定義の内容と特徴とを区別すること、事柄の本質をよく理解して抽出することが求められている。

「資本」と「資本主義」の弁証法的理解について——定義—関係—具体的全体

　最後にもうひとつ、事実上「機械」を「資本」とするところから論理を始める本書の「資本主義」理解に対するマルクス派内での不同意についても言及しておかなければならない。具体的には、①資本はモノではなく関係であるとの批判、さらに②資本家が当初に投下する資本には機械（生産手段）だけでなく「可変資本」としての労働力も含まれるという批判についてである。

　そこでまず①について反論するなら、本書が「労働指揮権の強化」という「生産関係」を機械の技術的特性から導いているというもので十分であろう。つまり、本書の「資本」概念にも「関係」がすでに組み込まれており、単なるモノとはなっていないからである。あるいは言い換えて、モノとしての実質を持った技術が社会的な特定の関係をも帰結する、という論理構造となっているということである。唯物論的社会観とは本来そのようなものであった。

　ただし、主要な論点は②であり、そのために「資本」をまず「機械」として定義することはどこまで可能でどこから不可能かという問題を考えてみた

い。もちろん、「機械」に代表される生産設備のみを「資本」と呼ぶのは近代経済学の狭い見方である。しかし、本書の理解によって、この「機械」の登場がもたらしたまったく新しい搾取社会の本質が表現されているのであるから、ここで必要なのは、近代経済学の素朴な理解から出発して、マルクス経済学のより進んだ理解に到達したという論理の運びについて考えてみるということとなる。これはマルクスの依拠した方法論＝弁証法をどのように理解するか、といった問題でもある。

　このことをより一般的な形で表現すると次のようになる。たとえば、今、社会が通常に観念する A という事物が存在するとする。だが、この A はただ A としてのみ存在するのではなく、他との関係の中で初めて A としての存在を実証することができている。あるいはまた、この A は A としてずっととどまるものではなく不断の変化の中にある存在である。したがって、前者の場合はこの A は非 A をも含む関係として理解されて初めてその全体的な認識に達することができ、また後者の場合はこの1分後の厳密には非 A となった存在をも含むそのものの自己同一的な普遍性＝「本質」にまで迫る、より高い認識が求められることになる。その意味で、私は認識というものは一般に、

$$A—非 A—A'$$

なる経過を経て発展するのではないかと考えている。そして、その意味において、当初に、"A" なる認識から出発すること自体を否定すべきではないと考えるのである。

　あるいは同じことであるが、私はこの

$$A—非 A—A'$$

なる認識の発展を

$$定義—関係—具体的全体$$

なる三者関係として理解している。というのは、まず何がしかの対象を「定

117

義」せよといわれると「ひと言」でその対象が表現されることとなるが、それはその際一般にその「ひと言」では表現できないものを生み出すことになる。したがってこの場合、「ひと言」での「定義」の提出は同時にその「ひと言では表現され尽くされないもの」と「表現されたもの」との両者の「関係」を説明する義務を発生させる。そして、もしその両者の「関係」が説明されると「ひと言では表現され尽くされないもの」と「表現されたもの」との両方を含む「具体的全体」の認識に到達することができる。

　それでこの方法論を本書の「資本主義」理解で説明すると次のようになる。すなわち、本書の「資本主義」理解の出発点は産業革命による「機械の登場」にあった。したがってこの意味では「資本主義」が「機械の時代」としてまずは「定義」されたのだといえる。これもまた近代経済学の「工業時代」との時代理解に対応する。

　しかし、本書の理解は「資本主義」＝「機械の時代」というだけにとどまらない。なぜなら、上述のようにこの「定義」は分析によってすぐさま「熟練の解体」や「直接的生産者の地位の低下」すなわちその「機械」と「労働」との「関係」、より正確にいうと「資本・賃労働関係」の説明を含むことになるからであり、これによって「資本主義」はその「具体的全体」としての理解を得ることとなる。

　実をいうと、この「資本主義」理解は、この「資本・賃労働関係」としての理解をさらにもうひと回り超える「正─反─合」すなわち「A─非A─A′」をも持っている。というのは、この「資本・賃労働関係」がもたらす利潤増が資本への再投下となって「資本の増殖」をもたらすという再生産運動＝増殖運動をも導き出しているからであって、この意味で当初の「定義」は何度も乗り越えられている。そして、それは本当は、以上の増殖運動としての理解をも乗り越え、「非資本制部門」をも含む「具体的全体」としての「資本主義」理解、あるいは上部構造をも含むさらに「具体的全体」的な「資本主義」理解へとつながっていくこともできる。このことを図式的に示せば図3-6のようになる。

　すなわち、まず

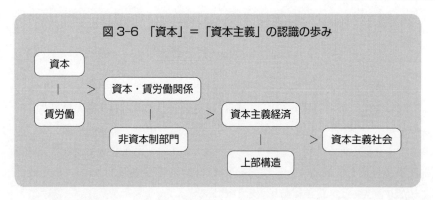

図3-6　「資本」＝「資本主義」の認識の歩み

① 資本はそれのみで自己完結せず、自身の反対物としての賃労働を必要とし、それと合わさって初めて直接的生産過程の「具体的全体」、すなわち、資本・賃労働関係を理解することができる。

② しかし、この資本制システムの「定義」としての資本・賃労働関係もそれは実は資本制生産システムのすべてを覆っているわけではない。あるいは、日本が戦前期から「資本制社会になっていた」と述べたとしても人口の過半数はまだその時点で農業などの非資本制部門に従事していた。つまり、資本・賃労働関係を持った先進部門が従業人口として社会構造の基本的枠組みを規定していたとしても、そこにはそれゆえに遅れた非資本制部門を保持し、それをまた別の搾取材料とする。この意味で、資本制経済の「具体的全体」は狭義の資本制部門を主とし、非資本制部門を従とするふたつの有機的関係を理解して初めて具体的な全体像をなすことができる。

③ しかし、それでもまだこれだけでは狭義の経済のシステムとしてだけしか資本制が理解されていない。資本制のシステムはその経済的土台を維持・再生産するためにイデオロギーや政治システムなどの上部構造が形成され、それらを含む「具体的全体」がより進んだ「資本主義」理解でなければならない。

したがって、ここで理解されねばならないことは、弁証法的な対象認識は階層構造を持ち、A—非A—A′という認識の発展は何重にも続くということ、

すなわち、

$$A—非 A—A'—非 A'—A''—非 A''—A'''……$$

という形で進行するということである。ヘーゲルの弁証法論理学において、有論の中の「有」、量論の中の「純量」、本質論の中の「現存在の根拠としての本質」、現象論の中の「現象の世界」、概念論の中の「主観的概念」などというように、同じカテゴリーが次元を変えて別の「定義」が与えられていることと対応している。A は次元を変えて A′ と定義されたり、A″ と定義されたり、A‴ と定義されたりするのである。

　少し「資本主義」理解に戻りすぎたかもしれない。しかし、ポイントは「資本」にも「資本主義」にも「定義」が幾重にも存在しうるということであり、これが形式論理学と弁証法論理学との違いを構成している。前述のように『資本論』は「資本」を後に生産手段（不変資本）と労働力（可変資本）の両方を含むものとして議論しているのは事実であるが、そうした進んだ定義と当初の「定義」とは必ずしも矛盾しないのである。一般的にいうと、議論の当初の定義と分析の後の概念との次元の相違の問題である。

　なお、こうして 3-3-3 の構造を持つ論述の方法は本書の章別編成にも貫かれている。第 1 章-第 2、3、4、5 章-第 6 章との全体構造（普遍-特殊-一般）、『資本論』第 1 巻の内容にあたる第 2 章-第 3 章-第 4 章の編制や各章各節内部の構造がそれである。読者はこの趣旨から目次を再度眺められたい。

II　剰余価値の量的変動

絶対的剰余価値の生産──労働時間延長による剰余価値の生産

　以上、さまざまに資本主義と資本の本質的理解について論じた。ここからはそうした「労働指揮」と搾取の結果としての剰余価値の量的変動の問題について論じる。そのためにまずいくつかの記号と「可変資本」と「不変資本」というマルクスの独自の用語を説明しておかねばならない。

　前章末で述べたように、労働力という特殊な商品は賃金として支払われる

その価値以上の価値をその使用によって作り出すことができる。そのギャップの価値レベルの表現を「剰余価値」と呼ぶことはすでに述べたが、ここで支払われる賃金部分の価値レベルの表現は「可変資本」、一般の生産手段（労働手段、中間財）の価値レベルの表現は「不変資本」と呼ばれる。先に述べた意味では、どちらも資本家が当初に投下する生産要素としての「資本」ではあっても、前者はその使用によって生み出す価値は当初のものから変化しているからであり、後者は変化がないからである。そして、この「剰余価値」は m（ドイツ語の「剰余価値 Mehrwert」の頭文字）、「可変資本」は v（variable capital の頭文字）、「不変資本」は c（constant capital の頭文字）と表現されている。このとき、諸商品の価値は $c+v+m$、利潤率は $m/(c+v)$、労働者が生み出した価値／労働者に支払われた賃金の価値で定義された「剰余価値率」（「搾取率」ともいう）は m/v で表現されることとなる。

　しかし実は、これらの基本変数は前節で紹介した置塩のモデルによっても表現することができる。置塩のモデルは生産財生産部門と消費財生産部門とを区別して表現しているが、

$$t_1 = a_1 t_1 + \tau_1$$
$$t_2 = a_2 t_1 + \tau_2$$

とそれぞれ表現されたものの $a_1 t_1$ と $a_2 t_1$ の部分は不変資本 c を、τ_1 と τ_2 の部分は可変資本 v と剰余価値 m を合わせたものを示している。そして、また、両部門の労働者はともに１単位の労働に Rt_2 の賃金しか払ってもらっていないから、上の２式を完全に $c+v+m$ の形式に書き換えると

$$t_1 = a_1 t_1 + \tau_1 Rt_2 + \tau_1(1 - Rt_2)$$
$$t_2 = a_2 t_1 + \tau_2 Rt_2 + \tau_2(1 - Rt_2)$$

となる。それゆえ、当然、両部門の利潤率（$m/(c+v)$）はそれぞれ

$$\frac{\tau_1(1-Rt_2)}{a_1t_1+\tau_1Rt_2}$$

$$\frac{\tau_2(1-Rt_2)}{a_2t_1+\tau_2Rt_2}$$

剰余価値率（m/v）は全社会的に

$$\frac{1-Rt_2}{Rt_2}$$

となる[19]。置塩のモデルがマルクスのモデルの延長にあり、かつより緻密化されたものであることがわかる。そして、実際この定式化を使って剰余価値拡大の方法がわかる。単位労働時間当たりの剰余価値は $1-Rt_2$ だから、簡単にいえば Rt_2 を縮小すればよいが、労働生産性で決まる消費財の価値 t_2 を一定とすれば、単位労働当たりの実質賃金 R（これを実質賃金率と呼ぶ）を縮小することとなる。これはもちろん「賃下げ」によっても実現されるが、マルクスは労働時間の延長をより重視した。なぜなら、実質賃金は労働力の再生産費用であるから切り下げは限界があるが（労働力の再生産費用は社会的に固定しているともいえる）、他方で労働時間のほうは比較的フレキシブルであるという性質を重視するからである。実際、労働時間を日に20%延長しようともそれによってすぐ労働力の再生産費用が増加するわけではない。これは単位労働当たりの実質賃金 R の17%カットに相当するが、それによって直接変化するのは労働者の自由時間の縮小でしかないからである。マルクスは、この方法を剰余価値の増大の最も本質的で基本的なものであるとし、それを「絶対的剰余価値の生産」と名づけた。

　実際、我々の日本社会も世界に稀な長時間労働国としてこの問題の重要性は格別である。統計では4割に近づく非正規労働者の増加により平均労働時

---

19)　このようにマルクスは部門間での剰余価値率が均等化するとの理論的仮定を導入し、この剰余価値率を「一般的剰余価値率」と名づけた。この背後には、労働者間の競争による労働者の部門間移動によって剰余価値率は均等化するとの想定がある（マルクス『資本論』第3巻、ディーツ版、184ページ）。

間が縮小しているように見えるが、正規労働者に限った労働時間はヨーロッ
パ諸国と雲泥の差がある。そして、この結果、彼らは朝から晩までただ雇い
主のためだけに活動し、「自分の時間」を持てることなく生き、死ぬ運命に
置かれてしまっているのである。実のところ、自由時間の存在は労働者が奴
隷でないこと、雇い主に売り払っているのは時間決めの労働力でしかないこ
とを意味している。しかし、そのことを逆に読むと自由時間がほとんどない
状態は奴隷と変わらないということになる。マルクスは人間の真の富は自由
時間であると主張しているが、その趣旨はこういうところにある。

　したがって、奴隷であろうとしない労働者は労働時間の短縮を求め、しか
し資本はあくまで時間延長を画策する。そして、その過程でさまざまに闘い
が繰り広げられている。労働時間というものの弾力性、つまり不確定さがい
かなる時間をも許容することが原因となっている。そして、それはたとえば
労働運動として、あるいは時間規制の法律という形で展開されている。日本
の労働基準法は1日8時間、週40時間を基本とする労働時間を決めている
が、世界で初めて労働時間を規定したイギリスの「労働者取締法」（1349年）
は何と労働時間の下限を設定する資本の側の法律であった。労働時間延長と
いう資本の要求を国家が直接に代弁するということがイギリスでもはっきり
と存在したのである。イギリスの場合、こうした時間延長のための法律は
1496年と1562年にも制定されている。

　しかし、もちろん、現代のイギリスでは日本と同じく労働時間の上限を決
めるものになっており、その最初の実効性を持った法律は1833年の工場法
であった[20]。労働者の反抗と労働運動の発展が後押しをしてこのように展開
することとなったのである。つまり、法律は法律として資本と労働の関係を
外部から規制するという単純なものではなく、資本と労働との力関係の反映
として法律が形成・変化をしてきているのである。日本の労働基準法は実の
ところほとんど遵守されていないが、これもまた現実の力関係の反映である。

---

20)　1802年から1833年までの間に5つの「工場法」が公布され、それらも時間制限を規定して
　　いたが、教区徒弟のみへの限定、強制執行などに必要な監督官経費の欠如などにより「死文」に
　　とどまるものであった（マルクス『資本論』第1巻、ディーツ版、294ページ）。

労働時間短縮を実現するためには、この本源的な力関係自体の改善が求められている。

　このことを理解するために重要な指摘が、マルクスによってもなされている。というのは、『資本論』第1巻第8章や第13章で労働時間や児童労働への規制を論じた際に、ある部門での規制は搾取条件の平等を求める資本の圧力によって他産業での規制をも導くと述べているからである[21]。つまり、労働者が労働条件を改善せんとする場合には全産業を一挙にする必要はなく、最初は個別産業や個別企業でもよいということを意味している。そして、この最初の突破は企業や産業レベルでの労働組合の活動による労働条件の改善でもよいことになる。それによる一部企業や産業での改善は、その新条件を受け入れた資本が今度は労働側の同盟者として他資本への圧力を加える。労働側がときに進んだ条件を持つ企業や産業の状態を称賛するのは、この効果を狙っているからである。

相対的剰余価値の生産——生産性上昇による剰余価値の生産

　こうして労働時間は剰余価値を決める決定的な要素として存在しているが、それと同時に重要な要素に上述置塩モデルの t_2（消費手段1単位の価値＝消費手段1単位を作るのに必要な労働量）がある。この縮減は Rt_2 を減少させ、よって $1-Rt_2$ を増大させるからである。

　しかし、もしそうすると、何が t_2 を縮減させるのだろうか。当然に消費手段生産部門の生産性の上昇がもたらすのであるが、よりくわしく知るためには本書96ページに示した置塩モデルの t_2 の計算結果が役に立つ。つまり、

$$t_2 = a_2\,\tau_1/(1-a_1) + \tau_2$$

だから、t_2 は生産財生産部門の a_1 や τ_1 といった生産性にも依存しており、もっと端的にいうと、生産財生産部門の生産性上昇（a_1 や τ_1 の減少）によっても縮小することができるのである[22]。こうして、社会のどの部門の生産性

---

21)　マルクス『資本論』第1巻、ディーツ版、419ページ。

124

の上昇も、t_2 の縮小を通じて剰余価値の追加的拡大をもたらすことがわかった。マルクスはこの方法による剰余価値の拡大を「相対的剰余価値の生産」と呼んだ[23]。

　それでは、こうした生産性の上昇は現実にはどのように獲得されているのだろうか。「技術革新」とひと言でまとめられる生産性の変化もマルクスはその質的分析を行ない、協業という働き方だけで獲得される生産性の上昇、分業に発展することによる生産性の上昇、そして最後に機械が登場することによる生産性の上昇とを分けてひとつずつ説明している。具体的には次のようになっている。

　まずは協業についてであるが、ここでの最初の生産性拡大効果は節約である。なぜなら、多くの人々が作業場、倉庫、容器、用具、装置などを共同で使うことによってそれらの使用を節約できるからである。また、人々が共同で働くことによって初めて可能な作業もあり、さらに共同作業における「独自な興奮」と競争心による生産性効果や人々が並んでレンガを運ぶことによる時間と労働の節約効果もある。

　ただし、人々が並んで同じ作業をするこうした単純協業に代わって、異種作業の協業すなわちマニュファクチャー的分業が成立すると作業効率はさらに高まる。たとえば、個々の作業が専門化することによる手工業的技術の向上、堆積と伝達、同一作業場で異種労働を行なうことによる作業の中断時間の短縮、練度や個人的特性の異なる労働者をそれぞれ適切な作業に割り当てることによる効率改善、労働用具の特殊化と改良である。

　しかし、以上のような方法はまだ労働編制の改変のレベルにとどまっており、生産性の本当の発展には産業革命による機械の導入がどうしても必要で

---

22)　こうしてここでは全部門の全技術条件が t_2 の削減によって剰余価値率の上昇を招くという結論となっているが、体系に奢侈品部門を導入した場合は、結論が違ってくる。奢侈品部門の生産性上昇は賃金財に含まれる労働量に影響しないからである。奢侈品部門を導入したモデルは後の第4章第Ⅳ節の注27でも簡単に紹介するので参照されたい。

23)　なお、これは労働者の消費手段の価格低下であることに注意されたい。つまり、労働者が消費しない高価な奢侈品はいかに「消費手段」であってもその価値低下は「労働力の価値」の低下を意味しないからである。

あった。「その機械が人間の労働力にとって代わる程度」によって測られる「機械の生産性」がそれ以前とは比べものにならないくらいに高くなったからである。たとえば、マルクスは当時のイギリスを例に以前には 366 ポンドの綿花を紡ぐのに 27,000 時間の労働がかかったが、ミュール紡績機の導入でそれが 150 時間に短縮されるようになったと書いている。このミュール紡績機がその生涯にどれだけの量の綿花を紡績できるかにもよるが、この事例はたとえ 366 ポンドの綿花しかこの機械が紡績できないにしても（つまり 150 時間の使用後に壊れるとの極端な仮定をしても）、27,000 − 150 ＝ 26,850 時間 ＝2,685 労働日 ＝ 年 300 日として約 9 労働年以下でこの紡績機を製造できるのであれば、この機械の導入は生産的であったということになる。生産性の向上は明らかである。

絶対的および相対的剰余価値の生産──資本のもとへの労働の実質的包摂

　ところで、こうして生産される絶対的剰余価値と相対的剰余価値とはどこからどこまでが前者で、どこからどこまでが後者かといった峻別のできるものではない。もし追加的な労働時間の延長ないしそれと同義の労働強化で剰余価値が追加されればそれは「絶対的剰余価値の生産」であり、生産性上昇による労働力の再生産費の減少が賃下げを通じて剰余価値を増加させればそれは「相対的剰余価値の生産」である。しかし、後者もまた労働力再生産に必要な労働時間を超えての労働の強制を条件としており、前者もまた賃金として払われる労働時間部分が総労働時間より少なくなるだけの労働生産性の高さを前提にしているからである。

　このことは実は、「生産性の向上」としてのみ上記で論じた協業、分業、大工業が「労働指揮」をそれぞれの技術的必要において強め、よって「絶対的剰余価値の生産」にも役立っているという意味でもいえる。たとえば、協業はそれ自体で多数の労働者を誰かが指揮する必要を生み出し、それが労働を強化している。また、分業では前工程の作業の進み具合に合わせてそれに続く工程の作業者はどうしても働かねばならなくなる。これもまた労働強度を高める。そして最後に、高価な機械の導入はそれが「最新鋭」であり続け

られる期間のうちに十分使っておく必要から、高い稼働率の維持→長時間労
働を強く求めるようになった。

　しかし、実は、最後の機械こそが協業や分業の上記の必要性を真に現実化
したということが重要である。というのは、考えればわかるように、大工業
もまた「協業」であり「分業」であるからである。つまり、大工業は、多数
が同じ作業場で働くという「協業」としての性格を持つと同時に、多数者が
異なる作業をしているという意味で「分業」としての性格をも持っているが、
問題は歴史上の「単純協業」や「本来のマニュファクチャー」はそうした性
格をまだ労働手段そのものの性質によって命ぜられた「技術的必然」にまで
高めてはいなかったということである。逆にいうと、機械と大工業の登場が
あって初めて、協業と分業は社会の全般を覆うことが可能となった。

　このことを関根（2017）は機械制大工業に独自な生産関数を明示すること
によって示している。協業や分業といった労働者間の関係を論じるには生産
手段 K とともに投入される労働力 L の内部構造を特定しなければならない。
そのために n 種類ある工程の k 番目の工程 k に配分された労働力 L_k を定義
し、それによる生産が

$$Y = AK^\alpha \left(\prod_{k=1}^{n} L_k^{a_k} \right)^\beta$$

の形の生産関数に従うとした。ここで、$a_i (i=1, \cdots\cdots ,n)$ については一般的
な仮定 $0 < a_i < 1$ を、α、β については $0 < \alpha, \beta < 1$、一般には $\alpha + \beta = 1$ を想
定する。また、a_i は生産に対する各工程への労働投入の弾力性である。この
生産関数では、同量の総労働 $L = \sum_{k=1}^{n} L_k$ の投入であっても、その工程間配分
（L_k の配分）のあり方、すなわち生産組織の形態が生産 Y に影響を及ぼすこ
とが重要である。具体的には、

① どの L_k がゼロであっても $Y=0$ となる。これはどの工程の労働も欠
くことができないこと、言い換えれば「分業」の技術的不可欠性を示
している。この結果、たとえば工場のどの工程でのストライキでも生

産全体を止められるというような効果が出てくる。

② 個別労働の限界生産力

$$\frac{\partial Y}{\partial L_i} = a_i \beta A K^\alpha \left(\prod_{\substack{k=1 \\ k \neq i}}^{n} L_k{}^{\alpha_k \beta} \right) L_i{}^{a_i \beta - 1} = a_i \beta \frac{Y}{L_i}$$

は逓減する。これは上で定義した a_i, β の条件より $a_i \beta - 1 < 0$ となるからである。また、これは労働が熟練によって質的向上をしないことを示している。つまり、封建的熟練とは異なる機械制大工業下の不熟練労働を表現している。

③ 労働の最適配分状態では各工程における微小な追加労働の限界生産性が均等化するから、一般的に $\frac{a_i}{L_i} = \frac{a_j}{L_j}$ が成立するが、これは各工程の労働配分が $\frac{L_i}{L_j} = \frac{a_i}{a_j}$ でなければならないことを示している。このようにして、この生産関数が特定の協業および分業のあり方を「技術的必然」にしていることを理解することができる。

こうして「資本主義」が真に社会の全般を覆うようになるには産業革命による機械の登場がどうしても不可欠であった[24]。マルクスは、これ以前の「技術的必然」に達しない段階の資本による労働の支配を「資本のもとへの労働の形式的包摂」と呼び、「技術的必然」となって以降の資本による労働の支配を「資本のもとへの労働の実質的包摂」と呼んでいる。

ところで、この「労働の実質的包摂」にとって労働の不熟練化は決定的な要素となっており、この問題についてひとしきり論じておくことが必要である。というのは、機械によって技術的必然となった熟練の解体、不熟練労働の一般化は女性と子供の労働参加によって一家を支える賃金の出どころを増

---

24) マルクスはこの機械制大工業の結果、「資本主義的生産様式は……いまはじめて、一つの独自な種類の生産様式として現れる」(マルクス『資本論草稿集』第9分冊、386ページ)と評価している。つまり、それ以前は資本主義はウクラード(体制内に並存する複数の生産関係の一つ)としては存在しても、「一つの独自な生産様式」にはなりえなかった。この意味で体制としての資本主義は機械制大工業以降の社会と理解しなければならない。

やして1人当たりの賃金を引き下げ、また直接に労働力の再生産費用＝賃金（労働力の価値）を削減するからである。マルクス経済学ではこのことを「労働力の価値分割」を呼んでいる。単純協業にはこの性質がなかったものの、マニュファクチャー的分業では作業者の部分労働者化が進んで不熟練労働者群が大規模に生成される。そして、さらに機械制大工業に進むと基本的に大部分が不熟練化することになるのである。なお、この「不熟練化」は封建的生産様式の「熟練労働」との対比として資本主義を捉える本書の資本主義理解にとって決定的なものとなっている[25]。

　ただし、このようにいうとすぐに出される質問は、現代では熟練労働が支配的ではないかというものである。そして、実際、事務労働が過半となった現代の労働を過去の意味で「不熟練労働」と呼ぶには躊躇する。今や誰もがパソコン、ネットを自由に事務労働で使っているからである。これらを使えない事務労働者といったものは今や考えられない。しかし、実は、こうした事務労働者こそがまさに現代の不熟練労働者なのである。

　事務労働におけるパソコンとは「何にでも応用できる機械」としての「事務労働の機械化」の手段であって、そうだからこそ実はどんな業務もがエクセルとワード、それに一連のネットへのアクセス作業にほぼ単純化され、その意味で誰もが今や簡単にできる作業に成り下がっている。現代の非正規労働のかなり大きな部分は事務労働に占められているが、この理由はこうしたまさに「事務労働の不熟練労働化」にあり、その原因は「事務労働の機械化」にあるのである。

　あるいは、同じく「熟練労働」と呼ばれる「封建的熟練労働」と「現代的

---

25)　発達した機械は実際に作業を行なう作業機（道具機ともいう）、蒸気機関などの原動機、その動力を作業機に伝える伝導機からなっているが、本書のように「不熟練化」をして機械の本質と理解する立場は作業機の成立・普及を最も重視する。この場合、「その原動力が人間から出てくるか、それともそれ自身またひとつの機械から出てくるかは、少しも事柄の本質を変えるものではない」（マルクス『資本論』第1巻、ディーツ版、394ページ）。それ以前から存在した蒸気機関の飛躍的な発展と生産過程への応用も、こうした作業機の発展による作業の単純化の結果であった。ただし、蒸気機関と結合することによる機械の発達の巨大な影響も無視できない。たとえば、蒸気機関は工場の都市的立地を可能とし、「都市と農村との対立」の技術的基盤を形成した。

熟練労働」の根本的な相違の問題としてこの問題を整理することもできる。というのは、前節でも見たように「封建的熟練」というのは、徒弟制だけが形成できる、何年も同じ作業を繰り返すことによってのみ形成可能な、そういうタイプの熟練である。「熟練」という言葉はそうした意味を十分含んでいる。たとえば、万年鍛冶屋として同じ包丁を何万丁も作り上げた職人のみが獲得できるような種類のものであり、これを「手の熟練」とときにいうのはその技が頭脳ではなく、「手」に付着しているからである。

　しかし、「現代的熟練」はそれとは決定的に異なる。ワードやエクセルの使用法の習得には何年もかける必要はなく、かつ教師に丁稚奉公する必要もない。ただし、もちろん字が読める、ある程度の計算はできるといった能力は求められるから、そのために学校で一般的な知識を得ておく必要がある。そして、それが決定的な違いとなっている。固定した特定の「封建的熟練」を得るには子供の頃から弟子入りするのが望ましく、そこに学校は不要であった。近代的学校制度とは一般的な能力を形成するためのものであって、封建的な固定した作業の熟練には役立たない。それよりはなるべく早く親方に弟子入りすることこそが重要だったのである。この意味で「熟練」という言葉は「封建的熟練」にのみふさわしく、「現代的熟練」は「高度の労働能力」など異なる言葉で表現されるべきものである。逆にいうと「現代的熟練」といわれるものの本質は「熟練」ではなく「不熟練」である。

　したがって、こうして産業革命後に決定的となった不熟練化は熟練労働者を駆逐することによって労働者の力を弱め、労働力の再生産費→賃金の切り下げを招いたが、他方で必要となった近代的知識の獲得、学校への通学コストなどを考えると歴史的な賃金の減少は一時期にとどまっている。前節でも述べたように資本主義とは本来生産力拡大のために人類が必要としたシステムであるのだから、その成果は当然１人当たり所得の上昇をもたらし、これに伴って長期には平均賃金も上昇する。その意味で、ここで述べている労働の不熟練化→賃金の切り下げというのは、限定的なものである。ただし、たとえば、現代日本の事務労働の非正規化による全般的な賃下げなどは「不熟練化による賃下げ」の典型例として存在している。

　しかし、この「不熟練化」で重要なことは単なる生産力上の効果や賃金の動向にとどまらず、それが封建的な固定的分業からの解放を労働者にもたらしたということである。上述の学校教育制度は読み書きを労働者に教育することによって、彼らが絶えず変化する労働過程に対応できる能力を持てるようにする。マルクス・エンゲルスの『共産党宣言』によると、資本主義の本質は絶えざる変化である。これは機械が生産過程の中心となることによって現れた特徴である。なぜなら、機械は次々と改良されるからである。そして、まさにそのために固定した熟練労働ではなく、何にでも対応可能な一般的な労働能力の育成を資本主義は不可欠としたのである。

　この変化の意味は大きい。そのために『資本論』を少し引用したい。すなわち、

> 「大工業の本性は、労働の転換、機能の流動、労働者の全面的可動性を必然的にする。……大工業は、いろいろな労働の転換、したがってまた労働者のできるだけの多面性を一般的な社会的生産法則として承認し、この法則の正常な実現に諸関係を適合させることを、大工業の破局そのものをつうじて、生死の問題にする。大工業は、変転する資本の増殖要求のために予備として保有され自由に利用されるみじめな労働者人口という奇怪事の代わりに、変転する労働要求のための人間の絶対的な利用可能性をもってくることを、すなわち、一つの社会的細部機能の担い手でしかない部分個人の代わりに、いろいろな社会的機能を自分のいろいろな活動様式としてかわるがわる行なうような全体的に発達した個人をもってくることを、一つの生死の問題にする」
> （マルクス『資本論』第1巻、ディーツ版、511ページ。傍点は引用者）

　この「生死の問題」に対処するために産業革命以降には近代学校教育制度が形成されたのであり、このことを『資本論』は特別に重視している。前節で述べた「工場法」にはその初期から教育条項というものがあるが、これはまさしく、近代学校教育制度が工場の必要性から形成されたことを示してい

る。そして、マルクスは、このことで労働者がより広い視野を持つようになり、さらには社会変革の力をも持ち出すのだと述べている。実際、今世界では何が起こっているかとか、労働者の権利とは何かとか、さらには科学的な経済学の知識とかは学校教育を基礎として得られるものである。これはもちろん、国家権力の支配下にある学校教育が反労働者的なイデオロギーを一方で広めているにしても、である。

　もうひとつ、機械制大工業による労働の不熟練化がもたらす「意図せざる」人間発達への作用について、マルクスは上記の文章に続けて次のように述べている。すなわち、

　「資本主義体制のなかでの古い家族制度の崩壊がどんなに恐ろしくいとわしく見えようとも、大工業は、家族の領域のかなたにある社会的に組織された生産過程で婦人や男女の少年や子供に決定的な役割を割り当てることによって、家族や両性関係のより高い形態のための新しい経済的基礎をつくりだすのである」（マルクス『資本論』第1巻、ディーツ版、514ページ）。

　つまり、マルクス（とエンゲルス）の視野は、女性や子供の社会的労働への参加が彼女らの古い家族制度からの解放を可能にするとの問題にまで及んでいる。夫に従属した女性から自立した女性へ、そして、封建制における年功的序列＝年長者支配からの年少者の解放のための経済的条件もまた大工業化の帰結である。そして、ここでは「古い家族制度の崩壊がどんなに恐ろしくいとわしく見えようとも……」と書かれていることも重要である。こうして新しく形成される「家族や両性関係のより高い形態」は古い家族制度の解体の上にしか形成されず、したがって、その痛み／苦しみは甘受しなければならないとしているからである。多くの場合、マルクスが上で述べるように、この進歩的変革も「恐ろしくいとわしく見え」る。だから、この転換に際して人々はただ嘆き、反発することに終始しがちである。しかし、その外見のみに囚われてはならないのであって、それが次代の条件を形成していることを見よ、とマルクスはいっている。私にいわせれば、市場経済化の進展も、グローバリゼーションも同じである。より長い視野からそれらの歴史的役割を見ておくことが重要なのである。

　ともかく、こうして、資本のもとへの労働の実質的包摂がそれ自体として資本主義を乗り越える要素としての「全体的に発達した個人」をも生み出しつつ進行しているのである[26]。

III　非工業部門における「産業革命」と資本主義化

建設業における「産業革命」と資本主義化

　ところで、資本主義を必然化する産業革命＝機械の登場は製造業部門のみに限らない。ここまでの説明は製造業をイメージしてきたが、それ以外の部門でも時期を変えて次々に生じている事象であって、本章の最後にこの様子を説明したい。

　そこでまず述べるのは建設業であり、その「産業革命前」のイメージは大工である。なぜなら、ここでの労働手段は典型的な「道具」としてのノミ、カンナ、ノコギリ、カナヅチであり、その同じ道具を使っても熟練度の高い職人は上手に作業し、熟練度の低い他の者は下手なものしか作れない。ここでは「道具」しかないことによって「熟練」が最も大切な要素となっているからである。また、そのため、ここでは徒弟制が成立し、経営体は小規模を維持していた。つまり、巨大規模の「大工」工房は存在しなかった。また、技術的必然としての協業、分業を持たなかったために、特定の大工は「この家は私が作った」といえる状況があった。

　しかし、建設業においても、電動工具の普及、ツーバイフォーなど工場内生産の進展による建設労働の「組立て労働化」、そして最後に建物自体の木造から鉄骨・鉄筋コンクリート化によって労働過程の性格は一変する。簡単にいうと、熟練の解体とそれによる分業の深化である。たとえば、**表3-2**を見られたい。私のつきあっているひとつの建設労働組合の資料にすぎないが、ともかく建設業内での大工比率の減少と分業の深化を見てとれる。「建設作業」がこのように多数者の共同作業に転化すると、今や誰もが「この家

---

26)　この点を重視した『資本論』解釈を進めてきたグループが基礎経済科学研究所である。1968年に設立され、約半世紀の歴史を持つ。

表3-2　全京都建築労働組合伏見支部の職種別組合員比率の推移（%）

職種	1980(年)	1987	1990	1995	2000	2005	2010
大工	42.5	32.1	25.5	20.4	19.0	16.7	14.5
電工	7.3	8.3	6.8	6.0	5.7	4.9	5.0
給排水配管	4.4	3.7	4.6	4.5	5.1	5.2	5.0
型枠		3.1	4.1	4.7	4.5	4.5	4.2
内装		2.2	3.4	3.9	4.6	4.4	4.0
左官	5.4	6.0	5.6	4.7	4.4	4.0	3.5
塗装	1.7	4.1	5.3	3.8	4.6	4.1	5.2
土木	8.4	6.3	5.5	4.7	4.7	3.9	4.3
解体	0.2		0.9	0.8	1.1	2.4	3.5
鳶			0.5	0.7	1.8	2.2	2.5
オペレータ		3.5	1.3	2.0	1.8	2.1	2.0
工務店事務				2.6	1.6	1.7	2.6
鉄工	4.4	4.6	4.1	3.1	3.1	2.3	2.0
運搬			0.1	1.4	1.4	2.1	2.3
設計			0.4	1.1	1.0	2.1	2.3
斫工			0.2	0.6	0.8	2.0	2.2
土工	3.3		3.3	2.1	1.6	1.3	1.1
板金			1.0	1.3	1.4	1.7	2.3
造園			1.0	1.8	1.9	2.0	1.1
住宅設備			0.8	1.3	1.8	1.4	1.8
防水	0.2		0.2	0.6	0.8	1.4	1.9
鉄筋	0.8		1.5	2.2	1.4	1.3	1.5
建材	0.6		1.1	1.1	1.0	1.3	1.2
現場監督			0.9	1.0	1.0	1.5	1.2
洗工		1.3	1.5	1.3	1.3	1.4	1.9
空調配管	3.8	1.9	1.4	2.0	1.7	1.6	1.9
手伝				0.7	1.0	1.3	1.0
電話工	0.6	1.7	1.3	1.9	2.1	1.2	1.6
機設	0.6		0.9	1.0	1.0	1.1	1.1
建築請負			0.9	1.5	1.4	1.1	0.9
不動産			0.5	0.5	0.8	1.0	1.6
瓦	2.3	1.6	1.6	1.3	1.0	0.9	0.9
軽天			0.3	0.6	0.7	0.8	1.3
サッシ			0.8	0.7	0.8	0.8	0.9
タイル			1.0	0.9	0.9	0.7	0.5

表 3-2 （続き）

職種	1980(年)	1987	1990	1995	2000	2005	2010
外装工事			0.1	0.4	0.7	0.7	0.6
金物			0.1	0.7	0.4	0.7	0.9
木工	1.9		0.8	0.7	0.3	0.7	0.8
看板			1.0	0.8	0.7	0.6	0.5
ガス配管			0.3	0.6	0.6	0.6	0.8
舗装			0.5	0.2	0.4	0.5	0.5
エクステリア	0.6		0.6	0.3	0.4	0.4	0.3
表具			0.5	0.5	0.3	0.4	0.5
ブロック			0.4	0.5	0.3	0.4	0.3
ALC. ヘーベル			0.4	0.4	0.3	0.3	0.4
ラス工				0.2	0.2	0.3	0.2
屋根葺工				0.4	0.7	0.5	0.3
石工	0.6		0.2	0.1	0.4	0.4	0.2
溶接			0.6	0.2	0.3	0.3	0.2
建具	0.2		0.1	0.1	0.4	0.3	0.1
測量			0.2	0.2	0.2	0.2	0.5
カッター			0.3	0.3	0.3	0.2	0.1
家具工			0.2	0.4	0.3	0.2	0.2
畳	0.4		0.1	0.2	0.1	0.1	0.2
ガラス	0.8		0.3	0.2	0.2	0.1	0.1
コンクリート	0.2		0.1	0.1	0.0	0.1	0.0
断熱			0.1	0.0		0.0	0.1
シャッター			0.1	0.1	0.1	0.1	0.0
道路工	0.2		0.1	0.1	0.1	0.1	0.1
築炉			0.3	0.1	0.1	0.1	0.1
ボーリング			0.1	0.1		0.0	0.0
保温			0.2	0.2	0.1	0.0	0.0
テント				0.1	0.1	0.1	0.0
さく井			0.1	0.0	0.0	0.0	0.1
冷機			0.1	0.1	0.1	0.0	0.0
衛生・防虫				0.1	0.0	0.0	0.1
ステンレス			0.1	0.0	0.0	0.0	0.0
その他	8.4	19.7	4.1	2.7	2.7	3.0	0.6
合計	100	100	100	100	100	100	100

出所）　全京都建築労働組合伏見支部各年度大会資料より。

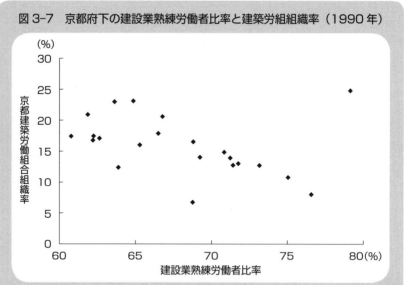

図3-7　京都府下の建設業熟練労働者比率と建築労組組織率（1990年）

出所）　建設業熟練労働者比率は1990年国勢調査における建設作業者中の「技能工、生産工程作業者および労務作業者」の比率で計算。建築労組組織率は1990年国勢調査の地区別建設業従業者数で全京都建築労働組合支部別組合員数を割ったもの。

は私が作った」ということはできない。

　さらに興味深いのは、この過程で建設作業者は全体として「職人」から「労働者」にその性格をシフトさせ、それが労働組合への結集も進めているように見えることである。図3-7にあるように、京都府下の建設業従事者の熟練度比率と労組組織率とはごく一部の例外を除いて逆相関の関係にある。そして、これは熟練の解体＝大工比率の低下に沿って、人々が意識の点でも「労働者としての自覚」を高めていることを意味する。実はこの図は私が1992年頃に作ったもので、この結果からこの労働組合に「（大工などの）業者組合」としての性格を薄め「労働者組合」としての性格を強めるべきであると提言し、その提言はさらなる組合員拡大に大きな役割を果たした。ともかく、熟練／不熟練という労働過程の変化、したがって生産様式の資本主義への進展が建設業界でもこの時期にこうして進行していたのである。

病院における「産業革命」と資本主義化

　これと極めて似た過程は、病院の医師／医療技術者の間でも進行している。建設作業者と医師というと社会的なステイタスの点でまったく対極的に見えるが、熟練／不熟練とその技術的基礎に注目し、以前の「町医者」が聴診器と注射器だけで勝負をしていたことを思い出すと話は変わる。同じ聴診器を使ってもある医者は真の病名を当て、ある医者は誤診する[27]。あるいは、注射器の使い方の上手な看護師とそうでない看護師では痛さが違う。これらは聴診器や注射器の違いによるのではなく「腕」の違いなのだから、「腕」を磨くべく多数の患者を診るという繰り返し作業のみが事態を改善する。大学医学部の教室制度の厳格さ、言い換えれば封建的徒弟制的上下関係の背景にもこうした事情があったのである。

　しかし、現在の病院（ないし地方病院―大病院の系列展開を含むシステムとしての病院）では事情が完全に違っている。なぜなら、その病院にどんな医師がいるかが問題ではなく、CTスキャンやその他の最新鋭の医療機器を揃えているかどうかだけが問題となっているからである。これは診察、治療の中心が「機械」によるものとなり、よって「腕」が重要でなくなったことを意味している。もちろん、心臓外科など今もなお「腕」の重要な分野もあるが、それでも心臓手術の最新鋭の「機械」があって初めていえることであって、それがあることは前提である。

　この中で、さまざまな新たな技師が登場してきている。たとえば、私が1975年に京都大学に入学した頃の医学部付属看護学校は「看護婦」を育てるための学校であったが、その後医療技術短期大学部、医学部保健学科、医学部人間健康科学科と名前を変え、今や検査技術師、理学療法士、作業療法士の育成が看護師の育成を上回っている。これは現在の医療労働が細分化された分業システムとしての共同作業となっていること、したがって「彼は私が治した」とは誰もいえなくなっていること、そして最後に個々の作業は機械の操作を主とする「不熟練労働」（本文で述べた意味での）になっているこ

---

27)　「やぶ医者」という特殊な用語があったのはこのためである。

とを示している。もちろん、この現代の病院は巨大組織であるから雇う者と雇われる者との関係＝資本・賃労働関係が成立している。これは過去の「町医者」が医師と看護婦のみで構成されていたのと対照的である。つまり、この変化は明らかに「資本主義化」である。

小売業における「産業革命」と資本主義化

この病院システムは徳洲会、明理会、明芳会、愛仁会、和同会、愛友会、そしてさらには民医連といった大規模病院チェーンによって現在は担われるようになっているが、「大規模チェーンの登場」という意味ではスーパーマーケットも似ている。以前には、個人経営の零細小売店が絶対多数を占めた小売業のシステムからの転換である。

この零細小売店を「道具システム」として説明するのは少々難しい。しかし、スーパーマーケットのシステムが店舗や流通システムという「資本」に依存しているということでは同じであり、逆に零細小売店はそうした「資本」よりも商店主の才覚や人脈といった属人的な要素を基礎に経済活動をしていたという意味では同じである。実は私の実家も小村の家庭電器器具商で、父は買い手の状況を見て販売価格をその都度提示する「腕」に長けていた。村じゅうの人々をよく知り、誰が競合店の親戚であり誰はそうでないか、誰が近く「嫁入り」のために家電を必要としているかなどなどといった情報にくわしく、それがまさに長年村人とのつきあいをしてきた結果としての「熟練」であった。ついでにいうと、小学校の同窓生を大事にし、親戚を大事にし、地縁を大事にする日々のつきあいそれ自身も販路確保の経済活動であった。そして、これらすべての「生産力」が父の内部に、つまり従業者と不可分のものとしてあったということが重要である。

前々節で述べた「資本主義」の基本的理解で最も重要であったのは、人間の外（第1章の概念でいえば「自然」の側）にある「資本」が生産力の主要な源泉であればその蓄積が最優先となるが、熟練など人間の内にあるものにこそ生産力の主要な源泉があるのであればそちらこそが大事にされなければならない、ということであった。そして、もしそうであれば、主要な生産力が

人間の外にあるのか内にあるのかが問題の中心であって、その意味では零細小売店制度からスーパーマーケット（家電販売の場合は家電量販店）への転換はやはり「資本主義化」のもうひとつの典型と理解することができる。いうまでもなく、この過程で、店舗の規模は拡大し、分業化が進行し、雇う者と雇われる者との関係＝資本・賃労働関係が発展した。

学校における「産業革命」と資本主義化

　最後に挙げるのは「寺子屋」から「近代学校教育制度」への「学校」の転換である。時代が少し遡るが、「寺子屋」にあったものが筆と墨とソロバンだけだったという意味では「道具体系」であったということができる。そして、その道具の質が問われるのではなく、その道具を使ってどのような教えが講じられるかといった和尚の側の能力だけが問題であった。また、その和尚は読み書き、ソロバンおよび道徳といったすべての事柄を教えたから、彼は「この子は私の弟子」と明確にいうことができた。

　しかし、産業革命後に現れた近代学校教育制度では教科書体系が整備され、現代ではさまざまな機器が導入され、さらに最近の私立大学制度にまで進むと、綺麗なカフェコーナーや体育館やキャンパス、要するに「大学ライフをエンジョイする」ための施設が売りものとして宣伝パンフの前面にアピールされるようになっている。これらはすべてそこで働く労働者の労働能力ではなく、「資本」に属する生産力である。そしてそうだからこそ、一部の私立大学では労働強化と賃下げが強行され、代わりに新学部と新キャンパスの建設に巨額の投資が繰り返されてきた。この意味では典型的な「資本主義」が私学経営で貫かれていることとなる。しかし、逆にいうと、何が現実の生産力として機能するかといった根本問題で、「腕」なり「労働者」なりの側に主要な生産力の源泉がない場合、つまり新学部や新キャンパスといった「資本」の側に主要な源泉がある場合には、それは避けがたい傾向であるということがわかる。煎じ詰めると生産力の性格は「資本主義」が必要か、あるいはまた別のシステムが必要かを決める。本章が「生産力の質」から「資本主義」を論じたのはそのためである。

第**4**章

資本主義の発展と死滅
──蓄積論、量が生み出す新しい質

I　資本主義の生成・発展・死滅を説明するモデル
──マルクス派最適成長モデル

問題の定式化

　前章では、資本主義的生産力の質的性格から資本主義的搾取の証明と剰余価値の変動および非工業部門での資本主義化を論じたが、これらは総じて「剰余価値論」ないし「搾取論」とまとめられる。しかし、そうして定義された剰余価値／搾取は歴史的にどのような運動をするのであろうか。特に、置塩は利潤存在という現実を条件にそれが搾取を意味することを数学的に証明したのだから、それと同じ意味合いで「資本主義の生成・発展・死滅の証明」はできるのであろうか。エンゲルスは『空想から科学への社会主義の発展』[1]でマルクスの理論を剰余価値学説と史的唯物論によって「科学」と定義した。したがって、置塩が前者を証明したのであれば、誰かが後者を証明しなければならない。本章はその課題を「マルクス派最適成長モデル」という枠組みを開発して果たそうとするものである。

　そこで、まず考えたいのは、「道具」と「機械」の質的違いをどのようにモデル化するか、であるが、これは前者はその増大が生産力拡大に帰結しな

1）　これは本来『反デューリング論』として書かれた書物の一部である。

いのに対し、後者はその増大が生産力拡大に帰結するとの違いとして示せる
ものと思われる。ハンマーを使う1人の封建的職人に2本目、3本目のハン
マーを与えても一切の生産力効果はないが、大工業では1人が使う機械の台
数・規模はそのまま生産力拡大に直結するからである。そして、この関係は、
生産関数中の生産手段のべき指数を前者では0とし、後者では正数とすれば
表現できる。生産関数として表現するためには、生産手段だけでなく投入労
働力もまた生産要素であるから、近代経済学で最も一般的なコブ・ダグラス
型関数の形式で

$$Y = AK^{\alpha} L^{\beta}（産業革命前 \ \alpha = 0、産業革命後 \ \alpha > 0）$$

と表現できよう。ここで Y はとりあえず最終消費財の生産量、A は全要素
生産性（と呼ばれる技術係数）、K は生産手段の投入量、L は労働力の投入量
である。このとき、生産量 Y を最大化するのに必要な K は産業革命前は0
でない最小限の数量、産業革命後は何らかの大きさを持った量となる。後者
の場合は、いうまでもなく、K の増大が Y の増大を直接導いている。

　定式化にとって必要なもうひとつのポイントは、第1章の図1-3で示し、
第3章では図3-1で示した迂回生産の記号を再定義する必要である。図3-1
では「機械による機械の生産」も投入係数 a_1 で示されていたが、簡単化の
ためにここでは機械生産が労働のみでなされるものと単純化することをお許
しいただくと[2]、上記の Y、K、L の関係は図4-1のようになる。そして、
ここでのポイントは総労働 L を人類は生産手段生産と消費手段生産という2
部門に分割して使っているということである。図では、$0 \leqq s \leqq 1$ なる s を使
って、総労働の s 部分が消費手段生産に、$1-s$ 部分が生産手段生産に向け
られているものと定義している。そうすると、消費手段生産部門の生産関数
は

2）　もちろん、この仮定は緩めて、生産手段生産にも生産手段（機械）が使われるものとするこ
　ともできる。ただし、本書の性格からここでは簡単化した。

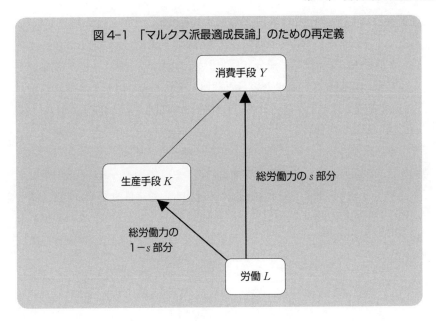

図 4-1　「マルクス派最適成長論」のための再定義

$$Y = AK^{\alpha}(sL)^{\beta}$$

となる。また、もう一方の生産手段生産部門の生産関数は

$$\dot{K} + \delta K = B(1-s)L$$

とここでは単純化する。前述のように「機械による機械の生産」を考えず、かつ最も単純な 1 次関数にしたものであるが、ここでは K は生産手段のストック量、$\dot{K}$ はその 1 期間（たとえば 1 年）当たりの増量[3]、B は労働生産性、δ（$0 < \delta < 1$）は資本減耗（減価償却）率を表している。たとえば 20 期間の使用で生産手段が磨滅・償却を迫られるとすると $\delta = 0.05$ ということになるが、この部分も生産手段生産部門で生産しなければならないために左辺に δK が付加されているのである。

3）　数学的に表現すると、$\dot{K} \equiv \dfrac{dK}{dt}$（ここで t は「期」を表現）となる。

産業革命後に目標とされる最適な資本設備量

そうすると、ここでの次の問題は具体的に社会的総労働のどれだけの比率 (s) が消費手段生産部門に配分され、またどれだけの比率 (1−s) が生産手段生産部門に配分されるかといった問題、そして実は同じことであるが、「均衡」となる資本と労働の比率（1人当たりの生産手段使用量）である。この問題は最適な配分にあった場合の次のような条件を考慮して求めることができる。すなわち、この状態において総労働の微妙な増加 ΔL があったとした場合、出発時点での均衡が存在する以上、ここでのその ΔL の消費手段生産部門への追加も生産手段生産部門への追加も、最終目的である消費手段生産に対して同等の効果を持つという条件である。したがって、この条件を求めるために図中右側の効果（ΔL の消費手段生産部門への直接追加の効果）は、

$$\frac{\partial Y}{\partial L} = \beta A K^{\alpha} L^{\beta-1}$$

と計算される。ここでは s ないし 1−s は無視して計算している。ここはともに ΔL を追加した場合を考慮しているからであり、この場合には生産関数の「形」だけが問題となる。また、他方の図中左側の効果（ΔL が生産手段生産の増を通じて消費手段生産に間接的に寄与する効果）は、

$$\frac{dK}{dL} \cdot \frac{\partial Y}{\partial K} = B\alpha A K^{\alpha-1} L^{\beta}$$

となる。しかし、ここでさらに少し考えねばならないことがある。それは、ここでの生産力効果は長期に使用可能な機械設備の増として働くから、この効果の累積的な効果をも考慮しなければならないということである。もっというと、この効果は今期には現れず、来期から始まりその後ずっと続くものである。このため、たとえば 0.1 などといった数字で表現される将来利益の主観的な「割引率 ρ」（「時間選好率」ともいう）を使って、

$$\frac{B\alpha AK^{\alpha-1}L^{\beta}}{1+\rho}+\frac{B\alpha AK^{\alpha-1}L^{\beta}}{(1+\rho)^{2}}+\frac{B\alpha AK^{\alpha-1}L^{\beta}}{(1+\rho)^{3}}\cdots\cdots$$

のような計算がされねばならない。ただし、より厳密にはここで追加蓄積した K の増分が毎期資本減耗（減価償却）分ずつ縮小することで効果が目減りすることも考慮しなければならないから、

$$\frac{B\alpha AK^{\alpha-1}L^{\beta}}{1+\rho+\delta}+\frac{B\alpha AK^{\alpha-1}L^{\beta}}{(1+\rho+\delta)^{2}}+\frac{B\alpha AK^{\alpha-1}L^{\beta}}{(1+\rho+\delta)^{3}}\cdots\cdots$$

とすると、無限等比級数の公式により、これは

$$\frac{B\alpha AK^{\alpha-1}L^{\beta}}{1+\rho+\delta}\frac{1}{1-\dfrac{1}{1+\rho+\delta}}=\frac{B\alpha AK^{\alpha-1}L^{\beta}}{\rho+\delta}$$

となる。したがって、

$$\beta AK^{\alpha}L^{\beta-1}=\frac{B\alpha AK^{\alpha-1}L^{\beta}}{\rho+\delta}$$

と図中右側の効果と図中左側の効果の等号をとり、さらに整理して

$$\beta(\rho+\delta)K=B\alpha L$$

としたくなるが、実はまださらに考えねばならないことが残っている。それは、上記の計算では、毎期の資本減耗（減価償却）によって総資本 K が自然に減少することが十分カウントできていないことであって、もしこれをカウントすると、「最適な資本存在量 K^{*}」を維持し続けるために毎期必要となる $\delta K^{*}/B$ だけの労働力[4]を総労働力からさし引いておかねばならない。その結果、上式は書き換えられて

---

4)　これは上記の生産手段生産部門の生産関数より導かれる。

$$\beta(\rho + \delta)K^* = B\alpha\left(L - \frac{\delta K^*}{B}\right)$$

とならなければならない。したがって、結局、最適な資本労働比率 $(K/L)^*$ は最終的に

$$\left(\frac{K}{L}\right)^* = \frac{B\alpha}{(\alpha + \beta)\delta + \beta\rho}$$

であることがわかる[5]。

この計算結果は多くのことを語っている。そのひとつは、$\alpha = 0$ のとき、すなわち産業革命に先立つ封建制の技術においてはこれはゼロであるということである。厳密にいえば、$\alpha = 0$、$K = 0$ は消費手段生産部門の生産関数で数学的に定義できないので[6]、K を極めてゼロに近い数としなければなら

---

5) 生産手段生産部門の生産でも生産手段が使用されるとの現実的な仮定に代え、

$$Y = AK_c^{\alpha_2}L_c^{\beta_2}, \quad \dot{K} + \delta K = BK_k^{\alpha_1}L_k^{\beta_1}$$

とした場合、最適資本量が

$$\left(\frac{K}{L}\right)^* = \left(\frac{\alpha_1}{\rho + \delta}\right)^{\frac{\alpha_1}{1 - \alpha_1}} \frac{B^{\frac{1}{1 - \alpha_1}}}{\delta}\left\{\frac{\alpha_2\beta_1\delta}{\alpha_2\beta_1\delta + \beta_2(\rho + \delta - \alpha_1\delta)}\right\}^{\frac{\beta_1}{1 - \alpha_1}} L^{\frac{\alpha_1 + \beta_1 - 1}{1 - \alpha_1}}$$

となることが大西・金江（2015）によってわかっている。これは、この式に $\alpha_1 = 0$、$\beta_1 = 1$ を代入して本文の最適資本労働比率を導けることによっても検算できる。なぜなら、このとき、この式の右辺の最初の部分の対数は

$$\lim_{\alpha_1 \to +0} \frac{\alpha_1}{1 - \alpha_1}\log\frac{\alpha_1}{\rho + \delta} = \lim_{\alpha_1 \to +0} \frac{1}{\frac{1}{\alpha_1} - 1}\log\frac{\alpha_1}{\rho + \delta} = 0$$

すなわち、$\left(\frac{\alpha_1}{\rho + \delta}\right)^{\frac{\alpha_1}{1 - \alpha_1}} = 1$ となるからである。

また、この式は本文とほぼ同じ特徴を持っていることも重要であるが、同時に最適資本労働比率 $(K/L)^*$ が $L^{\frac{\alpha_1 + \beta_1 - 1}{1 - \alpha_1}}$ の倍数で書けていることもひとつの発見である。これは生産手段生産部門の生産が規模に関して収穫逓増／一定／逓減であるのに依存して最適資本労働比率が増加関数／一定／減少関数になることを示している。消費手段生産部門の性質に依存しないことも興味深い発見である。なお、経済に不確実性が存在するとき、「備え」が必要になることでこの最適資本労働比率は上昇する。このことは金江（2013）の第2部で確認されている。

6) 0^0 は数学上定義されないからである。

146

ないが、これは実感に合っている。本書の理論的立場からしても封建制期には熟練の形成だけが課題となり、「道具の蓄積」は不要であったからである。この命題を数学的に証明したことになる。

　また第二に、この式の値がその α のさらなる上昇や β の下落によって上昇することを示していることである。この α と β については、消費手段生産部門の生産関数において資本投入と労働投入のどちらがより生産に寄与するかを示すものだから、結局 α と β の比率が問われているのだと理解できる。実のところ、資本も労働力もそれがともに２倍になれば生産も２倍になるといった「規模に関する収穫一定」がマクロ経済では一般に成立しているといわれている。このことは $\alpha + \beta = 1$ を意味するので[7]、α の上昇は β の下落となる。そして、このとき、労働力の生産手段生産を経由しての投入の効果が相対的に大きくなるので、より多くの生産手段生産が行なわれ、よって最適資本労働比率（労働者１人当たりの資本量）も上昇することになる。

　さらに第三に、A と B の影響も興味深い。B の上昇が労働力の生産手段生産を経由しての投入をより効率的とするので、より多くの生産手段生産とより高い資本労働比率を導くことは α と同じであるが、非対称的に A は無関係となっているからである。これは、A の上昇は直接に追加労働を消費手段生産部門に投入する際も、生産手段の追加生産→より多くの生産手段投入を行なう際にもまったく同じ効果を与えることによっている。

　続いて重要なのは、資本減耗（減価償却）率 δ の影響である。これが大きくなると、せっかく蓄積した生産手段もその比率で消え去るので、K の蓄積効果を減じていることになる。この結果、α の減少や B の下落と同じ効果を生むことがわかる。

　最後に検討するのは時間選好率であり、他の諸変数と違って人々の選好というある種主観的なものの影響があることを示していて意味深い。たとえば、アメリカにおけるユダヤ人と黒人、東南アジアにおける華人とネイティブ、

7）　たとえば、消費手段生産部門の生産関数において、K も L の２倍になったと仮定すると、新しい生産量 Y' は $Y' = A(2K)^{\alpha}(s2L)^{\beta} = 2^{\alpha+\beta}AK^{\alpha}(sL)^{\beta} = 2^{\alpha+\beta}Y$ となって、$\alpha+\beta=1$ のとき当初生産量 Y の２倍となることがわかる。

あるいは中国における漢族と少数民族の投資性向は明らかに異なっており、それが彼らの経済的→社会的→政治的ステイタスの相違をも導いている[8]。そして、このことはここで最適資本労働比率の相違として表されているのである。いうまでもなく、高い時間選好率＝割引率は生産手段蓄積がもたらす次期以降の生産効果を低く評価する方向に働いて、最適資本労働比率を引き下げる。

　なお、上記のような資本労働比率が「最適」であるということは、この「最適」点における消費手段生産部門と生産手段生産部門への労働の最適な配分比率を計算できることを意味する。上記の生産手段生産部門の生産関数において、ここでは $\dot{K}=0$ であるから、

$$B(1-s)\,L = \delta K^*$$

そうすると、上で導いた K^* を代入して変形すると

$$1 - s^* = \frac{\delta\alpha}{(\alpha+\beta)\,\delta + \beta\rho}$$

となることがわかる。また、右辺に登場するすべてのパラメーターは正なので、$s^* < 1$ であることがわかる。

II　蓄積捨象の場合の再生産条件——単純再生産

マルクスの単純再生産表式

　ところで、上記のモデルでは消費手段生産部門と生産手段生産部門に社会的な総生産が分類され、その両者の相互関係として社会全体の運行が表現されたが、このアイデアはマルクスに始まるものである。近代経済学の世界では、東大教授宇沢弘文氏が1960年代に2部門成長論を開拓したが、彼自身が述べたように、これもまたマルクスのアイデアによっている。つまり、本

---

8)　私の考えではこれが資本主義における民族間矛盾の主要な原因となっている。たとえば、大西（2008）、大西編（2012）参照。

書の上記のモデルもマルクスに始まり近代経済学に輸出されたアイデアに基
づいている。

　しかし、もちろん、両者には違いもある。本書のモデルは直接的には「物
質単位」で測られているのに対し、マルクスのモデルは「価値単位」で測ら
れているからであるが、本書モデルをそうしたのは、機械の蓄積が生産に効
果的であることを示すにはどうしても「物質単位」でなければならなかった
からである。この「物質単位」のモデルも後に「価値単位」＝投下労働量単
位に書き換えるが、ともかく、ここではまずマルクスのモデルを説明する。
それによって資本主義の運行にとって必要な条件をクリアーに示すことがで
きるからである。

　そのマルクスのモデルであるが、「再生産表式」と名づけられる。そして、
それは資本蓄積を捨象した「単純再生産表式」とそれを導入した「拡大再生
産表式」に分類される。ここではまず前者を説明するが、その出発点は本書
121 ページで少し述べた価値の $c+v+m$ への分割である。生産手段生産部
門と消費手段生産部門をマルクスはそれぞれ第 1 部門と第 2 部門と名づけた
ので、その記号を使って 2 部門の $c+v+m$ はまずは次のように表現できる。
すなわち、

$$W_1 = c_1 + v_1 + m_1$$
$$W_2 = c_2 + v_2 + m_2$$

ここで W_1、W_2 はそれぞれの部門で 1 年間に生産される総生産物の価値量
である[9]。このとき、マルクスの 2 部門表式が優れているのは、c_1、c_2、v_1、
v_2、m_1、m_2 のそれぞれが「価値」を表していると同時に、「素材」のレベル
でいかなる産物であるかも 1、2 部門の相違として示しているからである。
具体的には、c_1、v_1、m_1 は生産手段の形をとり、c_2、v_2、m_2 は消費手段の
形をとっている。そして、その結果、素材としての消費手段および生産手段
の消費と価値構成・価値分配[10]としての c、v、m との関係を、以下のよう

9）　ここでの再生産表式の記号は小幡（2009）にならった。拡大再生産表式の場合も同じである。

にひとつひとつチェックすることができる。すなわち、

　①　第1部門で投入される c_1 は素材的にも第1部門の産物であるから、自身の生産した c_1 で賄われる。

　②　第2部門の労働者と資本家が消費する消費手段 $v_2 + m_2$ は素材的には第2部門の産物であるから、自部門の $v_2 + m_2$ で賄われる。

　③　しかし、第1部門の $v_1 + m_1$ に対応する消費手段は第2部門の総生産から $v_2 + m_2$ を引いた部分によって賄われねばならない。これは $v_2 + m_2$ 部分が第2部門の労働者と資本家によって消費されるからである。

　④　また、第2部門の c_2 に対応する生産手段は第1部門の総生産から c_1 を除いた部分によって賄われねばならない。これは c_1 部分が第1部門自身の生産のために消費されるからである。

　これらの結果、特に③と④の結果からいえることは、

$$v_1 + m_1 = c_2$$

でなければならないということである。そして、実際、マルクスはそれを満たす数値例として次のようなものを示した。「単純再生産表式」とは実は以下の式を表している。すなわち、

$$6000 W_1 = 4000c_1 + 1000v_1 + 1000m_1$$
$$3000 W_2 = 2000c_2 + 500v_2 + 500m_2$$

W_1、W_2、c_1、c_2、v_1、v_2、m_1、m_2 のそれぞれの前にそれぞれの価値量を示すこの方法は少し特殊であるが、慣れれば難しくない。そして、ここでも上述の①〜④のチェックを行なうと

$$1000v_1 + 1000m_1 = 2000c_2$$

---

10)　v と m の比率は分配比率として決められ、$v + m$ と c の比率は労働力と生産手段との投入比率によって決められる。

となって上記の条件式が満たされていることがわかる。ともかく、異部門間にも特定の関係が成立することが単純再生産の条件となっていることがわかった。この条件でのみ、今期も次期もその先も生み出された剰余価値がすべて資本家によって消費され、蓄積が生じることなく同規模の生産が続行されることになる。

　なお、この場合、資本家は自身の消費で自分自身の肉体を再生産するが、これは労働者も同じである。賃金を労働力の再生産費と呼んでいるのはそのためである。ただし、労働者は自身の労働力を再生産しても、ただそれだけしかできず、再生産の終わりにも自分の肉体をしか持たない。つまり、生産手段の所有者となっているわけではないから、引き続きただ労働力を売るしか生きることのできない存在として自身を再生産していることになる[11]。つまり、こうして資本家と労働者の肉体が再生産されているだけではなく、「資本・賃労働関係」もが再生産されている。社会科学としてはこのことが重要である。

マルクス派最適成長モデルでの説明

　そうすると、次に問題となるのはこの「単純再生産表式」と本章第Ⅰ節のモデルとの関係である。特に、第Ⅰ節後半の最適資本設備量の計算は「最適」の「均衡値」の計算であったという意味で「単純再生産」の状態を示していることになる。そのため、先の2部門の生産関数にK^*とs^*を入れ、また資本設備量一定の状態なので$\dot{K}=0$も代入して再生産表式と対照すると

$$W_1 = c_1 + (v_1 + m_1) \qquad \delta K^* = 0 + B(1-s^*)L$$
$$W_2 = c_2 + (v_2 + m_2) \qquad Y = A(K^*)^\alpha (s^* L)^\beta$$

さらに、このK^*とs^*をLで表現されたものに書き換えると

---

11)　個々の労働者には寿命があるので、ここでの「自身の再生産」とは世代を超えた階級としての再生産であり、そのためには労働者が子孫を生み育てなければならない。このため、この「労働力の再生産費」には「子供たちの維持費」も含まれる。

表4-1 「マルクス派最適成長モデル」の「最適状態」における投入労働量の構成

	c	$v+m$
第1部門	0	$\left(\dfrac{\delta\alpha}{(\alpha+\beta)\,\delta+\beta\rho}\right)L$
第2部門	$\left(\dfrac{\delta\alpha}{(\alpha+\beta)\,\delta+\beta\rho}\right)L$	$\left(1-\dfrac{\delta\alpha}{(\alpha+\beta)\,\delta+\beta\rho}\right)L$

$$W_1 = c_1 + (v_1 + m_1) \qquad\qquad \delta K^* = 0 + B\left(\frac{\delta\alpha}{(\alpha+\beta)\,\delta+\beta\rho}\right)L$$

$$W_2 = c_2 + (v_2 + m_2) \quad Y = A\left(\frac{B\alpha L}{(\alpha+\beta)\,\delta+\beta\rho}\right)^{\alpha}\left\{\left(1-\frac{\delta\alpha}{(\alpha+\beta)\,\delta+\beta\rho}\right)L\right\}^{\beta}$$

この形は両部門にどれだけの労働が投入されているかを直接に示していると
いうことをよく理解されたい。つまり、下段の消費手段生産部門での生産手
段の使用も、その生産手段もともに労働による生産物であるということを思
い出せば、すべての投入は労働であることがわかる。そして、実際にそのよ
うな表現形式を上の式はとれているのである。

　このことは特別に重要である。というのは、右側の本書の表現形式もまた、
労働の投入量として書き換えられるということであり、そうすると、ほぼ c
$+v+m$ の形で書き直せるからである。そして、実際に書き換えたのが表4
-1である。前述のように第1部門＝生産手段生産部門では簡単化のために
生産手段の使用がないものとしているので、ここでの c_1 は0となっている。
また、c_2 に対応するところは、毎期 K^* の一部すなわち δK^* 部分のみが減
価償却されるとの考えで K^* の δ 倍の値となっている。そして、最後にこ
こではまだ $v+m$ の内部分割ができていないこともお断りしなければならな
い。本書における搾取の捉え方、すなわち「搾取の第1定義」ではどのよう
に m を定義すべきかについて、後の議論を待たねばならないからである。v
と m の分割は後の表4-3で行なわれる。

　なお、この表では両部門の $v+m$ を足すと L となることにも注目してお
いていただきたい。これは両部門を通じてのこの期に付加された総付加価値
が総労働投入量に等しいことを意味しているからである。労働価値説は総投
下労働量こそが総付加価値であると主張している。そのことがこのように表
現されている。

　しかし、ともかく、実は本節として直接に大事なことは、先に「単純再生
産表式」で導かれた $v_1+m_1=c_2$ の条件が満たされていることである。この
式の左辺も、また右辺もともに表4-1において $\left(\dfrac{\delta\alpha}{(\alpha+\beta)\,\delta+\beta\rho}\right)L$ となって
いるからである。「単純再生産表式」と同じ結論は「マルクス派最適成長モ
デル」でも導かれているのである。

Ⅲ　剰余価値の資本への転化──拡大再生産

マルクスの拡大再生産表式

　こうして生産の継続条件が導かれたが、上記の「単純再生産」というのは、
説明の便のために一時的に導入された仮説的な状態にすぎない。前にも述べ
たように資本主義の本質は変化であり、定常的な再生産を現実問題として資
本主義が想定することはできない。そのため、マルクスは今期に生産された
剰余価値が次期には資本家消費以外にも新規の労働雇用や新規投資に使われ
る状況を表現しようと、次のような「拡大再生産表式」を考案した。すなわ
ち、前の表現を一部踏襲すれば、

$$W_1=c_1+v_1+m_1(c)+m_1(v)+m_1(k)$$
$$W_2=c_2+v_2+m_2(c)+m_2(v)+m_2(k)$$

ここでは両部門の剰余価値 m_1、m_2 が資本家の私的消費部分 $m_1(k)$、$m_2(k)$
とともに新たな c、v に新規投資されることが示されている。そうすると、
今度は単純再生産の場合と異なって、新たな $m_1(c)$、$m_2(c)$ は素材としては
第1部門から供給され、$m_1(v)$、$m_2(v)$、$m_1(k)$、$m_2(k)$ は第2部門から供

給されねばならないこととなる。したがって、生産手段と消費手段の社会的な需給一致条件はそれぞれ

$$c_1 + v_1 + m_1(c) + m_1(v) + m_1(k) = c_1 + m_1(c) + c_2 + m_2(c)$$
$$c_2 + v_2 + m_2(c) + m_2(v) + m_2(k) = v_1 + m_1(v) + m_1(k) + v_2 + m_2(v) + m_2(k)$$

となる。この両辺を整理すると、

$$v_1 + m_1(v) + m_1(k) = c_2 + m_2(c)$$
$$c_2 + m_2(c) = v_1 + m_1(v) + m_1(k)$$

と同じ式となる。ここでは、上の式が第1部門で供給される生産手段が第2部門からどれだけ需要されるかという式、下の式が第2部門で供給される消費手段が第1部門からどれだけ需要されるかという式となっているから、不足する素材を生産手段から見ているのか消費手段から見ているのかという違いとなっているが、各部門は不足する素材を相手部門から入手する際に価値的に等価の商品を提供しなければならない。そのために両式ともに等号で結ばれているのであるが、これは逆にいうと、相手の不足する素材を対価として提供していることになる。つまり、こちらの不足と相手の不足の交換式であって、そうすれば、このどちらの式も相手の不足する素材を提供し合っている式ということになり、つまり同じ式となっているのである。こうして、単純再生産において成立していた $v_1 + m_1 = c_2$ なる条件式は、拡大再生産においては上式のように書き換えられるのである。

なお、上の $v_1 + m_1(v) + m_1(k) = c_2 + m_2(c)$ の式は $m_2(c) + m_1(c) > 0$ のとき、

$$v_1 + m_1 > c_2$$

と書き換えることができる。これは、先の単純再生産の条件以上に第1部門（生産手段生産部門）の生産が大きいことを意味するから、やはり蓄積による成長のためには生産手段生産は単純再生産の場合より大きくなければならない。式で示すと、単純再生産の場合の部門間比率が

$$\frac{c_1 + c_2}{v_1 + m_1 + v_2 + m_2}$$

であるのに対し、拡大再生産の場合の部門間比率が

$$\frac{c_1 + c_2 + m_1(c) + m_2(c)}{v_1 + m_1(v) + m_1(k) + v_2 + m_2(v) + m_2(k)}$$

でなければならないからである。もし c_1、c_2、v_1、v_2 および剰余価値の総額
（m_1、m_2）が同じであるなら、後者のほうが明らかに前者より大きくなる。

マルクス派最適成長モデルでの説明

　したがって、拡大再生産を扱う本節では、本書モデル＝マルクス派最適成長モデルでも剰余価値のすべてが資本家によって消費されてしまうのではなく、拡大再生産のために労働力と生産手段の購入に使用されるとしなければならない。そのためにここでは極端に資本家消費がゼロ、すなわち、$m_1(k) = m_2(k) = 0$ を仮定する[12]。

　この仮定は極端なものに見えるがそうではない。というのは、資本家とは「資本の人格化」でしかなく、たとえ自身は最低限の生活をしかしていなくともよい。あるいは、一般労働者以上に働いていてもよい。問題は「労働への専制的指揮権」を発動し、搾取を行ない、資本の増殖のために一生懸命働いておりさえすればよいのであって、彼の所得が v の一部であると理解されるような場合でもよい。というより、雇われ経営者は「サラリーマンでもある」とはっきりいったほうがよいかもしれない。ただし、それが「資本の人格化」でないというわけではない。$m_1(k) = m_2(k) = 0$ とすることに同意いただくことが、ここでの目的だからである。

---

12) マルクス自身も『資本論』第2巻第2章ではこれと同じ簡単化を行なっている。「定式を複雑にしないためには、剰余価値は全部蓄積されると仮定するほうがよい」（マルクス『資本論』第2巻、ディーツ版、84ページ）、「資本家がただ産業資本の人格化でしかないかぎりでは、彼自身の需要は生産手段と労働力とにたいする需要だけである」（同、121ページ）。

しかし、このことは逆にいうと、いったい剰余価値とは何のためのものなのか、搾取とは何のためのものか、という疑問を生み出す。剰余価値が資本家の私腹のためのものでないのであれば、それはまさに「資本のため」、つまり蓄積のためのものということになるが、前章での「資本主義」理解に沿う限り、それだけが産業革命後の経済発展を可能とするものであった。つまり、ある種、全社会的な任務を遂行しているのだともいえるのであって、まさにこれがために一連のイデオローグが蓄積資金確保のための論陣を張り、政治家や官僚たちもそのサポートを続けているのである。本書第1章の言葉を振り返れば、「搾取」にも生産力的レベルでちゃんとした理由があるということになる。

　またもうひとつ「マルクス派最適成長モデル」で導入したいのは、人口一定の仮定と全人口の労働参加の仮定である。人口は経済学でも極めて重要な変数であるが、それを内生的に扱うのは簡単ではないからである。また、景気循環の過程で労働力が労働市場に吸収されたり排出されたりするメカニズムはモデル化が簡単であるが、そうした変動を貫く長期の平均的傾向がここでの研究対象であるからである。このため、本書モデルでは「拡大再生産」でも総労働力には変化が生ぜず（部門間の労働力移動はあっても）、追加されるのはただ生産手段のみという仮定を導入する。すなわち、$m_1(v) + m_2(v) = 0$ を仮定する。そうすると、今や先の「拡大再生産表式」は

$$W_1 = c_1 + v_1 + m_1(c) + m_1(v)$$
$$W_2 = c_2 + v_2 + m_2(c) + m_2(v)$$
$$m_1(v) + m_2(v) = 0$$

となる。つまり、ここでは、両部門を合算したトータルで見ると、既存生産設備の補填分を除く投資こそが「搾取部分」＝剰余価値ということになるが、実際の資本主義とはまさにそうした「剰余価値の資本への転化」の過程であった。先に述べた「単純再生産」のような定常状態ではなく、拡大する経済であり、資本が蓄積される過程＝増殖する過程であった。

　このことを「マルクス派最適成長モデル」にさらに引きつけていうと次の

図4-2 日本における国内純投資率の長期的低落

出所）総務省統計局『国民経済計算年報』各年版。
注）「純投資率」は、（国内総固定資本形成＋在庫純増－国内総減価償却）／国内純生産で
　　計算している。国内総生産でなく国内純生産で計算しているのは「マルクス派最適成長
　　モデル」の$1-s$に合わせるためである。

ようになる。つまり前節で導いた「定常状態」の計算は$\dot{K}=0$の仮定によっ
て導かれたものにすぎず、その状態がすぐに得られる保証はないということ、
あるいはもっといって、長期の資本蓄積の後になって初めて得られるものだ
ということである。

　たとえば、我々は概して先進国のほうが途上国より経済成長率が低いこと
を知っているが、それは資本蓄積率が$\dot{K}=0$に向かって低下しているという
ことである。日本の純投資率は図4-2に示されている。しかし、他方で途
上国ではそうではない。大西（2016）の計算によると、中国の2009年現在
の資本蓄積は「定常値」のまだ11%にしか達しておらず、大西（1998a）の
ラフな計算では、韓国、台湾、フィリピン、インドネシアの1994年現在の
到達度はそれぞれ36%、21%、39%、51%でしかなかった。これらはつまり、
「ゼロ成長」に達した先進国以外はまだ資本蓄積の過程にあり、したがって

「単純再生産」ではないこと、あるいは「定常」とはその先の状態であることを示している。ここでは話の単純化のために「拡大再生産」より前に「単純再生産」を説明したが、歴史の順番はもちろん逆である。

とすると、ここで問題となるのは、こうした蓄積過程＝成長過程をどのように導くかであり、それは先に定式化した2本の生産関数を使って最終消費手段の生産を最大化するという問題として定式化することになる。ただし、ここでは消費財1単位当たりの限界的な効用（限界効用）が逓減することも考慮して、瞬間瞬間の人々の効用水準（瞬時的効用）が $\log(Y)$ であるとする。この形であれば、限界効用が逓減するからである。また、ここでも将来と現在の選好態度を表す割引率 ρ を使って、将来へと続く効用の流れ（流列）を現時点のものに換算するために

$$U = \int_0^\infty e^{-\rho t} \log Y(t)\, dt$$

のように効用を書き直し、これを「通時的効用」と呼ぶ。e は自然対数の底で、Y に (t) がついているのは、Y が通時的に変化することを考慮しつつ計算することを示している。そしてまた、この形にすることは、この右辺の積分記号の中を次のようにまずは離散系で考えなおしてみればわかる。

なぜなら、たとえば $\rho = 0.1$ とした場合、t 期間後の瞬時的効用 $\log Y(t)$ の割引現在価値は $\left(\dfrac{1}{1+0.1}\right)^t \log Y(t)$ と表現できるが、これは割引率 ρ を年利で計算した場合の表現となっている。しかし、より厳密にはこれは $\rho/2$ の半年複利、$\rho/3$ の4カ月複利、$\rho/4$ の3カ月複利……というように細分して計算すべきものなので、これを無限に細分化すれば、

$$\lim_{n \to \infty}\left(\frac{1}{1+\dfrac{0.1}{n}}\right)^{nt} \log Y(t) = \lim_{n \to \infty}\left(1+\frac{0.1}{n}\right)^{-nt} \log Y(t)$$

$$= \lim_{n \to \infty}\left\{\left(1+\frac{1}{\dfrac{n}{0.1}}\right)^{\frac{n}{0.1}}\right\}^{-0.1t} \log Y(t) = \lim_{m \to \infty}\left\{\left(1+\frac{1}{m}\right)^{m}\right\}^{-0.1t} \log Y(t) = e^{-0.1t} \log Y(t)$$

となるからである。ここでは $m=\dfrac{n}{0.1}$ とおいている。

　また、最後の等号では自然対数の底 e の定義式を使っている。今後、０期間後、１期間後、２期間後、３期間後、４期間後……と続くそれぞれの時期の瞬時的効用 $\log Y(0)$、$\log Y(1)$、$\log Y(2)$、$\log Y(3)$、$\log Y(4)$ ……のそれぞれの割引現在価値を連続変数の形式で合算（積分）すると、上の U の形式となるからである。

　したがって、我々の問題は、以上のように配慮して作られた通時的効用を先に示した２本の生産関数を条件として最大化する問題となる。すなわち、

$$\max U = \int_0^\infty e^{-\rho t} \log Y(t)\, dt$$
$$s.t. \quad Y(t) = AK(t)^\alpha (s(t)L)^\beta$$
$$\dot{K}(t) + \delta K(t) = B(1-s(t))L$$

となる。ここで、「$s.t.$」とあるのはそれに続くふたつの条件式を制約条件とすることを示し、$K(t)$、$s(t)$ となっているのは K や s も通時的に変化することを示している。というより、毎期総労働力をどの比率（$s(t):1-s(t)$）でふたつの生産部門に分割するかというのが「人類」の操作変数となっている。このモデルが「マルクス派最適成長モデル」と呼ばれるのは、以上のような成長過程中の「最適化」として問題を定式化しているためである。

　それでは具体的に、そのモデルを解いてみよう。ここで設定された問題は一定の条件を満たしたもとで通時的効用を最大化するという「条件付き最大化問題」なので、本書巻末数学付録で解説している方法を使ってまずは経常価値ハミルトニアン H_c を

$$H_c \equiv \log Y(t) + \mu(t)[B\{1-s(t)\}L - \delta K(t)]$$
$$= \log A + \beta \log s(t) + \beta \log L + \alpha \log K(t) + \mu(t)B[1-s(t)]L - \mu(t)\delta K(t)$$

と設定すると、この最適化の１階条件は、

$$\frac{\partial H_c}{\partial s} = 0 \quad \Leftrightarrow \quad \frac{\beta}{s} - \mu BL = 0$$

$$\frac{\partial H_c}{\partial K} = \rho \mu - \dot{\mu} \quad \Leftrightarrow \quad \frac{\alpha}{K} - \mu \delta = \rho \mu - \dot{\mu}$$

$$\frac{\partial H_c}{\partial \mu} = \dot{K} \quad \Leftrightarrow \quad \dot{K}(t) + \delta K(t) = B(1 - s(t))L$$

と横断性条件となる。最後の式は資本蓄積方程式とまったく同じであり、この点は本書巻末数学付録でも説明される。また、ここでは簡単化のために Y、K、s、μ の (t) を省略して書いている。このとき、1 番目の式より

$$\frac{\dot{\mu}}{\mu} = -\frac{\dot{s}}{s}, \quad \mu = \frac{\beta}{sBL}$$

が導かれるが、これを 2 番目の式に代入すると

$$\frac{\alpha}{K} \cdot \frac{sBL}{\beta} = \frac{\dot{s}}{s} + (\rho + \delta)$$

となり、さらにこれを変形すると

$$\dot{s} = \frac{BL}{K} \cdot \frac{\alpha}{\beta} s^2 - (\rho + \delta) s = s \left\{ \frac{BL}{K} \cdot \frac{\alpha}{\beta} s - (\rho + \delta) \right\}$$

が得られる。とすると、この式は $0 < s < 1$ の過程分析としては $s \neq 0$ だから、まず、$\dot{s} = 0$ を上式に代入して、

$$s = \frac{(\rho + \delta)\beta}{\alpha BL} K$$

を $\dot{s} = 0$ を満たす関係式として得る。また、さらに、$\dot{K} = 0$ は生産手段生産部門の生産関数に代入して、

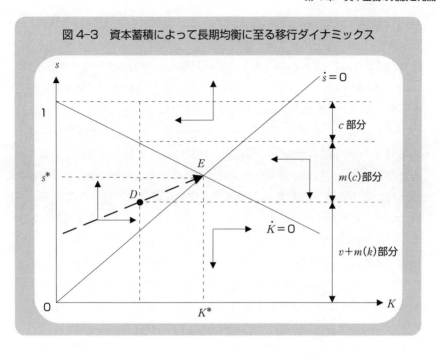

図4-3　資本蓄積によって長期均衡に至る移行ダイナミクス

$$B(1-s)L = \delta K$$

であることがわかる。これらの交点が $\dot{s}=0$ も $\dot{K}=0$ も満たす定常値であり、それを解けば、

$$\left(\frac{K}{L}\right)^* = \frac{B\alpha}{(\alpha+\beta)\delta+\beta\rho}, \quad 1-s^* = \frac{\delta\alpha}{(\alpha+\beta)\delta+\beta\rho}$$

が計算される。これは前節において別の方法で求めた定常値に完全に一致する[13]。

　しかし、今回は定常値が前節と同じことが確認されるだけではなく、蓄積＝成長の経路にも重要な特徴が見出せる。というのは、図4-3のように

---

13)　以上の計算はほぼ山下・大西（2002）によった。

$\dot{s}=0$ 式も $\dot{K}=0$ 式も線として書き込めばその交点として K^* と s^* が求まると同時に、$\dot{s}=0$ 線と $\dot{K}=0$ 線で仕切られる 4 つの部分の移行ダイナミックスを調べることができるからである。すなわち、$\dot{s}=0$ 線の上側では s は上昇、下側では下降となっており、$\dot{K}=0$ 線の右側では K は減少、左側では増加となっているので、それを 2 方向の矢印で示すと図のようになる。そして、ここで重要なのは、資本 K が当初 K^* より小さかったという常識的な前提から出発すると、K^* に向かう蓄積経路＝成長経路はサドルパスであることがわかるとともに、右上がりでもなければならないことがわかることである。これは、資本蓄積＝成長の過程で消費手段生産部門に配分される労働の割合[14]が増えること、またそれと同じことであるが、生産手段生産部門に割かれる労働の割合が縮小することを示している[15]。レーニンが主張した「第 1 部門の優先的発展法則」（Lenin (1893)）とは逆の結論となっている[16]。

　したがって、資本蓄積の過程＝「拡大再生産」の過程で生じることをまとめると以下のふたつとなる。すなわち、

　① 資本蓄積の進行に応じて、総労働のうち消費手段生産に使用される部分の比率 s は上昇する。言い換えれば、生産手段生産に使用される部分の比率 $1-s$ は縮小する。

　② その資本蓄積は定常値に向かって進行し、その終着点は「単純再生産」で計算した値と同じである。つまり、資本主義はこの定常値に向かう長期の過程と理解される。

---

14)　第 2 章で述べたようにマルクス経済学では「労働」と「労働力」を区別するが、ここでは厳密には「労働」の配分である。それは実際にどれだけの労働が行なわれたかに、ここでは関心があるからである。しかし、どの資本家も購入した労働力を同等に無駄なく使用するとすると、この「労働」配分は「労働力」の配分に等しくなる。

15)　以上の位相図分析は田添・大西（2011）によった。

16)　ただし、この結論は両部門の技術係数に変化がない場合のものであり、たとえば両部門の全要素生産性／労働生産性 A, B が同率で上昇する際、定常資本労働比率 $(K/Y)^*$ の上昇による継続的な資本蓄積＝「第 I 部門の優先的発展」が生じる。

　これらふたつの結論は、価値次元の再生産表式では導くことができなかったものである。再生産表式では $v_1 + m_1$ と c_2 の間の、すなわち 2 部門間の価値的素材的補塡の条件式は導けたが、効用を最大化するという人々の行動目的が定式化されていなかったからである。ただし、この「効用の最大化」は、ここまでは完全に同質の個人の集合体として成り立つ社会をそうした個人の代表（「代表的個人」）が計画的に運営しているかのような形式で論じられており、それは本当は別々の効用を持つ諸個人の最適化行動、別々の生産関数を持つ諸企業の利潤最大化行動として書き換えられねばならない。近代経済学の言葉では、「社会計画者モデル」ではなく、「分権的市場モデル」として構築されねばならないということになる。外部性や情報の不完全性がない状態ではその両者が一致するため、本章ではここまで前者のモデルでのみ説明してきたが、本書補論 1 では後者のモデルも扱っている。参照されたい。

ベーム・バベルク「時差説」の再解釈

　ところで、本節 160 ページで導いた最適化 1 階条件の第 2 の式（ここでは「資本に関する最適化の 1 階条件」と呼ぼう）

$$\frac{\alpha}{K} - \mu\delta = \rho\mu - \dot{\mu}$$

は実は「搾取とは何か」を考えるうえで非常に大きな意味を持っている。というのは、この式は次のように変形することによって、「利潤」とは何であるかについての深い理解を導くことができるからである。

$$r_k - \delta = \rho - \frac{\dot{\mu}}{\mu} \qquad (**)$$

あるいは

$$r_c - \delta = \rho - \frac{\dot{\mu}}{\mu} \qquad (**)'$$

ここでr_k、r_cはそれぞれ生産手段と消費手段で測った資本の実質レンタルプライスである。

この変形は次の手順で得られる。

① 「資本に関する最適化の1階条件」の左辺のα/Kは瞬時的効用$\log Y$をKで微分したものだから$\dfrac{\partial \log Y}{\partial Y}$と$\dfrac{\partial Y}{\partial K}$との積であるが、これはさらに「効用単位で測った消費手段の価格(瞬時的効用を消費手段で微分したもの)」と消費手段で測った資本の実質レンタルプライスr_cとの積と言い換えられる。

② ここで、μは前項で設定した経常価値ハミルトニアンの形からわかるように資本のシャドウプライス、つまり「効用単位で測った生産手段の価格」である。これで前式の両辺を割ると$r_c \cdot p_c/\mu = r_k$だから$(**)$が得られる。

③ 他方、問題を簡単化するために①の「効用単位で測った消費財の価格」と「効用単位で測った生産手段の価格」を同じものと見れば資本に関する最適化の1階条件は$(**)'$に変形できる。この仮定は投資財と消費財の区別を無視するという意味でモデルを1部門モデルに転換することに等しい[17]。

そこで、こうして得られた$(**)$の式をよく眺めると、資本の実質レンタルプライスr_kないしr_cは資本減耗(減価償却)を賄う部分と時間選好率および生産手段価格の変化率によって成り立つことがわかる。マルクス的にはこの「資本減耗(減価償却)を賄う部分」は不変資本cを意味するから、結局、この$(**)$の式の右辺が「剰余価値」となる。つまり、「資本の実質レンタルプライス」はマルクスのいう「不変資本c」と「剰余価値m」の合計であることがわかる。

---

17) 2部門モデルとしてより厳密に論じた論稿にOnishi and Kanae(2015)がある。

　また、このことは近代経済学がいう「所得の完全分配」でも資本の側が剰余価値を取得していることを明確に示していて重要である。本書モデルの消費手段生産関数を例にとれば、コブ・ダグラス型のふたつの生産要素弾力性 α、β の合計が1であるとき（規模に関する収穫一定のとき）、資本側に支払われる所得（生産手段1単位当たりの実質レンタルプライス r_c ×生産手段使用量）と労働側に支払われる所得（消費手段で測った実質賃金×投入労働力量）の合計は

$$r_c K + RL = \frac{\partial Y}{\partial K}K + \frac{\partial Y}{\partial L}L = \alpha \frac{Y}{K}K + \beta \frac{Y}{L}L = (\alpha + \beta)Y = Y$$

となって総生産と一致する。つまり、資本と労働に完全分配されてあたかも企業に剰余価値が残されないかのように現象するが、この資本分配の r_c ないし r_k の中にはマルクスのいう「不変資本 c」と「剰余価値 m」の両方がともに含まれているからである[18]。なお、このとき、$m/(c+v)$ で定義されるマルクス的な利潤率は

$$(\rho - \dot{\mu}/\mu)K/(\delta K + RL)$$

で表現されることになる。

　さらにもうひとつ重要なことは、こうして(**)式の右辺で示された「剰余価値」にはその重要な要素として時間選好率が含まれていることである。これはこの式が定常において

$$r_k - \delta = \rho \qquad\qquad (***)$$

あるいは

$$r_c - \delta = \rho \qquad\qquad (***)'$$

---

18)　上式より α と β は資本分配率と労働分配率となるから、これに変化が生じたときにはそれぞれの分配率も変化する。Piketty（2013）第6章は戦後の先進諸国で資本分配率の上昇が観測されると述べているが、この原因は本書第3章第III節で見たような非製造業部門での「産業革命」などによる α のさらなる上昇にあった可能性が大きい。

に変形されるということによってより明確となる（r_cで表された後者の式では上述③の手続きが必要となるが……）。ここではまったく「剰余価値」は時間選好の差によって生じたものだということとなる。これは、かつて Böhm-Bawerk（1956）が最初に問題提起し、根岸（1981）、Negishi（1986）が再提起した問題である。この後者の根岸は置塩による「マルクスの基本定理」を知っており、その証明を承認はしていたが、しかしそこで証明されたものは投下労働価値説による利潤の解釈にすぎず、「利潤」ないし「剰余価値」発生の原因ではないと批判している。また、その「利潤」発生の原因としてベーム・バベルクの「時差説」（時間選好率が利子ないし利潤を生み出しているとの説）を主張している。そして、ここでは、現実経済の動きを表現している上記の（**）式ないし（***）式がその主張をサポートしているように見えることが重要である。少なくとも、各経済主体の合理的諸運動の結果、「利潤」が時間選好をその重要な要素としているというベーム・バベルクや根岸の説をまずはこうしてフォローしておきたい。

　ただし、こうして将来より現在を重んじる人々の選好が価格マイナスコストとしての「利潤」を現実経済で形成するとしても、それを「利潤」の本質とするわけにはいかない。前章の「マルクスの基本定理」をふり返ってみるとわかるように、そこでは一切「期間」が考慮されず[19]、よって時間選好が搾取（剰余価値）の説明に登場していない。ということは、ここでの「搾取」が（「時間選好」問題とは関係なく）労働者が生産したものと受け取ったものとの差額であることに変わりはないのであって、その結果、上記の式で示されたことは、労働搾取の結果としての剰余価値が、「利潤」のレベルではどのようなメカニズムでどのように配分されるかといった問題にすぎないこととなる。実のところ、この「剰余価値」が現実の「利潤」として現れる

19）　次章で述べる TSSI 学派はこうした時間構造を重視するため、「マルクスの基本定理」の無時間構造を許容できない。ただし、この結果、実際上、ここで論じている ρ を搾取と認められないこととなる。マルクスは確かに初期投入資本が「前貸し」であることを強調し、その資本循環論にも時間構造が明確に存在する。しかし、マルクス派のあるべき時間構造は「マルクスの基本定理」と両立する本書のマルクス派最適成長論におけるようなものでなければならないと私は考えている。

には、c/v で示される資本の有機的構成（後述）の相違に応じた産業部門間の再分配があるが（後述）、それと同様に現在財（効用）の生産企業と将来財（効用）の生産企業の間での「利潤」の再分配が行なわれる。要は投下労働量であるところの「価値」のレベルと、その価値がどう分配されるかというレベルを正確に区別するという問題である[20]。

　他方、上記の $(**)$ 式には、もう一点重要な内容が示されている。それは、ここでの「利潤」の構成部分として時間選好率以外にも、$(**)$ 式の右辺第 2 項もが明示されていることであり、実のところ「マルクス派最適成長モデル」としてはこの持つ意味のほうが次の点で大きい。ここで、まず本書 160 ページの 4 番目の式を思い出せば、ここでは s が傾向的に上昇しているので $(-\dot{\mu}/\mu)$ は一般的に正である。しかし、ここでより重要なのは定常では $\dot{\mu}=0$ だからこの項が消滅するということであり、もっというとこの $\dot{\mu}=0$ が生じる原因であり、それは結局、資本蓄積の必要性の低下（$1-s$ の低下）によってもたらされる効用単位で測った生産手段価格の低下によって生じていることがわかる。逆にいうと「資本蓄積の必要」が利潤形成をなさしめたのであり、これは本書が 112 ページで論じた「資本蓄積のための消費制限としての搾取」=「搾取の第 1 定義」が消滅することを意味する。定常=「資本蓄積が不要な時代」への到達がこの部分を消滅させるのである。上記の $(**)$ 式はこうした深い内容を持っている。対比的に論ずれば、上述した時間選好率 ρ による利潤発生の部分は（資本）貸与に対する対価としての「搾取」なのであるから、この部分が「搾取の第 2 定義」ということになる。

　ところで、以上の諸関係は近年 Piketty（2013）が提起している財産所得と労働所得との間の伸び率の格差（ピケティの表現では $r>g$。ただし、本書補論 1 では利子率を $\tilde{r}$ としているので $\tilde{r}>g$。ここで g は所得の成長率）の原因が減価償却と「搾取の第 2 定義」であることをも説明することができる。ピケティは労働所得の成長率を GDP 成長率と同一視してそれに g という記号を与えているが、これには消費の成長率のほうがより近い概念であるように思わ

---

20)　この問題を初めて明確に指摘したのは森本（2011）である。

れる。ピケティの比較対象は労働所得だけで生活する人々と資本利得のみで生活する人々に概念的に区別して所得格差を論じようとするものだからである。そして、そうすると、本書補論 1 の 302 ページにある

$$\frac{\dot{Y}}{Y} = \tilde{r} - \rho$$

は、ピケティの記号では、

$$g = r - \rho$$

すなわち、

$$r = g + \rho$$

を表していることになる。つまり、利子率が労働所得の上昇率より大きくなる理由ははっきりしていて、それは上記の時間選好による利得部分が利子に加算されるからであるということができる。ピケティはどの時代にも r と g の間にある一定の格差があったと述べているが、それもそのはず、人々の時間選好率が一定の場合、r と g の格差はある一定の値をとることになる。こうして「ピケティの不等式」$r>g$ の秘密は解くことができる。

　しかし、ここでより重要なのは、この格差 ρ が、上で明らかにしたようにマルクス経済学では剰余価値の重要な部分となっていることである。(***)式が述べているのは、少なくとも定常では、剰余価値はこの要因のみによって形成されることになっているからである。

　したがって、r が g を上回るというピケティによる資本主義の断罪は要するに時間選好を根拠とした取得への断罪であって、それは上述の「搾取の第2定義」への断罪ということになる。ピケティは自分はマルクス主義者ではないと述べ、彼自身は自分の所説がマルクスの搾取理論とは関係のないものだと考えている。しかし、その実、ピケティが最も重視する経済関係（$r>g$）はマルクスが主張した「搾取」の帰結であったのである。アメリカのマルクス主義者デイビッド・ハーベイは Harvey（2014）でピケティは

「搾取」をこそ論じなければならなかったのだと述べているが、この意味で我々もまた同じ主張をしなければならない。

　なおここで最後に、先進国ではrとgがともに低下しているもとでそのギャップの問題がより目立ったものになっていることも付言しておきたい。もし労働所得の上昇率gもそれなりに大きいのであれば、財産所得の上昇率rがいかに大きくとも労働所得稼得者（労働者）の不満は比較的抑えられよう。しかし、労働所得が伸びないままに財産所得取得者（富者）の所得だけが伸び続けるとき、労働者の不満は拡がろう。このときには労働者の一部が「サクセス・ストーリー」によって上昇する可能性も大きく制約されることになる。ピケティらによる経済格差の弾劾が先進諸国においてより大きな反響を得ているのはそのためである。ピケティは世界各国をまわった感想として「途上国では自分の意見が受けない」と語ったことがある。この原因もrやgがゼロまで低下してしまっている先進国とまだ成長過程にある途上国との相違を説明しているものと思われる。

Ⅳ　資本主義的蓄積の一般的傾向
──資本主義的蓄積の終焉

マルクス派最適成長モデルの価値表現

　しかし、この「社会計画者モデル」を「分権的市場モデル」に書き換えること以上に本書で重要なのは、「価値モデル」への書き換えであり、マルクス自身も古典派経済学が「ロビンソン物語」として展開した「社会計画者モデル」には「価値のすべての本質的な規定が含まれている」と論じている（『資本論』第1巻、ディーツ版、91ページ）。したがって、そのために生産手段と消費手段の生産における直接・間接の投下労働量の総計t_1、t_2をまず最初に求める。続いて、先の表4-1のような表を蓄積過程＝成長過程のモデルについて計算する。このことを次に行ないたい。

　まず最初に両部門の生産物の単位当たりの価値（投下労働量）であるt_1とt_2を前章の置塩定理の際に用いた方法で導入すると、

$$t_1(\dot{K} + \delta K) = (1-s)L$$
$$t_2 Y = t_1 \delta K + sL$$

となる。したがって、まずこの連立方程式を解くと

$$t_1 = \frac{(1-s)L}{\dot{K} + \delta K} = \frac{(1-s)L}{B(1-s)L} = \frac{1}{B}$$

$$t_2 = \left(\frac{\delta K}{B} + sL\right) / (AK^\alpha (sL)^{1-\alpha}) = \left(\frac{\delta}{AB}\right)k_2^{1-\alpha} + \left(\frac{1}{A}\right)k_2^{-\alpha}$$

第2式では、計算の便のため $k_2 \equiv \dfrac{K}{sL}$ という新たな変数を導入し、かつ簡単化のために $\beta = 1 - \alpha$ と仮定している（規模に関する収穫一定の仮定）。またこの第1式からは、t_1 が技術パラメーターのみで表現された定数であることがわかるが、他方の t_2 は分析が必要である。それが k_2 の関数として変動することが示されているからであるが、したがって、このために次に k_2 の動態を調べなければならない。この計算は複雑なので注にゆずるが、k_2 は通時的に増加すること、その結果として t_2 が通時的に減少することがわかった[21]。t_2 の減少とは、消費手段の生産に必要な労働量が継続的に低下すること（価値が低下すること）であり、生産が効率的になることを意味する。これは蓄積が人類の合理的選択の結果としてあるとの本書の立場を支持している。ただし、前節で述べたようにその生産性の改善には上限があり、したがって生産性の改善スピードは定常に向かって徐々に低下する。この状況を日本経済について示すと図4-4のようになる（田添（2015）参照）。

　さらにもうひとつ、こうして表現された成長経路上での各部門への労働投入量＝価値を基礎に、先の表4-1と同じ形式（再生産表式の形式）で $c + v + m$ の価値構成を計算してみたのが表4-2である。

　この計算手順も注にゆずるが[22]、重要なことは、運動の停止した定常状態のみならず、移行過程の投下労働量もこのようなシンプルな形式で $c + v + m$ 形式に転換できることである。マルクス経済学では「再生産表式」とい

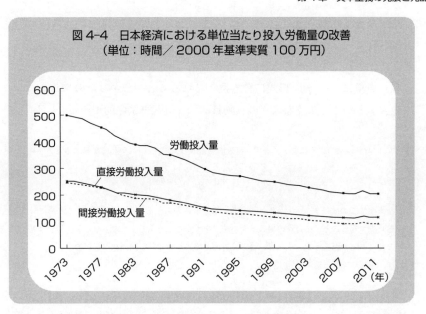

図 4-4　日本経済における単位当たり投入労働量の改善
（単位：時間／ 2000 年基準実質 100 万円）

表 4-2　マルクス派最適成長モデルの成長過程における投入労働量＝価値の構成

	c	v	m	計
第1部門	0	$(1-s)\,L$	0	$(1-s)\,L$
第2部門	$\dfrac{\delta K}{B}$	$\beta t_2 Y = \beta\left(\dfrac{\delta K}{B} + sL\right)$	$sL - \beta\left(\dfrac{\delta K}{B} + sL\right)$ $= (1-\beta)\,sL - \beta\dfrac{\delta K}{B}$	$\dfrac{\delta K}{B} + sL$
全社会	$\dfrac{\delta K}{B}$	$\beta\left(\dfrac{\delta K}{B}\right) + (1-s+\beta s)\,L$	$(1-\beta)\,sL - \beta\dfrac{\delta K}{B}$	$L + \dfrac{\delta K}{B}$

う便利な方程式体系が開発されていても、それが価値レベルでしかこれまで
表現されていなかった。しかし、今回の方式で、投下労働量の配分問題とし
て定式化されたモデルであれば「近代経済学的モデル」の形式をとったもの
でも、簡単に $c+v+m$ 形式に書き換えられることがわかったのである。「効
用極大」といったような人々の行動目的は「近代経済学的モデル」において

---

21)　この計算は次のようになる。まず、直近の t_2 に関する式を k_2 に関して微分すると、

$$\frac{dt_2}{dk_2} = \frac{k_2^{-\alpha}}{A}\left\{\frac{(1-\alpha)\delta}{B} - \alpha k_2^{-1}\right\}$$

となるが、この式は $\hat{k}_2 = \dfrac{\alpha B}{(1-\alpha)\delta}$ のときに 0 となるから、それより小さな k_2 では k_2 の増大が
t_2 を減少させること、また逆の場合は逆の結果を導くことを示している。しかし、k_2 は実際どち
らの側にあるのだろうか。そして、この分析のために、本章第III節 160 ページの

$$\dot{s} = s\left\{\frac{BL}{K}\cdot\frac{\alpha}{\beta}s - (\rho+\delta)\right\}$$

の式をもう一度くわしく検討する。というのは、先の図 4-3 の位相図からも s が上昇すること、
すなわち $\dot{s} > 0$ であることがわかっているが、その条件をこの式に入れて k_2 の動態を分析できる
からである。すなわち、まず、$\dot{s} = 0$ となる k_2 を求めると

$$k_2^* = \frac{\alpha B}{(\rho+\delta)(1-\alpha)}$$

となる。これが資本蓄積の目標値＝定常時の k_2 であったが、経済が先の趣旨で $\dot{s} > 0$ だから、こ
れは

$$\frac{BsL}{K}\cdot\frac{\alpha}{\beta} - (\rho+\beta) > 0$$

であることを意味する。しかし、この条件は

$$k_2 < \frac{\alpha B}{(\rho+\delta)(1-\alpha)} = k_2^*$$

とも書き換えられるから、結局、

$$k_2 < k_2^*$$

これは k_2 が通時的に増加過程にあることを示している。

　また、上で $\hat{k}_2 = \dfrac{\alpha B}{(1-\alpha)\delta}$ を導いたが、この値は明らかに k_2^* より大きいから、結局、

$$k_2 < k_2^* < \hat{k}_2$$

これは k_2 の存在しうる全範囲、そしてその増大する全範囲において t_2 を減少させることを示し
ている。以上の計算も田添・大西（2011）によっている。

初めて表現でき、その結果としてのモデルのワーキングが分析できる。そして、そこで分析されたワーキングの結果が今度は $c+v+m$ の形式による上記の方法で再度分析できることになったのである。

　なお、表4-1と同形式であるということは、当然、拡大再生産の条件式である $v_1+m_1>c_2$ もこの表4-2で確認できるということを意味する。実際、ここで

$$v_1 + m_1 - c_2 = (1-s)L - \frac{\delta}{B}K\left(=\frac{\dot{K}}{B}\right) = m(c) > 0$$

となるから、$v_1+m_1>c_2$ が成立していることになる。

　さらに、こうして成長の「過程」が満たす条件が検出されると、その成長の先にくる「定常」とは何かという分析が求められるようになる。そして、その $c+v+m$ レベルでの状態を求めるには、前節で求めた K^*、s^* を表4-2に代入すればよいことになる。その結果が**表4-3**である。計算は複雑であるが、結論が表4-1とまったく同じとなっていることを確認されたい。つまり、表4-1で計算した「単純再生産」の値に向かって経済が成長し、そこで停止することが示されているのである。

　ところで、こうして成長の終着点を含む全過程を $c+v+m$ の形式で表現することによって、「資本の有機的構成の高度化」と「利潤率の傾向的低下」という2つの重要な傾向法則が導ける。同じく成長過程における諸変数の変化をグラフ形式で表現した図4-3を参照しながら、しかし図4-3では m 部

---

22)　①この表の中で最も簡単に埋められるのは、両部門の「計」すなわち総価値である。

　②その次に考えやすいのは c 部分である。なぜなら、これは第1部門にはなく（資本 K の投入がないから）、かつ第2部門もその時々の K の減価償却は δK なので、それを補塡するために必要な労働量 $\delta K/B$ を記入すればすむからである。

　③次に埋めるのはふたつの部門の v である。これは両部門の労働者にその限界生産力に対応する賃金が支払われるものと仮定し、それらを先に求めた t_1、t_2 を使って労働量に換算して求めた。

　④最後に計算されるのは m 部分である。これは両部門で生産されるそれぞれの総価値から、c 部分と v 部分を差し引いて計算されている。

　⑤なお、これらの計算の結果、表の両側は整合している。

表4-3 表4-2の K, s に K^*、s^* を代入した場合

	c	v	m	計
第1部門	0	$\dfrac{\delta\alpha}{(\alpha+\beta)\,\delta+\beta\rho}L$	0	$\dfrac{\delta\alpha}{(\alpha+\beta)\,\delta+\beta\rho}L$
第2部門	$\dfrac{\delta\alpha L}{(\alpha+\beta)\,\delta+\beta\rho}$	$\beta((1-s)+s)L=\beta L$	$\left(\dfrac{\beta(\delta+\rho)}{(\alpha+\beta)\,\delta+\beta\rho}-\beta\right)L$	$\dfrac{\delta\alpha L}{(\alpha+\beta)\,\delta+\beta\rho}+\dfrac{(\beta\delta+\beta\rho)\,L}{(\alpha+\beta)\,\delta+\beta\rho}=L$
全社会	$\dfrac{\delta\alpha L}{(\alpha+\beta)\,\delta+\beta\rho}$	$\left(\dfrac{\delta\alpha}{(\alpha+\beta)\,\delta+\beta\rho}+\beta\right)L$	$\left(\dfrac{\beta(\delta+\rho)}{(\alpha+\beta)\,\delta+\beta\rho}-\beta\right)L$	$L+\dfrac{\delta\alpha L}{(\alpha+\beta)\,\delta+\beta\rho}$

分が $m(c)$ と $m(v)$ に分かれて別々に表現されていることに注意しつつ長期トレンドを調べると次のようになる。すなわち、

① 表4-3「全社会」の行の c と v 欄から、マルクスが「資本の有機的構成」と呼んだ c/v 比率が上昇することがわかる。具体的には、この表から

$$\frac{c}{v} = \frac{\delta K/B}{\beta\left(\delta K/B\right) + (1-s+\beta s)L} = \frac{1}{\beta + \dfrac{B(1-s+\beta s)}{\delta}\cdot\dfrac{L}{K}}$$

となるが、ここで s も K/L もが趨勢的に上昇するからである（$0<\beta<1$ を仮定）。

② 他方、図4-3の $m(c)/(c+v)$ は傾向的に減少し、最後はゼロとなっている。これは資本蓄積の必要性が徐々になくなることによっているが、剰余価値の他の部分（$m(k)$ の部分）の動向を知るには表4-2の剰余価値の全体の動きを調べる必要がある。この m_2 部分は傾向的に上昇する s によって増加する $(1-\beta)sL$ の部分と、傾向的に上昇する K によって増加する $\beta\dfrac{\delta K}{B}$ のどちらが大きく変化するかによってその動向が決まるが、図4-3より s の上昇率 $\Delta s/s$ より K の上昇率 $\Delta K/K$ のほうが大きいことがわかる。よって、$\beta\dfrac{\delta K}{B}$ の増大効果は $(1-\beta)sL$ の増大効果より大きく、m_2 は傾向的に縮小することがわかる。

③ 一方、表4-2から $c_2+v_2+m_2$ や $c+v+m$ は一方的に増大し、他方の $m_2=m$ の増大率はそれらより低いことがわかるから、$m_2/(c_2+v_2+m_2)$ や $m/(c+v+m)$ は明らかに低下する。このことは「利潤率」（全社会的には $m/(c+v)$）が低下することを意味する。マルクスはこの傾向を「利潤率の傾向的低下の法則」として主張したが、その際、剰余価値の源泉である生きた労働が生産手段の量（価値）に比べて減少することを理由とした。「マルクス派最適成長モデル」では成長に従い資本／労働

比率が飽和に近づくと（資本当たりの労働の希少化によって）資本の限界生産力が低下することとして示している。このふたつの説明は本質的に同一である。なお、これは価値（投下労働量）レベルの利潤率の低下であるが、価格レベルでのそれは本書 242 ページの注 13 で説明する。

④ しかし、剰余価値の全体（ここでは $m(c) + m(k)$ の全体）ではなく $m(c)$ に関する限り最終的にはゼロに収束している。

からである。

しかし、このように書くと、①③はマルクスの結論でもあるので同意を得られようが、④については違和感を持つ読者もいよう。なぜなら、マルクス自身にはそうした明示的な叙述がないからである。というより、「マルクス派最適成長モデル」という特殊なモデルの特殊な結果と理解されよう。しかし、この結論は、マルクス経済学の以下の3点における新たな発展の結果としての新たな発見といわねばならない。

というのはまず第一に、マルクス派の史的唯物論はある時代における資本主義の正当性を主張すると同時に、将来におけるその正当性の消滅をも主張できなければならず、そのことのうちには、ある時代における搾取＝剰余価値取得の正当性を主張し、同時に将来におけるその正当性の消滅を主張できなければならないからである。そして、上記の結論はそのことを明確に示せているからである。私の知る限り、この決定的に重要な主張を説得的に展開しえた研究成果は、マルクスのそれを含めて過去には存在しなかった。搾取が「不正義」であるとの説明や、その存在証明はなされていたが、ある時代における正当性とその後の正当性の消滅を同じ枠組みで説いたものがなかったのである。

また第二に、マルクス派最適成長論の枠組みがこうした新たな突破をなしえた理由もここで再確認しておきたい。というのは、以上のような「正当性」を論じるためには「社会全体」にとって何が必要なことかを論じなければならず、そのためにはあたかも社会構成員が「代表的個人」一人であるかのように定式化する「社会計画者モデル」における通時的な効用レベルの最

大化を目的とした関数形の設定が有益であるということである。そうでなければ、たとえばこの「搾取」による資本蓄積も何のためのものであるかを示しえず、ただ「不正義」と断罪することしかできなくなるからである。この意味で、史的唯物論的な結論を導くには単なる $c+v+m$ のモデルでは不十分で、蓄積＝成長の目的は物財レベルの効用で示される必要があるのである。なお、この意味でマルクス派最適成長論は「物財レベル」のモデルであるが、それは同時に「物財」としての総労働量を2部門にどう割り振るかという「価値＝投下労働量レベル」のモデルでもあり、これが表4-2や表4-3などの価値分割を可能としている[23]。

　第三に、資本の蓄積にはそれを超えてはならない上限があるという認識の重要性である。実際、$m(c)$ 部分が0となるという結論はこの認識に依存しており、それはさらに、決定的に重要となった「機械」の生産も結局は労働によるものという認識に依存している。本書図1-3、図3-1、図4-1で繰り返し示したように、最終生産物（消費手段）を図中右側の直接労働で作るか図中左側の間接労働で作るかは効率性の問題である。ここでのポイントは、蓄積がある最適値（$(K/L)^*$）に達すると、それ以上の蓄積は図中左側の間接労働方式の生産に過大にウエイトをかけることを意味し、それは不効率となる。つまり、「過剰蓄積」となる。こうして経済が合理的である限り、蓄積はある時点でストップされねばならず、したがって成長と蓄積がストップするということ、そしてもしそうなれば、こうした成長停止問題を考慮していなかったマルクスらの結論は書き換えられねばならないというのが本書の主張となる。

　最後に、もう一点、このモデルの結果としては最終均衡において $m(c)$ が0となっても m の全体が0とならない（$m(k)$ が残る）ことを排除できな

---

23)　スティードマンはSteedman（1977）で物財レベルで搾取を論じるモデルは価値概念を必要としないとしたが、第1章冒頭から述べている本書の立場からはこのマルクス派最適成長モデルも自然との物質代謝における労働の最適投下量決定のモデルであるから、それ自体で「労働価値説モデル」となっている。スティードマンのモデルがそう見えないのは人間の労働支出の最適化行動としてモデルが設定されていないからである。長浦（1985）も目的関数を明示した「不等式アプローチ」モデルによって同様の批判を行なっている。

い。というか、「時差説」などを論じた前節末の分権的市場モデルの結果は時間選好率部分が $m(k)$ として存続するということであった。これは前々節で示した単純再生産における剰余価値の存在に対応するが、「社会計画者モデル」で導かれた帰結ではないという意味で $m(k)$ の存続を歴史的に「最適」と主張するものではない。そして、その意味で、資本主義が辿りつく究極の状態においてこの部分を廃止するには市場外的な力が必要ということとなろう。『資本論』は全体として等価交換の商品生産社会での搾取の存在を主張しているが、もしそうであれば等価交換の原則を破る市場外的な力なしには搾取の廃止が実現できないとの議論となるのである。なお、ここでの「廃止」の対象は資本家の個人消費の原資としての $m(k)$ にすぎないから、これによって経済が縮小再生産に向かうわけではない。

　ただし、その市場外的な力とは実際にはどのようなものとなるのだろうか。私は労働組合などの労働者団体が強力になって「民間的」に資本が規制されることを理想とするが、そうした関係が未成熟な場合には最低賃金規制のような一律の（裁量の余地のない）国家的な規制を想定せざるを得ないと考える。これはたとえば前章の図3-2において、賃金水準が強制的に引き上げられるようなケースである。そして、その場合には利潤原理で行動する企業は雇用労働者数を削ってくるであろう。つまり、雇用と生産は縮小するので、それを許容するような社会的生産力の成熟、言い換えると本節で見ているような資本蓄積の飽和状態（ゼロ成長経済への到達）が前提になろう。ただし、この賃上げによって労働者の必要労働時間が縮小するのであれば、全体として縮小された総労働需要が今までと同じ雇用者数によって担われることとなりうる。つまり、雇用減なき賃上げが実現し、その負担を利潤減という形で資本家側に押し付けることができる、ということになる。

　もちろん、これには資本家階級の抵抗が予想されるので、政治・社会における全体としての労働者階級の力が必要となる。マルクスが政治革命の必要を説いたのはそのためであった[24]。

資本の有機的構成と相対的過剰人口増大の法則について

ところで、前記の４点のうち、第三に述べた点はマルクス派の多くがこれ
まで資本の有機的構成の無制限な上昇を仮定したことに対する批判としての
意味を持つ。たとえば、失業率の上昇を意味する「相対的過剰人口増大の法
則」というものがマルクス経済学にあるが、この前提には資本の有機的構成
の無制限な増大が前提とされていた。その論理は次のようなものであった。

すなわち、今、「価値」としての $v+m$ が総投下労働量であるという意味
では L と置き換えられるが、それは、

$$L = \frac{L}{c} \cdot c$$

と書けるから、L/c すなわち資本の有機的構成の逆数と総資本 c によって決
まることが示されている。そして、我々の想定では、前者は減少し後者は増
大するから、結局はその減少率と増加率の大小関係が問題となる。

したがって、その問題を調べるべく c の年間増分の制約条件に注目すると

$$\Delta c \leq m \leq v+m = L$$

となるから、

$$\frac{\Delta c}{c} \leq \frac{L}{c}$$

この式は c の増加率自体が L/c と深く関わっていることを示している。

---

24)「情報社会化」を論ずるに世には数多の議論が存在するが、Mason（2015）が主張する「劣化
しない機械」としての情報財のイメージは表4–3において興味ある帰結を導くことになる。とい
うのは、Mason（2015）によると情報財は①その生産にも労働が必要だという意味で労働価値説
的であるとともに、②一般の機械のように摩滅（劣化）しないので、それが生産過程においてよ
り重要となるとすれば表4–3における δ に近づくからである。そして、もし $\delta = 0$ となれば、表
4–3に示された究極の定常状態では第１部門の生産とともに総価値に占める c 部分もが消滅する。
これは、「資本生産」に配分される労働の比率が消滅し（$1-s^* = 0$）、すべてが消費財生産に回さ
れること（$s^* = 1$）を意味するとともに、年々生み出される諸商品の価値のすべてが労働による
フローの付加価値となるという意味の「労働価値説的状況」も生じることとなる。

つまり、それは L/c を超えることができず、その十分な傾向的低下（←有機的構成の上昇）の結果、いずれ十分に縮小して L の傾向的減少を導くことになるのである。

　もう少し厳密に論じると次のようになる。今、操作の便のために

$$\frac{L}{c} \equiv \nu$$

とおくと、

$$\frac{dL}{dt} = \frac{d}{dt}\left(\frac{L}{c} \cdot c\right) = c\frac{d\nu}{dt} + \nu\frac{dc}{dt}$$

となるが、先に導いた $(\varDelta c/c)$ の制約式より

$$\frac{dL}{dt} = c\frac{d\nu}{dt} + \nu\frac{dc}{dt} \leqq c\frac{d\nu}{dt} + \nu\,(c\nu)$$

これはさらに

$$\frac{dL}{dt} \leqq c\left(\frac{d\nu}{dt} + \nu^2\right)$$

と書き換えられるが、（　）の中の第1項は負、第2項の ν^2 は無限にゼロに近づくから、いずれ左辺は負にならざるを得ないとマルクス経済学の通説は主張しているのである[25]。

　しかし、本書のここまでの推論は ν が無限にゼロに接近するという結論を導かなかった。資本蓄積には「上限」があるからである。そして、この場合は、上記の通説の結論を導かない。つまり、マルクスが述べた「相対的過剰人口増大の法則」は労働者当たりの資本蓄積がどこまで進行するかという問題に強く依存しており、そのためその最終的な当否は経済主体の行動原理を

---

25)　以上の解説は置塩（1977）第4章第5節によった。

明確化しそれを考慮したモデルでしか判断できないのである。逆にいうと、これまでこの当否に決着がつかなかったのは「マルクス派最適成長モデル」のようなタイプのモデルが欠落していたからであった。

　したがって、失業率の動向といった極めて重要な問題は十分研究がされねばならないが、資本の有機的構成の上昇といった原因ではなく、もっと別の要因に注目して議論されるのが望ましいと本書は考える。たとえば、日本に比べて失業率が高いとされるヨーロッパ諸国には失業保険制度が整っている。これは、社会がより進んで制度の構築に至っていることを示すとともに、失業保険制度の充実が失業率を上げている可能性をも示唆するが、もしその関係を認定できるのであれば、これらの諸国での高い失業率は労働者のある種の選択の結果であり、その意味で大きな問題ではないことになる。

　失業率はもちろん景気変動によって変動するが、こうした循環的な変動の中心を貫く傾向的な動向には、上記のような失業保険制度の状況以外に職業紹介制度や職業訓練制度の充実度合いがある。失業＝過剰人口の基本動向はこうした諸制度の関数と見るのが正しいというのが本書の立場である。

利潤率の傾向的低下と柴田・置塩の定理

　こうしてマルクスが述べた各種の傾向法則の理解にとって経済主体の選択行動を考慮することの重要性を述べたが、このひとつの論点が利潤率の低下法則に関わって Okishio（1961）によって提起されている。それは、現行の価格体系のもとで費用を低下させる新技術を資本家が採用する限り、利潤率は必ず上昇するとの定理である。この定理は、同様の見解を述べた柴田（1935）を先行研究として明示したために「柴田・置塩の定理」と呼ばれている。その主張は次のようになっている。

　すなわち、前章94ページの図3-1で定義した諸変数に両部門で均等な平均利潤率 r を加えると、まず次のように表現できる。

$$(1+r)(a_1 p_1 + R\tau_1 p_2) = p_1$$
$$(1+r)(a_2 p_1 + R\tau_2 p_2) = p_2$$

ここで、p_2 は固定しているものとしよう。問題は両財の相対価格であり、どちらかの価格の固定は本質的な問題を発生させないからである。このとき、第1部門に新技術（a_1', τ_1'）が採用されて新しい均等利潤率が採用されたものとしよう。そうすると、今度は

$$(1+r')\,(a_1'p_1'+R\tau_1'p_2) = p_1'$$
$$(1+r')\,(a_2p_1'+R\tau_2p_2) = p_2$$

が成立することになる。しかし、ここで p_2 は固定としているから、

$$p_2 = (1+r)\,(a_2p_1+R\tau_2p_2) = (1+r')\,(a_2p_1'+R\tau_2p_2)$$

この第2の等式は、① $r'<r$ かつ $p_1'>p_1$ か、② $r'>r$ かつ $p_1'<p_1$ かのどちらかでなければならないことを示している。そして、このどちらであるかは、資本家による新技術導入が生産費の低下を目的としているという関係から調べることができる。

というのは、新技術下の第1部門の式は

$$(1+r')\,(a_1'p_1+R\tau_1'p_2) + (1+r')a_1'(p_1'-p_1) = p_1'$$

であるが、資本家による新技術導入が生産費の低下を目的としているという想定から

$$a_1p_1+R\tau_1p_2 > a_1'p_1+R\tau_1'p_2$$

となり、この式の代入によって

$$(1+r')\,(a_1p_1+R\tau_1p_2) + (1+r')a_1'(p_1'-p_1) > p_1'$$

が得られるが、第1部門の旧技術の状態をこの両辺から差し引くと

$$(r'-r)\,(a_1p_1+R\tau_1p_2) + (1+r')a_1'(p_1'-p_1) > p_1'-p_1$$

となる。これは、

$$(r'-r)(a_1 p_1 + R\tau_1 p_2) > \{1-(1+r')a_1'\}(p_1'-p_1)$$

と書き換えられるが、この $\{1-(1+r')a_1'\}$ の部分が正であることを第 1 部門の新技術の式から導くことができる。というのは、第 1 部門の新技術の式の両辺を p_1' で割って整理すると

$$(1+r')a_1' + (1+r')R\tau_1'\frac{p_2}{p_1'} = 1$$

これをさらに変形すると、

$$1-(1+r')a_1' = (1+r')R\tau_1'\frac{p_2}{p_1'} > 0$$

だからである。とすると、

$$(r'-r)(a_1 p_1 + R\tau_1 p_2) > \{1-(1+r')a_1'\}(p_1'-p_1)$$

の式は、先に見たふたつの可能性（① $r'<r$ かつ $p_1'>p_1$ と、② $r'>r$ かつ $p_1'<p_1$）のうちの①を許容せず、②の可能性しか残されないことがわかる。これはマルクスの主張と異なって利潤率の上昇を意味することになる。これが「柴田・置塩の定理」の内容である[26]。

　しかし、前述のように本書の結論は異なっている。利潤率が下落しているからである。そして、この相違の原因をたどるとき、上記の「柴田・置塩の定理」では実質賃金率 R が定数となっていることに気づく。この想定は本書のマルクス派最適成長モデルの結論とは異なっており、言い換えると、この場合も諸変数の変動を経済主体の行動原理を明確化したモデルで導いているかどうかがポイントとなっている。「柴田・置塩の定理」も、新技術導入に関わる資本家の行動原理を反映したものとして、それ以前の「利潤率低落論」を超える枠組みではあったが、しかし、当然あるべき長期の賃金率の変

---

26)　以上の解説は置塩（1977）第 4 章第 3 節によった。

動は考慮の外であった。実は置塩自身も置塩（1965）第3章第4節で認めていることであるが、利潤率の傾向的低下にとって最も重要なのは実質賃金率の傾向的上昇という前提である[27]。実質賃金の動向をも論ずるマルクス派最適成長モデルを本書で導入した趣旨はここにある。

「ゼロ成長社会」としての資本主義後の社会

こうして資本主義的蓄積の一般的傾向をさまざまに検討したが、その最後に「傾向」の先にある状態を論じるのが自然であろう。そして、その状態は先に述べたように、純投資ゼロ、したがって成長率もゼロの定常社会であった。「社会主義」を定常状態として描く議論はワルラスやシュンペーターなどにも存在したが、そのイメージに回帰するということもできる[28]。本書では「資本蓄積のための社会」「資本蓄積が社会の第一義的課題となる社会」をもって「資本主義」と定義したから、こうして「資本蓄積ゼロ」となった社会は定義的に「資本主義後の社会」すなわち「社会主義」ないし「共産主義」となるからである。この社会では減価償却分を除きすべての純生産が直接に人間のための消費に回されるという意味で「人間中心」の社会ということができる[29]。そして、この結果、資本蓄積の過程を図4-5によって総括

---

27) 置塩（1965）はこのことを示すために実質賃金率決定に無関係な奢侈品部門の技術条件が利潤率に影響しないことを以下のような3部門モデルによって示した。具体的には、本項の2部門モデルに奢侈品部門の価格方程式を加えた

$$(1+r)(a_1 p_1 + \tau_1 R p_2) = p_1$$
$$(1+r)(a_2 p_1 + \tau_2 R p_2) = p_2$$
$$(1+r)(a_3 p_1 + \tau_3 R p_2) = p_3$$

で、奢侈品は添え字3で示されている。この場合、よく見ればわかるように、最初の2本の価格方程式のみでp_1/p_2の相対価格と均等利潤率rが決まる。そして、ここでそれらが決まった後でa_3やτ_3といった奢侈品部門の技術的条件が当該部門の価格p_3を決めるという構造となっている。これは、社会的な均等利潤率が最初の2部門の技術的条件と実質賃金率によってのみ決められることを示している。逆にいうと、技術が一定であれば実質賃金だけがそれを決めるということがわかる。

28) この社会が資本主義の成功によって初めて獲得されるという意味では、マルクスのヘーゲル弁証法解釈にも完全に合致している。マルクスはヘーゲル弁証法を「現存するものの肯定的理解のうちに、同時にまた、その否定、その必然的没落の理解を含む」（『資本論』第1巻、ディーツ版、28ページ）ものと理解したからである。

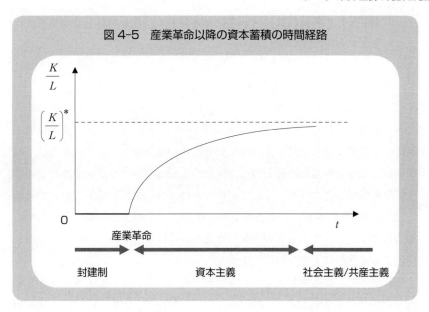

図 4-5　産業革命以降の資本蓄積の時間経路

することができる[30]。

　すなわち、封建制の社会は産業革命によって終了し、その後は資本主義社会が開始される。しかし、資本蓄積がほぼ終了して以降はもはや資本主義とは呼べない。通常の用語では「社会主義」ないし「共産主義」となる。本書が「資本主義終焉の証明」とするのはこの認識である。もちろん、ここでのポイントは資本蓄積に上限があるとの認識である。

　ただし、この説明にはいくつかの補足が必要になるが、その第一のものは「ゼロ成長」というものの幅と部分的な成長回復の可能性である。というのは、ここで「ゼロ成長」といってもそれは必ずしも完全な 0％成長を意味

29)　田添（2011）はこの問題をより厳密な計算によって「技術進歩に見合う資本ストック増を実現するための粗投資分を除きすべての純生産が直接に人間のための消費に回されるような社会」と定義し直している。
30)　この図で産業革命以降の資本蓄積スピードが高→中→低へと推移しているのは図 4-3 の帰結に依存している。そこでは $D \to E$ の鞍点経路が右上がりの半直線 $1-s$ で表され、（労働力配分上の）蓄積率の下落が示されているからである。

185

するのではなく、ある程度の低い成長を実現することもありうるからである。先の定常資本労働比率の計算結果

$$\left(\frac{K}{L}\right)^* = \frac{B\alpha}{(\alpha+\beta)\delta+\beta\rho}$$

にあるように、第1部門の全要素生産性 B や α といった技術の変化は資本蓄積の目標値を引き上げ、よってその分だけの成長をもたらす。ときに「技術革新は資本主義延命のひとつの方法である」といわれるが、それはこの意味で理解できる。ただし、それでもこれらは「目標値」に達して以降のその「目標値」自身の変更による蓄積であるから、本来の「目標値に至るための蓄積」とは違う。技術などの条件の変化なしには生じない、いわば偶然的な要因による蓄積にすぎないからである[31]。

　したがって、ここで想定している「ゼロ成長社会」としての先進諸国も厳密な意味での0％成長となっているわけではない。たとえば、アメリカは2000〜2010年の間に1.6％の実質経済成長をしているが、人口もこの間0.9％で成長しているから、我々の基準である1人当たり成長率に直すと0.7％程度であったという計算となる。これは「ゼロ成長」といいうる成長率である。実はアメリカの場合は他の先進国と違って移民など自国内に一種の「途上国」を持つ国であるから、その意味では「先進国平均」の成長率を上回ってもしかるべきである。逆にいうと、そうした条件を持っているにもかかわらず1人当たりで0.7％程度の実質成長しかできなかったということであり、「ゼロ成長」社会とはこうした社会をいうのである。

　しかし、それでもアメリカ経済は強いと長い間誤解され続けてきた。「ニューエコノミー」ともてはやされたクリントン時代がその典型であったが、実はあの時代こそドル高政策が継続され、産業競争力を失った時代であっ

31）　前の注と同趣旨から田添（2011）の計算に基づいて正確に表現し直すと、消費手段生産部門でも技術進歩が労働増大的に生じる場合、その技術進歩率に見合う社会全体の定常総資本ストックの増大が必要となる。これは「定常資本労働比率」の「労働」は効率単位で測られたものでなければならないと言い換えることもできる。

た[32]。そして、それは逆にいうと、実際の成長力とは異なる成長率を見かけ
のうえで維持するためのさまざまな措置をアメリカは講じ続けてきたという
ことになる。たとえば「ニューエコノミー」のドル高政策はドルのアメリカ
への還流を続けることを目的としていたもので、それによって初めて「金回
り」のショートを避けることができた。また、その後は、IT バブル、サブ
プライム・バブルといったバブル経済を捻出し続け（2009 年末以降に表面化
した欧州危機の背景にも不動産バブルがあった）、さらにはアフガン、イラク戦
争も無理な景気浮揚策であったと理解できる。そして、その「無理」の爆発
が 2008 年以来続くこととなったのである[33]。
　このように考えると、日本経済にも似たところの多いことがわかる。日本
経済は 1990 年前後からゼロ成長に移行したものと見られるが[34]、1980 年代
末のバブル経済は成長の無理な延命を図ったものであったと理解される。利
潤率の長期的な低落は有利な投資先の消失でもあるから、無理にも投資先を
探そうとする投資家の志向性はバブルを誘引する。また、「戦争」をこそ引
き起こしていないが、無駄な公共投資や人気取りの財政支出（「金持ち減税」
や高速道路無料化も一種の人気取りの財政赤字策である）やアベノミクスによる
人為的な円安政策も無理な景気浮揚策であったと理解される。財政出動は本
来「景気の平準化」を目的としたものであって、本来的な成長力（潜在成長
率）を左右するものではなかったはずである。しかし、そのことが忘れ去ら
れ、財政赤字が恒常化している。この破綻はギリシャ、ポルトガル、スペイ
ンやアメリカで先行しているが、日本にも早晩到来することは間違いない。
　したがって、この「ゼロ成長社会」についてどうしても補足しなければな
らない第二の点は、これらの諸国が「ゼロ成長」を甘受し、それに合ったまっ
たく違った社会を形成しなければならないにもかかわらず、それができてお
らず、逆に大きな諸問題を引き起こしているということである。これは体制

---

32)　この問題は大西（2003a）第 1 部参照。
33)　所収論文により多少の相違があるが、この認識は基礎経済科学研究所編（2011）の基本認識
　である。
34)　このことを投下労働量計算として示したのが田添（2015）である。

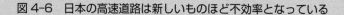

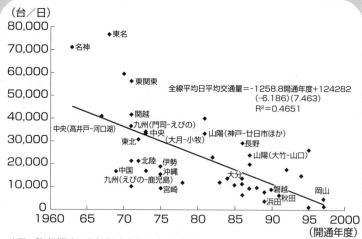

図4-6　日本の高速道路は新しいものほど不効率となっている

（台／日）

全線平均日平均交通量＝−1258.8開通年度＋124282
　　　　　　　　　　　　　（−6.186）（7.463）
　　　　　　　　　　　　　R²＝0.4651

（開通年度）

出所：『年報（平成11年）』（日本道路公団）より作成。
注1：部分開通したときを開通年度として表示している。
注2：平均交通量（1日）は、全線平均日平均交通量（台）であり、当該道路を利用した車両の走行
　　　距離の総和（台・km）／当該道路の道路延長（km）。
注3：98年度末時点で全線開通している主な路線の名称を表示している。

出所）　財務総合政策研究所（2001）より。

移行がいかに困難であるか、それには諸国民のいかに多くの努力が必要とされているかを示している。たとえば、アメリカにおいては最たる浪費としての戦争に反対する運動、日本においては無駄な公共事業を中止させる運動が常に展開されている。1999〜2001年における徳島県吉野川の可動堰建設反対運動に始まり、滋賀県の新幹線駅新設反対運動、神戸・静岡空港建設反対運動に至る各種の運動は大きな盛り上がりを見せ、そのうちのいくつかでは実際に建設を阻止している。これらは蓄積停止という全社会的な利益を担った運動であって、そのことは高速道路についての**図4-6**を見ることによっても確認できる。ここで各プロットは作図時点で日本に存在する全高速道路が何年に建設されたか、また1日・1km当たりの利用車両台数が何台であ

ったかを示している。当初に建設された高速道路は必要なもので今でも効率的に利用されていること、しかし最近になって建設されたものはあまり利用されていないことを示している。高速道路が天上の神によって無償で提供されるのならかまわないが、これもまた人間が労働によって建設せねばならないものである。とすると、その「効用」は建設費用という「コスト」と比較して測られねばならない。そして、そのバランスが大きく崩れてきているのである。いうまでもなく、本書が資本蓄積の停止がある時点で必要だと論じてきた論理そのままの事態となっている。

　特にこの点で特筆すべきは、東日本大震災による原発事故の影響である。それは原子力発電というものが持つ各種の問題点を暴いたと同時に、否応なく電力需要の削減を迫り、我々の生活スタイルの変革をも迫っている。原子力発電の持つ「コスト」の認識が深まった結果といえる。人々の意識の変化とは、常にこうしたショックを伴って生じるものである。

　なお、こうした変化がときに反科学主義的な偏りあるいはエコロジスト的な偏りを伴って進行することにも、社会変革とはそういうものだという意味で寛容でありたいと私は考えている。本書の論理から明らかなように、過剰な蓄積の阻止は反生産力主義的なものではなく、生産力主義的なもの、つまり便益／コスト比最大化のために求められているのであるが、人々の意識にはただ「贅沢は禁物」という節約主義的な心情としてのみ反映されがちである。この認識は誤りであり、我々社会科学者の誤解は許されないが、広範な人々の認識はそういうものである。この意味でドイツやフランスにおける「赤と緑の連合」のような政治ブロックの形成は十分考えられるオプションとなっている。本書の立場からすれば「資本中心の社会」からの転換をめざす闘争、資本主義を廃止するための闘争である。

　しかし、第三に、こうした要求が強力な運動なしに実現しないことに表されているように、抵抗勢力の力も大きい。なぜなら、投資的公共事業がいかに浪費となっていようと建設産業の利益は作り続けることであり、この利益を歴代自民党政権は代弁し続けてきた。特に地方における政治的対抗は多くの場合、この土建屋対住民という形をとってきた。これが現実である。

また、バブル経済は投資先のないような状況を許容できないアクティブな投資家（第1章第Ⅲ節の言葉では「資本主義的人格」）がもたらした帰結であるという側面もある。彼らは証券会社を通じて「有利な投資先」を毎日探し続けており、その圧力はちょっとした「有利さ」にも高値をつけてバブルを誘引する。あるいは、低金利政策などの人工的な政府政策を歓迎して政府をバブル政策の方向へ誘導する。この意味でバブル経済はアクティブな投資家たちの圧力の産物であるともいえる。このアクティブな投資家の主体は投資性向の高い富裕層である。ともかく、こうした一部の社会的勢力が社会の安定化をはじめとする社会全体の利益を損なっている。そして、これが社会内部の諸勢力間の対抗、大きくいうと階級闘争として繰り広げられることとなるのである。

　もちろん、この対抗は企業の中においても行なわれる。マクロレベルでの投資から消費へのシフトはミクロレベルでの賃上げをも含むからであり、そのためには労資間の力関係も変化しなければならない。そして、「ゼロ成長」でも完全雇用が実現されるようになるためには、ワークシェアリングを含む労働時間の短縮も必要となろう。これらが「階級闘争」であることはいうまでもない。ちなみに、マルクスは未来社会における生産力発展とは剰余労働の増大ではなく、自由時間の拡大であると述べている。「ゼロ成長」後の社会とはそうした社会というのが本書の立場である。

　ただし、こうしたさまざまな抵抗を乗り越えるためにもゼロ成長という条件が重要なことも付言しておきたい。そのために今、本書第1章第Ⅲ節で用いたモデルのプレイヤーを次の**表4-4**のように資本家階級と労働者階級の2主体に置き換えてみよう。ここでは労働者の協調、資本家の非譲歩がもともとの両者の利得 S_w, S_c を g だけ増大させるものとしている。これは経済成長の成果が同じ割合で労働者にもトリクル・ダウンする状況を表している。

　しかし、労働者はトリクル・ダウンを期待するよりは闘争によって利益を得る方法を選ぶかもしれない。この表では第1章第Ⅲ節モデルと同様、労働者の運動参加による成果が F だけ労働者側に発生するとし、さらに資本家側の譲歩によっても同額の効果があるとしている。もちろん、この際には、

表 4-4　労働者階級が闘争参加する状況に関する資本家／労働者階級の利得構造

労働者階級の選択		資本家階級の選択	
		譲歩	非譲歩
労働者階級の選択	闘争	$S_w+2F,\ S_c-2F$	$S_w+F,\ S_c-F$
	協調	$S_w+F,\ S_c-F$	$(1+g)S_w,\ (1+g)S_c$

資本家の取り分はその同額分減少する。

　こうした利得構造ではどういう選択が両階級によってなされるだろうか。まず資本家階級について見ると、労働者がどのような対応をしても譲歩することは利益になっていない（この状況を「支配戦略」という）。つまり、両階級の利害は本来非和解的であるということであり、この結果、資本家階級は「非譲歩」を戦略として選択する。したがって、労働者は資本家のこのような態度を前提に自分たちが採る戦略を考えることとなるが、それは結局 S_w+F と $(1+g)S_w$ のどちらが大きいかによることとなろう。要するに協調による利益(g) か闘争による利益(F) かの選択であって、F が大きくなればなるほど、g が小さくなればなるほど、闘争による利益の獲得が有利になることとなる。そして、ここで本書として重視したいのは成長率 g である。高成長時には協調によるそのメリットも大きかったが、ゼロ成長となるとそれは原理的には不可能となっている。企業レベルではある程度あっても、少なくともマクロ的にはほぼ消滅しているからである。F の余地もゼロ成長経済でかなり縮小しているが、ゼロ成長が社会体制の転換を求めるとはこういう問題なのだと確認しておきたい。

　しかし、第四に、こうして「ゼロ成長」になり、消費に多くの富をまわすことができるようになると、そうやってエンパワーした人間が生み出す生産物の質が変わってくる。機械によって筋肉労働が縮減されたのと同様、ただ神経をすり減らすだけの神経労働[35]もコンピュータによって削減の方向に向

---

35)　この神経労働と筋肉労働を合わせたものが肉体労働であり、ともに精神労働の対概念である。

かうと、唯一残された人間の主要な労働は広義のデザインと意思決定労働の
みとなる。そして、このパワーをうまく使った企業のみが競争で生き残れる
ような圧力が働くかもしれない。つまり、「人間にでなく機械に」がスロー
ガンであった資本主義の投資先は、「機械にでなく人間に」というポスト資
本主義のものに変わる。

　実際、よくよく思い出してみれば、こうした生産力の主要な根源の変化な
しに本当の生産様式の変化はないというのが、前章冒頭での資本主義の定義
のインプリケーションであった。熟練が重要ならその形成に社会的諸資源は
集中されるが、機械が重要ならその蓄積に社会的諸資源は集中される。もち
ろん、その「機械の重要性」にも目標値たる上限があるが、その目標値に達
した後は機械ではない別のものがより大きな重要性を持たなければならない。
とすると、その「機械ではない別のもの」とは広義のデザインと意思決定で
役割を果たす人間の能力、人間にしかできない非機械的な能力＝「個性と創
造性の生産力」に違いない[36]。こうした生産力的なレベルでの質的根本的な
転換が資本蓄積の量的達成によって得られるということが重要なのである。
こうして「生産力の質」の転換が生産様式の転換をもたらすのである[37]。

　なお、ここではこうした「個性と創造性の生産力」が労働する諸個人と切
り離せないことにも注意しておきたい。前章末の「小売業における「産業革
命」と資本主義化」のところで強調したように、主要な生産力が人間の内に
あるか外にあるかは、資本の指揮権が発動しうるかどうかを直接に左右する。
その意味では「個性と創造性の生産力」は資本主義によって奪われていた生
産力を労働者が取り戻したものと理解できる。そして、このときには労働は
真に自己実現的なものとなり、忌避すべき対象ではなくなり、よって労働の
供給量も増大するだろう。この意味で労働者の真の解放＝資本主義からの離

36）　これらの能力のいくつかは発達した AI によって代替されようが、完全にはなされない。その
　　意味で AI もまた機械の一種にすぎない。この点は友寄（2019）参照。ただし、最新の ICT 技術
　　は諸個人が少額の費用で高能力の生産設備資本を持てるようにしたことを意味する。この生産関
　　係的意義は資本主義の存続をも左右する。この点は本書第 1 章第 I 節第 3 項を再読されたい。
37）　私がこの点を論じたのは早い。大西（1991）および大西（1992）第 2 部参照。当時はこうし
　　た社会の変化を「ソフト化社会」と論じた。

脱とはこうした労働の内容自体の変化をも内包しなければならないのである。

　ただし、この点と関わって最後に述べておきたいことは、このような変化の「抗争交換理論」的な意味合いである。本書第３章第Ⅰ節で見たボウルズの「抗争交換理論」では、労働契約の不完備性が「抗争」領域の発生の条件となっていたが、その度合いは資本主義の発展度合いによってそれぞれに違っていたからである。まず最初に「機械制大工業」を想定すると、そこでは労働は機械によって完全にコントロールされ、「不完備」となる条件を持っていなかった。つまり、完全な労働指揮が成立し、労働者が現場において労働努力を選択する余地がまったくなかったからである。しかし、事務労働、販売労働など「サービス労働化」の進行は労働契約の不完備性を増大させ、労資の「抗争」領域を生成させる[38]。そして、これは労働者に労働努力の程度を選択する余地を与え、その限りで機械制大工業下のそれより労働密度＝実質的な労働供給量は減少する。事務労働、販売労働など各種サービス労働の機械化はこの危機への資本家的対応策としてある。ただし、もし、労働が上述のように真に自己実現的なものにまで発展するのであれば労働者の労働供給は自発的なものとなり、そこでは監視コストも失業も労働の強制手段とはならず、つまり、社会的に不要なものとなる。このように機械制大工業→サービス労働化→「個性と創造性の生産力」といった順で社会の成熟は徐々に進行することになると思われる[39]。

後発国による先発国へのキャッチアップを説明

　ところで、こうした資本蓄積の上限論は後発国の１人当たり所得が先発国のそれに追いつこうとする現在の状況をよく説明することができる。どの国もが資本蓄積の進行にしたがって資本蓄積率と成長率を下げるのであればこれは当然のことであり、その典型的な例は時間選好率と生産関数で表現され

---

38)　この意味で実は「抗争交換理論」は非機械制大工業的な状況をも包摂・説明しえて初めて労働指揮権＝「強制」の存在を明示しえた理論だといえる。
39)　機械制大工業から成熟社会への労働の変化をこの「抗争交換理論」から整理したものに田添（2016）がある。

る技術的条件を等しいものと仮定した図4-7によって示すことができる。ここでは後発国が成長を開始できないでいる間は、先に成長を開始した先発国との間で格差が拡大するが、その後、後発国も成長を開始した時点で格差は縮小に向かい、最終的には資本労働比率が同じところにまで至ることになる。そして、実際、中国を筆頭とするアジア諸国はその傾向を明確に示せており、考えてみれば明治維新期の弱体な日本が一端の先発国となったというのもそのひとつの実例であった。ある時期までの格差の拡大とその後の縮小はクズネッツ・カーブとしてよく知られているが、その関係がここで示されているのである。なお、この現象はレーニンがその主著『帝国主義論』で主張した「世界資本主義の不均等発展法則」にも通じる。レーニンの不均等発展論は先発国が後発国に投資をするという国際資本移動に注目したものであったが、その根拠となっていたのが、後発国における資本蓄積の不足とそれによる利潤率の高さであったからである[40]。世界大のレベルでの国家間格差は一方的に拡大するとの議論が「従属学派」と呼ばれる左派理論によって主張されていたが、その局面を越えて世界は進んでいるのである[41]。

　しかし、以上の結論は諸国の技術的条件と時間選好率が同一であるとの仮定の上に成り立つものにすぎず、よってもし諸国間にこれら諸条件の格差があればそのようにはならない。たとえば、図4-8は先発国の時間選好率が低く後発国のそれが高い場合、さらに図4-9はその逆のケースを示しているが、どちらも最終の定常化時点で格差が残っている。そして、実際、このような事例は現実に存在する。たとえば、いったんは成長をしたが、その後、キャッチアップを停止したかに見えるラテン・アメリカ諸国の状況や、逆に先発途上国を追い越しつつある中国のような事例である。特に、時間選好率の格差は異なる諸民族によって構成されている諸国家間の格差を説明するだけではなく、一国の国内における諸民族間の格差をも説明していて深刻であ

---

40)　大西（1998b、2003a）、Ohnishi（2010）など参照。
41)　国家間だけではなく地域間にも格差の拡大と縮小の2局面は存在する。たとえば、中国の省間格差は当初の拡大局面から現在は縮小局面に転換しており、そのメカニズムは早くには毛（2003）により、後にOhnishi（2007）によって分析されている。

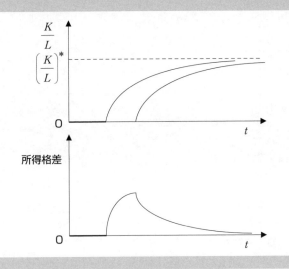

図 4-7　先発国と後発国が同一時間選好率の場合の成長経路と所得格差

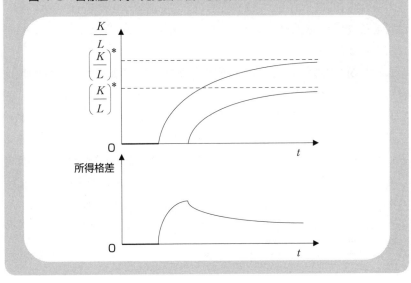

図 4-8　目標値の高い先発国と低い後発国の場合の成長経路と所得格差

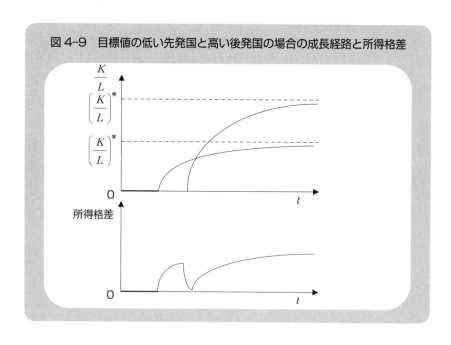

図4-9 目標値の低い先発国と高い後発国の場合の成長経路と所得格差

る。アメリカにおける白人と黒人の間の格差、中国における漢民族と少数民族の間の格差は基本的にこのようなものとして説明されよう。そして、もし時間選好率が諸民族に特有な文化として変化しないのであれば、これは格差が永遠であることを示すこととなる[42]。

したがって、こうした長期の格差の変動にとって時間選好率（割引率）は特別に重要な要因としてあるが、そうして時間選好率に注目すると、これにもある一定の歴史法則が存在する可能性を指摘できる。「遅れた」民族が近代資本主義に対応すべく将来重視の方向に時間選好率を変更する（より企業家的となる）ような変化がそのひとつであり（中国の少数民族は現在この変化の過程にある）、他方でより成熟した社会における逆の動きである。たとえば、人々の歴史的な個人化＝個人主義化によって遺産を残さず使い切ろうとするような態度に変化して来ているという問題である。また、それ以前に経済の

---

[42] この認識のために私は民族矛盾の分析に特別の努力を払ってきた。たとえば、大西編（2012）参照。

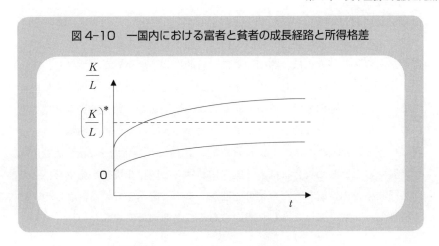

図4-10　一国内における富者と貧者の成長経路と所得格差

ゼロ成長化は人々の未来志向的＝投資的な態度をなえさせるかもしれない。これはこれで積極的な歴史変化である可能性もある。

　しかし、いずれにしても、以上のような格差変動はその縮小を基本としていて「拡大」ではない。図4-7、4-8の場合は特にそうで、図4-9の場合も先発国・後発国ともにそれぞれの「目標値」まで資本蓄積を完成させるからである。ただ、こうした状況は「国」と「国」の間では成立しても、一国内での富者と貧者の間では通常生じないことも重要である。たとえば、図4-10のように貧富格差のある２つの集団の格差は出発時点でも最終時点でも２倍のままであるようなケースがそれであり、もし両主体の人数が同じであれば、社会的平均的に目標とされる蓄積水準と等距離に両主体の最終的な蓄積水準が決められることとなる。図中の $\left(\dfrac{K}{L}\right)^*$ の点線はそのことを示している。これは社会的に決められる利子率は社会全体の蓄積水準とそれが決める限界生産力の状況を反映していることによるもので、両主体はともにそれで決まる同一の利子率を見て投資判断をするからである。逆にいうと、両主体が別々のものを生産し（双方が相手の生産物の生産に乗り出せないといった社会的制約があり）、したがって、貧者の限界資本生産性が常に富者のそれより高く維持される場合はこの限りではない。しかし、それは現在の資本主義

経済では一般的ではない。

　この思考実験は諸国間の一般的な格差の縮小の原因を明確化するうえでも意義がある。というのは、諸国間では一般的に利子率が異なっており、諸国の主体は自分たちが達成した資本蓄積のレベルだけに依存した利子率に直面しているので、他国の資本蓄積の状況には一切関係なく独自の資本蓄積を進めることによって一般的なキャッチアップができているからである。これは逆にいうと、EU のように中央銀行が統一されたり、諸国を跨る金融市場が発展するなどした場合には、一国内におけると同様な現象が発生し、それが諸国間格差の持続をもたらす可能性があることを示している。近年のグローバリゼーションにはこうした側面のあることも知っておきたい。

市場の中のポスト資本主義企業──株式会社社会主義論

　こうして従来とかなり違った形で「資本主義後の社会」をイメージすると、改めて考えてみる必要が出てくるのは、「生産手段の社会化」をもって「社会主義／共産主義」としたマルクスの議論との関係である。そして、それは当初は「国有化」であるとされたから、①「国有化」論はどうなったのかという問題として、また②それに代わる代表的な経営組織であるところの株式会社制度をどう考えるのかという問題として整理すると、次のようになる。

　まず、伝統的な「国有化論」は旧ソ連・東欧の崩壊以前から資本主義諸国のマルクス経済学界では放棄されていた。旧ソ連・東欧・中国などにとどまらず「資本主義諸国」における国有企業にも非効率性が目立っていたからであるが、さらにいえば、企業システムにとどまらず政治や市民社会の分野での国家の否定的現象へのネガティブな評価もあった。そして、その結果、協同組合社会主義論や自主管理社会主義論といった別種の経営システムに未来を託そうとする流れと、「国家所有」によらない国家的コントロールの方法を模索する流れが生じたが、現実的にいって、協同組合や自主管理企業が社会の多数派となることは考えられないから、基本的な流れは後者の延長の「民主的規制論」というところにあった。実際、そういう私もまた大学院生当時は、その「民主的規制論」の中核を占めた置塩・野澤編（1982、1983）

の研究グループの一員として活動を行なっていた。

　しかし、その中核グループに属していたがゆえに知ることとなったのは、この考え方自体が持つ問題点であった。というのは、「規制」は企業活動の「制約」（下方への圧力）には効果があっても、必要な事業分野を新たに開拓したり、投資や雇用、生産の増加を強制することは実際には不可能であるからである。実のところ、この「民主的規制論」を理論的にリードした置塩（1957）の議論は、投資や雇用、生産の決定に国家が介入しさえすれば「所有」がなくてもよいという結論を帰結したが、では実際にどう介入するかの具体的議論はなかった。法律で何かの原料を使用することを禁止したり、投資・雇用・生産の下方修正はできても、たとえば会社役員が嫌がる生産や投資を企業にどう決定させるのか、その決定に政府役人がどう関与するのかといった問題を具体的にイメージすることはできない。このことは、「景気回復」が叫ばれた時期に「規制緩和論」こそが世の中心的な議論となったことからも想像できる。

　したがって、「国有化」に限らず、市場メカニズムを制限・制約する方向での議論は後退を続け、マルクス派の中でも議論の中心は「企業の社会的責任」や「コーポレート・ガバナンス」の改善、あるいは企業のアカウンタビリティー（説明責任）ないし内部情報開示（ディスクロージャー）といった市民社会へのオープンネスの問題に大きくシフトしている。運動的にも「株主オンブズマン」といったような非国家的かつ株主権限活用型のものが生じていることも、企業規制のあり方が変わってきていることを示している[43]。

　しかし、こうしたトレンドを本書が特に重視したいと考えるのは、上場企業に各種内部資料の公開を義務づけ、さらにその範囲を拡大しようというこの変化は、それら企業を一種「社会的所有物」とみなしたものと理解できるからである。つまり、これは「所有者」でなくとも企業がどのような活動をしているかを知りえるようになることを意味し、実際、情報公開さえ十分にされれば、政府役人の立ち入りがなくとも企業は問題行為を行なえないであ

---

43)　「株主オンブズマン」については、森岡（2000）、株主オンブズマン（2002）など参照。

ろう。また、障害者雇用などの実現も政府役人の行政指導よりも障害者雇用率を公表させさえすれば十分である。その意味で情報公開の圧力は無視できないのであるが、これは結局ウォッチングという方法によって社会の全構成員の意志を企業に反映させるという意味で「企業の社会化」といえる。つまり、「社会化」といえばすぐ狭義の「所有変革」だけを思い起こすのではなく、何が全社会構成員の意志を実際に反映できるのか、ということこそが考えられなければならず、もしそうするとまったく別の「社会化」概念＝「社会主義」という言葉の語源を形成する概念に行きつくことになるのである。

　ところで、こうして情報公開に注目すると、この公開義務は株式会社制度、特に株式上場制度と深く結びついていることがわかる。大衆株主が株式市場に上場された株式を売買する制度が有効に機能するには、企業業績が正しく公共に知られる必要がある。それによってはじめて「潜在的株主」としての全社会構成員が、当該企業の株式を購入したり売却したりできるからである。そしてこれが重要なのは、このときこうした売買の結果、企業業績が良ければ株価は上がり悪ければ下がるから、そうした株価動向は経営者の経営手腕の良し悪しを直接に反映し、よってときに経営者の「すげ替え」を招く。このために経営者は必死で企業業績の改善にいそしまなければならなくなるのである。こうして経営者は全社会構成員の日々の厳しい監視のもとに置かれている。これが「会社が全社会構成員のコントロール下に置かれる」ということである。政府役人の監視ではなく、全社会構成員の監視のもとに置かれることになっているのである。

　このように考えた場合、問題となるのはこの情報公開＝「監視」が株主権限にその根拠を置いているということである。「株主権限」を「潜在的株主としての全社会構成員の権利」に拡張する試みであるから、これは「企業を労働者のものに」という「社会主義的理念」とは異なった思想的起源を持っているように見えるが、私の考えでは「社会主義的理念」とは厳密にはその企業で働く労働者の統制権ではなく、「社会の統制」をこそ重視するものであった。それでこそ真に「社会化」といえるというのが本書の立場である。もちろん、そこで働く労働者の権利も重要ではあるが、それは全社会構成員

の利益を代表した経営者との交渉の中で実現されるべきものであり、もっというと、彼らを大事にすることが資本の蓄積よりも重要となるような生産力的な転換によってはじめて実現されるべきものである。この意味で経営者の経営手腕の監視は、直接には全社会構成員によるものこそが本来の「社会主義」理念に適合的であると本書は考えている。

　しかし、ここまでの認識がマルクスにはなかったことも事実である[44]。マルクスは新しく登場した株式会社制度を早くもその時期に「私的所有としての資本の廃止」、「直接的社会所有としての所有に再転化するための必然的な通過点」、「これまではまだ資本所有と結びついている再生産過程上のいっさいの機能が結合生産者たちの単なる機能に、社会的機能に転化するための通過点」[45]と高く評価したが、それでもまだ証券取引については批判的であった。しかし、エンゲルスはそのマルクスの記述に対して「『資本論』第3部への補遺」で次のようにコメントしている。

　エンゲルスはまず、1885年以前にマルクスが執筆したときには「取引所はまだ資本主義体制のなかの二次的な要素」であって「当時はまだ、証券取引所は、資本家たちが彼らの蓄積した資本を互いに奪い合う場所だったのであり、それが労働者に直接関係があったのは、ただ資本主義経済の退廃的な一般的作用の新たな証拠として」でしかなかったとの認識を示す。しかし、そのうえで、「今はそうではない」という。つまり、「1885年以来一つの変化が生じて、それが今日では証券取引所に著しく高められた役割を与えており、しかもその役割はますます大きくなりつつある。そして、この変化がさらにいっそう発展すれば、それは工業も農業も含めての全生産を、また交通

44)　本書の体制移行論が一般のマルクス主義と異なるのは、この株式会社社会主義論も含めて新しい生産様式への移行が漸次的に行なわれるということにある。従来のマルクス主義は新社会の誕生が「国有化」によってしかなされないと考えたので、体制移行には権力奪取が先行しなければならないとしたが、本書における新生産様式への土台の移行論は権力機構とは無関係に、それに先立って始まるというものである。そして、そうした新しい生産様式がマジョリティーとなったときに権力機構にも変化が生じ、土台の転換が促進されるようになる。こうした権力移行論は、資本主義に先立つすべての移行で存在したものである。資本主義からポスト資本主義への移行もまた、例外ではないというのが本書の立場である。

45)　マルクス『資本論』第3巻、ディーツ版、453ページ。

手段も交換機能も含めての全交易を、証券取引業者の手に集中して行く傾向があり、こうして証券取引所は資本主義的生産そのものの最も際立った代表者になるのである」[46]と述べているのである。

確かに現在もなお不祥事や不正の絶えない証券市場ではある。また、もっと本質的なレベルで「株主権限」には、企業の発展を逆に阻害するようなケースのあることも知らなければならない。たとえば、以前、ライブドアがニッポン放送の子会社化を通じてフジテレビ株式の多数派となろうとしたとき、ニッポン放送＝フジ側が反発した理由の一部には、この「買収」がライブドア側には利益でもフジ側には不利益であるとの判断もあった。これは「所有者」＝多数派株主となった者たちが「所有者権限」で当該企業の不利益な決定をもできることを示している。

もうひとつ海外の例を挙げよう。それは、バルカン・ブルガリア航空が外国のユダヤ人企業に買収された後に全資産を売り飛ばされてしまったという事例である。東欧革命後、それら諸国の国営航空会社が私有化されるのはよいとしても、唯一の航空会社のような企業までが外国企業に売却されるに至り、その外国企業が真面目に経営するのではなく、その買収額を超える企業の海外資産に目をつけてそれらを売り払い、最後にはこの会社を解散してしまったという話である。ブルガリア航空は世界に支店を持っていたが、その資産が株式買収額を上回っていたためにこのようなことになったという。

「敵対的買収」とカテゴライズされる買収は基本的にこのような本質を持ったものであり、これは諸企業がそれぞれの利益のために自発的に合併や吸収を選択するのとは異なっている。この意味で、このような「敵対的買収」は企業社会の全体としての発展に寄与しない。こうして「所有者権限」は無制限であってはならないこと、また特に後者のような投資ファンドの行動を制約しなければならないことがわかる。

一般に「株主」が株式保有者になる目的には、①配当ないしその関数としての資産増と、②乗っ取りとがあるが、この「敵対的買収」の問題は①は認

---

46) マルクス『資本論』第3巻、ディーツ版、917ページ。なお、以上の点は小栗（2005）から多くを学んだ。

められても②は制限されなければならないことを意味している。言い換えると、ある株主権限（ある種の私有財産権）には経済発展を阻害する否定的な要素が含まれているにしても、別の株主権限（別種の私有財産権）に問題があるわけではない。特にここで重要なのは、一般の大衆株主にとっては①は目的となっても、②は決して目的とはなっていないことである[47]。

　したがって、「株式会社制度」にはその発展によって新たな可能性が拓かれるとしても、やはり依然として改善されるべき問題が存在する。しかし、このことを逆にいうと、大衆株主の利益を守りながら、株式会社制度の改善が行なえることを示している。こうした方向性で、市場システムを前提とする真に「社会化された（企業による）社会（socialized society）」、すなわち「社会主義社会（socialist society）」の建設を構想することが可能である。

　なお、以上のような「企業の社会化」は基本的には大企業をイメージしているが、社会には大企業ばかりが存在するわけではない。「企業規模」自体も実は経済学の重要な研究対象であり、本書では補論3でやや体系的に扱い、また個人農業の安定性については210ページの注54で扱っているが、そこでいわんとしていることは、一定の条件さえあれば企業規模（あるいは規模格差）が縮小しうるということである。マルクスも含めこれまでのほとんどのマルクス経済学は「規模のメリット」のもとで企業規模の拡大傾向を疑わなかったが、それはこれまでの時代に「規模のメリット」が大きかったというだけで、将来の技術体系もまたそのままであるかどうかはわからない。これは特に前項で述べた非機械的な「個性と創造性の生産力」の時代にはいえそうなことである。ただし、もちろんいくつかの産業では大企業が必ず残る。そして、そのためにその「企業の社会化」は重要である。本節で述べた株式会社社会主義論はそうした部門の話と理解されたい。

47）　ここではこうして、②には問題があっても、①には問題がないと基本的に主張するものであるが、①の要求を政策当局が過剰に満たそうとするとき、金利引き下げ圧力がかかる危険性をも知っておかねばならない。つまり、強くいうと「バブル」の志向性である。基本的に労働所得のみで生きる人々はそのことに利益を持たないが、証券価格の騰貴に利益を有する人々にはそうした低金利への志向性が存在する。これにはまた独自に注意が払われなければならない。

Ｖ　原始的蓄積と国家資本主義

原始的蓄積論の課題と賃労働者の強制的形成

　以上を通じて資本主義成立後の再生産の全体が示された。しかし、この再生産は蓄積資金のあることを前提とし、その蓄積資金は資本主義的生産を前提とするが、また逆にこの資本主義的生産は大量の資本と労働力の存在を前提にする。この前提関係は一種の悪循環をなしているから、これから脱するには資本主義的蓄積に先行する蓄積＝原始的蓄積（本源的蓄積とも訳される）を想定しないわけにはいかない。

　この原始的蓄積が資本主義擁護派の経済学で演じる役割は、神学で原罪物語が演じる役割と同じである。なぜなら、彼らは一部の資本家が楽をして暮らせるのはなぜかを説明しなければならず、それを「勤勉で賢くてわけても倹約なえり抜きの人」（『資本論』）だからとするからである。あるいは、逆に労働者が楽をできないことをも説明しなければならないが、それを彼らは労働者が「なまけもので、あらゆる持ち物を、またそれ以上を使いつくしてしまうくずども」（『資本論』）だからだとするからである。実際のところ、そうした事例——勤勉な自営業者などが自力で初期資本を蓄積するという例——が一部にあることは否定できないのではあるが、しかしそれはやはり一部であって多くの場合、国家の強力な介入かあるいは何らかの幸運によってはじめて初期資本が形成されている。

　マルクスはいう。「現実の歴史では、周知のように、征服や圧制や強盗殺人が、要するに暴力が、大きな役割を演じている。おだやかな経済学でははじめから牧歌調がみなぎっていた。はじめから正義と「労働」とが唯一の致富手段だった。……（しかし——引用者）実際には本源的蓄積の諸方法は、他のありとあらゆるものではあっても、どうしても牧歌的ではないのである。」[48]

　そのひとつは、生産者が生産手段への封建的な束縛から自由になることに

---

48)　マルクス『資本論』第1巻、ディーツ版、742ページ。

よって、資本に自由に雇われうる存在となったということである。これは資本が資本として蓄積を開始するにあたっての前提条件であり、①職人たちが同業組合による徒弟・職人規則などの労働規定から自由になって自分の労働力を自由に販売できるようになること、あるいは②農民が農奴制による土地への緊縛から自由になること[49)] [50)] を意味するが、こうして「自由になる」との表現はあまりに事態を美化しがちである。それはたとえば、②の過程が農民たちの悲劇として進行したことを見ればわかる。その典型はイギリスにおける 2 度の土地囲い込み運動（エンクロージャー運動）であった。

　この最初のエンクロージャー運動は、15 世紀の最後の 3 分の 1 期と 16 世紀の最初の数十年間に展開された。それは当時の羊毛マニュファクチャーの興隆とそれによる羊毛価格の高騰に呼応して、貨幣欲求の強い新しい貴族層が耕地の牧羊場化を推し進め、そのために不要となった農民を土地から排除するものであった。当時の封建王政は当初、このような人口削減的な牧羊経営に対して法を制定して抵抗したが、王が代わると逆に最大の封建領主であるカトリック教会の領地から教会勢力とともに農民までを排除することとなった。

　また、続く 1660 年の王政復古で復活した元の領主はもはや単なる封建的諸権利ではなく土地への近代的所有権を要求し、その結果として農民たちがもともと持っていた土地の下級所有権は廃止された。つまり、農奴としての権利を喪失して小作の地位に没落させられたのである。その後の名誉革命（1688–89 年）では、こうして近代化した旧領主層が今度は地主的・資本家的利殖者として国有地の贈与と捨て値での取得を得ている。

　他方、農民たちの生存の基礎でもあった共同地を彼らが喪失する過程は15 世紀末から進行していたが、18 世紀になるとそれが法律によってなされ

---

49)　マルクス経済学ではこの①、②をまとめて「生産手段からの 2 重の自由」と呼んでいる。

50)　マルクスは『資本論』第 1 巻第 24 章＝原始的蓄積章では「イギリスでは農奴制は 14 世紀の終わりごろには事実上なくなっていた。……15 世紀にはさらにいっそう、人口の非常な多数が自由な自営農民からなっていた」（ディーツ版、744–745 ページ）と述べているが、ここでの「農奴制」は金納隷農制を除く狭義のもので、広義の農奴制は残っていた。この認識は中村（1977）による。

るようになる。それが「共同地囲い込み法案」であった。イギリス史では15～16世紀の牧羊場化を「第1次エンクロージャー運動」、18世紀の議会立法による共同地の喪失を「第2次エンクロージャー運動」と呼んでいるが、ともに農民たちの悲劇として事態が進行した。また、この初期の一時期を除いて常に国家の暴力・強制が梃子となっていたことが重要である。そして、この特徴は農民たちが生産手段から切り離された後での労働の強制という形でも貫徹されている[51]。

　この強制は、西ヨーロッパ全体にわたって15世紀末から16世紀末にかけて制定された浮浪者＝失業者取締りの諸立法によって開始された。これは、手工業部門の労働需要増が農地から追い出された農民の増加に追いつかなかったことに起因しているが、その結果として「浮浪」せざるを得なくなった失業者を強制的に労働者とさせるための諸立法で、たとえば1530年にイギリスで制定された法では老齢で労働能力のないために「乞食免許」（乞食をするための許可証！）を取得した者以外は逮捕されて鞭打ちと拘禁がなされる。そして、後に強化された同法では2度目の逮捕では鞭打ちに加えて耳を半分切り落とす、3度目の逮捕では死刑に処するというものになっている。これらが「救貧法」という名前の法律で施された「救貧政策」であったということが重要である[52]。

　さらにイギリスの1547年の法律は、労働を拒否する者は彼を告発した者の奴隷にならなければならないというものであった。この奴隷主はパンと水と薄いスープと少しのくず肉を施す義務を負う一方で、労働強制のために鞭打ちし、鎖につなぐ権利を獲得した。そして、この奴隷は2週間仕事を離れれば終身奴隷の身分に落とされて額か背にS字を焼き付けられ、逃亡をした場合には死刑に処される。奴隷たちが奴隷主に逆らって何かを企てればやはり処刑される。家のない失業者が3日間何もしていないことがわかれば出生地に送られて、今度は胸にV字を焼き付けられたうえにその地で鎖につながれて労役を強制される。もし彼が嘘の出生地をいえば、S字を焼き付けられてその地の終身奴隷となる。誰でも彼らからその子供を取り上げて男は24歳まで、女は20歳まで徒弟として使うことができる。もし彼らが逃亡す

れば、この年齢になるまで親方の奴隷にされてしまう。そして、この奴隷主は自分の奴隷の首や腕や脚に鉄の環をはめることができる。

---

51) こうして原始的蓄積の問題は農民層の没落と深く結びついている。そして、そうであれば、先の図4-10のような「格差不変」の国内的成長経路上でも農民層の没落、その労働者化、一部農民の資本家化とその成長の途上で社会全体としての格差が上下動することがわかる。それを模式化したのが次の図4-11である。

　図中の３階級のうち、労働者と資本家の経路は図4-10とまったく同じであるが、ここに所得不変の農民階級を入れると非常に興味深く、また現実的でもある所得格差の変動経路を表現することができる。具体的には、図4-11の横軸下に示した５つの局面はそれぞれ
局面① エンクロージャー等の農民収奪で一部農民が没落する狭義の原始的蓄積過程。この過程では農民は没落者と没落しない者に２分されるので格差は拡大する。
局面② 没落した農民が無産者となり、資本家に労働力を販売する。それによって資本家は利益を得るが、同時に資本蓄積も進行するので資本家・労働者の双方の所得が増大する過程。ここでは農民と労働者の所得格差が縮小するが、この両者は社会の多数者なので社会全体としても所得格差は縮小する。
局面③ 資本制部門の発展によって労働者所得が農民所得を上回り、格差が拡大する。
局面④ ただし、一方で資本制部門の大幅な拡大は農民人口を激減させるため、農民所得の重要性は長期には減少する。そのため、この新しい局面では所得格差は縮小する。
局面⑤ もし農民階級が完全に消滅するなら、それ以降の所得格差変動は図4-10とまったく同じとなる。すなわち、所得格差不変の状態に入る。

図4-11　原始的蓄積期とその後における３階級の所得変動

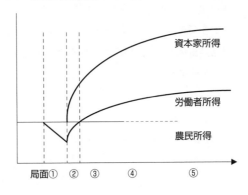

52) 同様の制度が何と現代のアメリカでも存在する。堤（2008）によると現代のアメリカでは三振法（３回目の罪状がどんなに軽微でも３回有罪判決を受ければ終身刑）が各地で制定され、単に救貧費用を減らしたり労働力を陶冶したりするというより、刑務所に入れられる囚人労働人口を積極的に増やして途上国以上に安価な労働力作りを行なっている。

続くイギリスのエリザベス女王時代（16世紀後半）の法律も、基本は同じ
ものであった。違ったところといえば、焼き印を押される場所が耳たぶに変
わり、かつ「2度目の逮捕」でも2年間彼らを使おうとする者がいない場合
は死刑に処せられるというように処刑が早まったくらいである。マルクスは
「浮浪人たち（家を持たない失業者のこと——引用者）が列をなして絞首刑に
された。当時は、どこかで300人から400人が絞首台にのせられない年はな
いというのが普通だった」との状況記録を引用している[53]。また、さらにジ
ェームズ1世の治下では、上述の鞭打ちの権限が治安判事に与えられ、「矯
正不可能な危険な浮浪者」への新たな措置が決められている。彼らに焼き印
される字は今度はRで、この場合は「再犯」で死刑となった。これらの法
律は18世紀の初期まで有効であった。なお、同様の法律はフランスでもほ
ぼ同時期に立法されている。

　最後に、今度は「浮浪」ではなく実際に働いている労働者へのさまざまな
強制法にも言及しておきたい。この一部はすでに本書第3章第Ⅱ節の労働時
間のところで紹介した最低労働時間の規制法であるが、これらの法律は労働
時間面で労働者への労働の強制をしただけではない。都市でも農村でも法定
賃金率が決められ、この賃金率以上に支払った雇い主は何と10日の禁固刑
に遭い、雇われた側は21日間の禁固刑を受ける。1360年の法令はいっそう
厳しく、雇用主が労働を強制する際に肉体的強制を行なう権利を与えた。ま
た、石工や大工を団結させるようなすべてのものは無効とされ、一般に労働
者の団結は1825年まで重罪とされた。これらはすべて賃金はいくら低くて
もよいが、その最高額は国家によって決められねばならないという考えによ
っており、1859年までは一部の団結禁止の法制度が残されていたのである。
また、1871年には労働組合がついに法的に承認されるが、同時に制定され
た法律ではストライキやロックアウトも治安判事の判断で刑法違反とされう
ることを認めるものであった。これはグラッドストーン内閣という比較的進
歩的といわれた内閣での法令である。そして、この内閣は労働者の団結を古

---

53)　この「浮浪者取締法」および「労働者法」、さらに先の2度のエンクロージャー運動について
　　はほぼ『資本論』の記述に依存している。

208

い「陰謀」取締法によって規制することを許したのである。これらの事態は
フランスでもほぼ同様であった。

　16世紀のイギリスの賃金はインフレのために実質賃金は減少したが、そ
れでも賃下げのための諸法が継続された。エリザベス期の徒弟法は治安判事
に賃金を決め、それを変更する権利を与え、後のジェームズ1世はすべての
労働者に適用させるものに変えた。また、さらにジョージ2世は労働者の団
結を禁止する法律をすべてのマニュファクチャーに拡張した。

　本来のマニュファクチャー時代に入ると資本主義は自力で労働者統制がで
きるまでに至っていたが、それでも引き続き国家による直接の労働者統制は
生きていた。たとえば、ジョージ2世期の法令はロンドンとその周辺の縫製
職人に、通常は2シリング7ペンス半以上の賃金を払ってはならないとした。
また、ジョージ3世期の法令は絹職工の賃金を治安判事が決められるものと
した。スコットランドの鉱山労働者の賃金は、1799年になっても法的に決
められていた。1813年にはさすがにこうした賃金規制は撤廃されたが、産
業革命中まで続いたということになる。

産業資本家の生成

　以上のように、資本主義を構成する賃金労働者の形成は「血の立法」（マ
ルクス）によるものだったが、他方の構成員たる産業資本家（製造業部門の
資本家）の形成もまた負けず劣らず血にまみれたものであった[54]。彼らは、
元は同職組合の親方であったり、独立の小工業者であったり、場合によれば
賃金労働者でさえあり、さらには「資本主義」成立以前的な資本形態として
の高利資本や商人資本でもあったが、各種の制約を乗り越え、そして国家が
思いついた各種の強制に助けられて初めて産業資本家階級として確立される
こととなったのである。具体的には、①植民制度、②国債制度、③国債の結
果としての増税、④保護貿易制度が産業革命以前に発明され、⑤児童労働、
⑥奴隷貿易が産業革命後に発明されている。

　第一の植民制度のひとつの例はオランダの奴隷貿易である。オランダはジ
ャワ島で使う奴隷を得るためにセレベス島から人間を略奪する制度を整えた

が、この制度で盗まれてきた少年は成長して奴隷船に積み込まれるまではセレベス島の秘密監獄につながれていた。この「商売」で膨大な利益をあげたのはこれに関わった盗賊や通訳や売り手、王侯たちであった。また、イギリスは東インドとの貿易を握る東インド会社の高級職員や総督に塩や阿片やキンマやその他の商品の独占権を与えて、彼らが思うままの富を蓄積することができるようにした。自分勝手に価格を決めるというこのやり方はインドの米の買い占めで1769〜70年の飢饉をまでもたらすが、そんなことはおかまいなしであった。

　こうしてひどい目に遭った植民地原住民は、輸出貿易だけを使命としていた西インド地域の住民や一定の富と人口を抱えたメキシコや東インドだけではなかった。本来の植民地たるアメリカのニューイングランドでも、敬虔なプロテスタントたちはアメリカ先住民の頭の皮1枚または捕虜1人につき40ポンドの賞金をかけ、続く1720年には頭の皮1枚に100ポンド、さらに

54）『資本論』第1巻第24章の本源的蓄積章は、ここで述べる「産業資本家」の形成に先立つ「農業資本家」たる借地農業企業家がイギリスでは農奴から生じたこと、それが半借地農業者への上昇を経て「本来の借地農業者」という「資本家的借地農業者」にまで発展したことを論じているが、後のイギリス農業は再び独立自営農民が主体となったものに変わっている。これは農奴の上昇に続いて農業労働者の上昇が続いたという意味で小規模農業の一般的歴史的な発展の法則性を示しているものと思われる。中村（1977）が重視するこの傾向は、私の理解では次のような農業生産における特殊な費用構造から説明できる。というのは、農地の開墾、新しい品種耕作のための訓練などといった初期的固定費の重要性により、当初はユニット・コストが年々低下するものの（規模の経済性）、50年、100年と経つうちにそのユニット・コストの低下がなくなり（50年目、100年目には初期的固定費は無視できるものになること）「収穫一定」状態になることによって理解できるからである。このことは、以下の費用曲線によって表現できる。

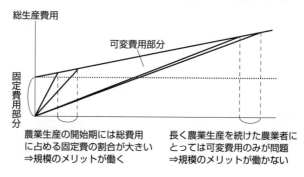

1744 年には 12 歳以上の男の頭の皮には新通貨 100 ポンド、男の捕虜には
105 ポンド、女と子供の捕虜には 50 ポンドの賞金をかけている。イギリス
議会によると、こうした殺人と頭の皮はぎとは「神と自然からわが手に与え
られた手段」ということであった。こうして植民地から略奪された富がヨー
ロッパ諸国の資本蓄積の出発点を形成したのである。

　また第二に、最初にオランダで確立された国債制度も資本の安易な利殖を
助け、また証券投資と近代的銀行支配を促進することによって蓄積の元手を
形成している。さらに、この国債制度は各国における中央銀行の成立によっ
て完成されるが、この国立銀行は銀行券の発行を独占して大衆から安易に元
手を獲得しながら、その「運用」によって膨大な国債の利子を獲得するもの
であった。なお、国債とともに発展した国際的な信用制度も重要である。オ
ランダの資本主義的発展は世界から略奪を繰り返したベネチアからの資金提
供に依存していたし、そのオランダは 18 世紀に巨大な資本をイギリスに貸
し出し、さらにそのイギリスは 19 世紀後半のアメリカへの基本的な資金提
供者であった。現在の世界における最大の借り手はアメリカであるが、その
国債を主に購入しているのは中国と日本である。今度は衰退する国をアジア
の主要工業国が支える形となっていることが違っているが、ともかくこうし
た国際的信用制度がアメリカをかろうじて生き延びさせているという関係の
認識が重要である。

　さらに第三に、こうした国債発行が納税者に知られぬうちに後の増税を制
度化したという「増税の制度化」としての近代租税制度がある。というのは、
増税による新たな財政支出を納税者に説得するのは困難であるが、増税なし
で行なうとすると簡単に通る。しかし、それは国債の増発を意味し、したが
っていずれは返済のための増税が必要だと納税者にいうことになる。そして、
もはや「使ったお金」なのだからと納税者はそれを拒否できない。こうして
増税と国債の自動的累増は近代的財政制度が従う法則となっており、この法
則は現代世界でも貫徹している。なお、このメカニズムは 1970 年代にブキ
ャナン＝ワグナーというアメリカの「小さな政府」論者によって強調された
ものであるが[55]、以上の意味でこの理論の本当の先駆者はマルクスである。

彼らはそのことを述べないが、先駆者の存在を明示しないのは学術界のルールに反している。

　第四に、保護関税や輸出奨励金などの方法による保護貿易は自国民からの収奪で産業資本家を育てる重要な手段であった。輸出奨励金が自国民の収奪によるそれであるのは当然であるが、保護関税は外国の安価な製品を自国民が買えなくするのだから、やはりこれも自国民の収奪である。また、この制度は、「属領」となった同一保護関税区域内の独立小生産者の破壊でもあった。イギリスの場合はアイルランドの羊毛工業を根こそぎ破壊した。

　第五の児童労働の実態も悲惨であった。産業革命後のイギリス地方都市の人手不足は、救貧院などから貧民の子供を取り上げて夜間労働までさせている。たとえば、ランカシャーではロンドンやバーミンガムなどの救貧院から7歳から13、4歳の子供が調達され、彼らは鞭打たれて死にかかるほどの過酷な労働を強制されている。

　最後の奴隷貿易の継続は、産業革命後のイギリスの重要課題であった。イギリスは当初からアフリカと英領西インドとの奴隷貿易権しか持たなかったが、スペインへの圧力でようやくスペイン領アメリカとの貿易権をも獲得した際は「国策の勝利」ともてはやされている。イギリスは1743年までに毎年4,800人の黒人奴隷を貿易する権利をここで獲得したのである。そして、この奴隷貿易の中心地であったリバプールで奴隷貿易に使用された船は1730年にはたったの15隻であったのが、1751年には53隻、1760年には74隻、1770年には96隻、1782年には132隻というように急増したのである。

　このようなことで、産業資本家は「頭から爪先まで手穴という毛穴から血と汚物をしたたらせながら生まれて」[56]きたのである。

資本蓄積開始期における強蓄積の必要と国家資本主義

　以上総じて、賃金労働者の形成も資本家階級の形成も、それらはともに「他のありとあらゆるものではあっても、どうしても牧歌的ではない」こと、

---

55)　Buchanan and Wagner（1977）.
56)　マルクス『資本論』第1巻、ディーツ版、788ページ。

「頭から爪先まで毛穴という毛穴から血と汚物をしたたらせながら生まれて」
きたことを見た。日本やドイツ、ロシアや中国といった諸国の人々はこの事
実をよく知る必要がある。日本人やドイツ人は戦前期の自国がどれだけひど
い体制のもとにあったかを知っているので、そのことばかりに気をとられが
ちであるが、資本主義の母国でもそう変わらなかったことを知ることは「資
本主義とは何か」を認識するうえで非常に重要であるからである[57]。そして、
もちろん、旧ソ連のスターリン体制や中国の毛沢東の「過ち」を知るロシア
人や中国人も、それが自国に特殊的な事態でなく資本主義生成期に一般的な
ものだと知ることで、かの体制が一体何であったかの本質を理解することが
できる。この趣旨から本書ではこの時期の歴史的事実をややくわしく論じた。

　しかし、ここまで来ると、やはり再度振り返るべきは、どうしてこの時期
にここまで暴力的でなければならなかったのか、という問題である。全般的
にいうと、マルクスは資本が自力で労働者を支配・搾取する力量が十分であ
ったかどうかを問題としている。機械が登場する産業革命前にはそれが十分
でなかったが、産業革命により自力支配の条件ができ、それを「資本による
労働の実質的包摂」という言葉を用いて説明している。本書でも前章で、機
械制大工業が初めて労働の専制的指揮をその技術的必然としたと述べている
のが、そのことである。ただ、問題は、マルクスはそのようにいっている一
方で産業革命後の「大工業の幼年期」[58]にもこうした暴力的な「原始的蓄積」
がいっそう強化されたと論じていることである。このことはどのように理解
されるべきであろうか。

　この問いへの本書の回答は次のようなものである。『資本論』の基本的課
題は、対等な商品交換の原理でも搾取が起こりうるという、資本主義に独自
なこの秘密の解明であったから、原始的蓄積章以前の全編ではこうした暴力
は問題にされなかったというものである。つまり、産業革命後に暴力がなか
ったというのがマルクスの主張ではなく、たとえなくとも発生する資本主義
に独自な搾取が説明対象であったために、その契機を無視して議論が進み、

----

57)　この視点の重要性は尾崎（1990）参照。
58)　マルクス『資本論』第1巻、ディーツ版、785ページ。

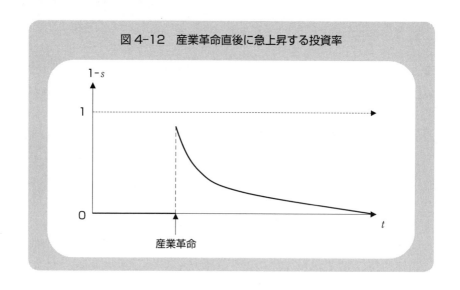

図4-12 産業革命直後に急上昇する投資率

さらにはその結果として暴力は産業革命前の基本的特徴として説明がなされたのである。しかし、それでも、マルクスがいうように、この暴力が最も組織的に発展したのは「大工業の幼年期」、つまり産業革命後の工業化の初期段階であった。このことは実は「マルクス派最適成長モデル」の最も重要な結論であった。

　というのはこういうことである。図4-12はマルクス派最適成長モデルの成長経路を$1-s$で表現される生産手段生産部門への労働の配分率≒「投資率」で示したものであるが、この図が示すのは、産業革命後の「大工業の幼年期」には特に「投資率」が高いこと、すなわち、消費手段の生産が極端に制限されることである。先に示した図4-5のレベルでいうと、「大工業の幼年期」には極めて高い資本蓄積率を経験するということになる。近代経済学ではこの現象を「Big Push」（Rosenstein-Rodan（1961））や「離陸」（Rostow（1960））や「強蓄積」（南（1990））という名称で定義しているが、内容的には同じものである。ともかく、この時期には社会が相当の無理をしなければならないことが示されている。

　しかし、それでも、ここでモデルが示しているのは、社会の代表者として

の「代表的個人」が選ぶべき成長経路であって、それが自動的に辿られることとなるかどうかは別である。たとえば、資本蓄積の初期段階に求められる道路や教育機関のような社会インフラは外部性が強く、よって市場的分権的には過少投資となりがちであるとの議論が可能である。あるいは、実際の時間選好率は人々の間に格差があって、それが低い人々（未来をより重視する人々）と高い人々（現在をより重視する人々）の間でのコンフリクトが一般に有産者の利害代弁者であるところの国家権力を巻き込みつつ生じる[59]。さらに、これらと少し似ているが、時間選好率がいかに低く、つまり本来投資志向性の強い人間であっても、工業化開始直後のまだ貧しいときには消費制限に物理的生物的な限界があり、それが必要な資本蓄積の実現を阻害することは十分考えられる。さらに最後に、そうした物理的制約がなくとも諸個人の合理的判断能力が欠如している場合（これはある程度事実である）にも国民経済的な貯蓄過小が生じる[60]。そして、もしそうだとすれば、国家が登場することによる強制的な資本蓄積がどうしても必要となるだろう。つまり、資本主義の初期には国家が資本蓄積に決定的な役割を演じる特殊な段階が不可欠なのであって、これを「国家資本主義」と名づけるのは自然である。

　これに対し、それより後の非国家主義的なタイプの資本主義は「私的資本主義」ないし「市場資本主義」と名づけることができる。先には、イギリスの暴力的な資本主義形成期に戦前期の日本やドイツ、それに旧ソ連や毛沢東時代の中国が比されると書いたので、それらを一覧にすると**表4-5**のようになる。インドネシアやエジプトでは日本や（西）ドイツ、中国やロシアほど「国家資本主義」と「私的資本主義」の区別が明確ではないが、指導政党の性格の転換に注目して表に並べた。また、中国に8年遅れて改革・開放に進んだベトナムとラオスも書き加えている。

---

59)　この問題を「社会計画者」と一般民衆との実質的な時間選好率格差の問題として論じたのが井上・山下（2011）である。

60)　これらの諸問題に加えて、現実の諸個人の生涯が「代表的個人」と違って有限であるという問題もある。国家指導者は一般に現実諸個人の利益より「民族」として認識される「代表的個人」の利益を基準に行動する傾向がある。

表 4-5　資本主義のふたつの段階とその指導政党

	国家資本主義	転換点（年）	私的資本主義
日本	大政翼賛会	1945	自由民主党
西ドイツ	NAZI	1945	CDU
インドネシア	国民党（スカルノ）	1967	ゴルカル（スハルト）
エジプト	ナセル	1970	サダト
中国	共産党（毛沢東）	1978	共産党（鄧小平）
ベトナム、ラオス	共産党	1986	共産党
ロシア	共産党	1991	エリツィン

　ただし、以上のように表出するとやはりいくつかの補足が必要になる。そのひとつは「大工業の幼年期」における国家的な資本主義の創出も、資本主義への前進が生産力的な進歩であったということ、封建制／農奴制よりすぐれたものであったということである。史的唯物論はこの認識を当然前提としている。そして、もしそれであれば、原始的蓄積の「どの方法も、国家権力、すなわち社会の集中され組織された暴力を利用して、封建的生産様式から資本主義的生産様式への転換を温室的に促進して過渡期を短縮」し、その「暴力は、古い社会から新たな社会をはらんだときにはいつでもその助産婦になる」[61]としても、その暴力なしでも、時間さえかければ資本主義に前進するだろうこともいえる。私はチベットの農奴制が解体する過程を研究した大西編（2012）の補論で、農奴解放直前の農奴制の労働生産性が外部の賃金水準に達していなかったことを推計したが、このような状況下では、待ってさえいれば自然と古い生産様式は解体する。ただし、暴力（この場合は中国の中央政府による農奴解放）がこの歴史的転換を早める「助産婦」として役立ったことは事実である。マルクスも農業における原始的蓄積について、「ここでは農業革命の純粋に経済的な原動力は見ないことにする。ここでは農業革命の暴力的槓杆を問題とするのである」[62]と述べて「純粋に経済的な原動力」

---

61)　マルクス『資本論』第 1 巻、ディーツ版、779 ページ。

の存在を認めている。といっても、政治が新しい社会階級の出現に無関心で何も手を出さないというようなことは現実にはないのであるが……。

　しかし、こうして資本主義の形成に対して国家が相対的に不介入である可能性を認めるとすると、このことは当然、介入をする場合にもその程度にさまざまなバリエーションがありうることを意味する。実際、上記のような①イギリス、インドネシア、エジプトのケースと、②日本やドイツのケース、そしてさらに、③スターリンや毛沢東のケースとの違いは明らかである。私の分類でいうと、②を中心としてより介入の少なかった①のケースがあり、他方では国家の経済統制が極限にまで推し進められた③のケースがあったということになる。これらは工業化をどうしても急がねばならない事情の有無、あるいはその程度に依存しており、もっというと、戦争や侵略の危機といった事情[63]に依存していた。たとえば、日本にとっては開国後の植民地化を阻止する緊急の必要性、旧ソ連にとっての干渉戦争や戦後の米ソ冷戦、中国にとっての朝鮮戦争や中ソ論争といった要素がそれである。この論点を忘れることはできない。旧ソ連や東欧、毛沢東時代の中国、朝鮮、キューバ、ベトナム、ラオスといった諸国はすべてこうした事情が生み出した特殊な国家資本主義であった。

国家資本主義から私的資本主義への移行の問題──鄧小平改革の知恵

　ところで、表4-5のように各国を比べると気になってくるのは、こうして各国が本質において同じシステム転換をなしているにしても、その転換が大きな災難を伴いながら生じた場合とその逆に順調に進めることのできた場合というふたつがあることである。前者はアジアの人々やユダヤ人など膨大な人々を殺戮した後の敗戦という事態なしには転換をなしえなかった日本やドイツ、旧与党であった共産党メンバーを何十万人も殺戮してなされたインド

62)　マルクス『資本論』第1巻、ディーツ版、751ページ。
63)　これは一般に後発国において発生する事情である。小幡（2009）はオランダと比べたとき、これはイギリスにもあてはまる条件であり、ここからイギリス重商主義期の国家介入がもたらされたとしている。

ネシア 1967 年のスハルト・クーデター、そして総生産を約半分にまで激減させるほどの経済破壊を帰結した 1991 年の旧ソ連の激変である。これらはカタストロフィックな激変をとったことによる苦難（旧ソ連、インドネシアのケース。苦難は変革時ないし変革後に生じる）と変革をカタストロフィックな形で行なわざるを得なかったことによる苦難（日独のケース。苦難は主に変革を起こす前に生じる）に分かれるが、ともに「急進的変革」と総括される[64]。

　しかし、他方の中国やベトナム、ラオスの転換が中国の「四人組」を唯一の例外として誰もが殺されることなく、かつ経済成長を加速する中で遂行されたという意味で、他の諸国ときわだった対照をなしている。その対照を意識して述べれば、変革に抵抗し続けることで余裕を持ったスピードの変革のチャンスを失うことなく、かつまたその結果としての漸進的な転換に社会の全構成員が適切に対応しえた結果である。総じて「漸進的変革」と総括できる。本書第 1 章末では各生産様式に対応する人間類型が異なることを述べたが、それは国家資本主義と私的資本主義の場合にもいえる。そして、それは一朝一夕には変わらないから、変化は漸進的であるのが最も望ましい。これが漸進的改革が最も成功的であるひとつの理由となっている。

　とすると、ではなぜ前者の諸国ではそうした方法を採用できなかったのか、ごく一部の国しかその道を歩めなかったのかという疑問が生じるが、これは国家資本主義を指導した政党が私的資本主義を指導する政党に転換することの難しさ、より一般的にいうと、生産様式上の転換において過去の政権政党が次代の政権をも担うことの難しさとして説明することができる。実際、表4-5 で転換の前後ともに同一政党が政権党であったというのは漸進的改革をなしえた中国、ベトナム、ラオスしかない。これはよほどのことがない限り、異なる生産様式は異なる政党（政治勢力）によってリードされねばならないことを示している。

---

64)　メキシコでは同質の転換がサリノスによる国有企業の大規模な民営化、共有地（エヒード）の解体と NAFTA への加盟という形で 1980–90 年代に段階的に進行する。この中で、やはりサパティスタ民族解放戦線との内戦が発生・深刻化している。この点は Marcos（1997）参照。

　たとえば中国の文化大革命が単なる権力闘争ではなく異なる階級間の闘争であったことは第１章でも述べたが、そうすると 1978 年の転換もある階級からある階級への指導的階級の転換であったことになる。そして、もしこれが中国における転換でなければ、旧来の指導階級にもその後の指導階級にもそれぞれの利益を代弁する政党があったはずで、したがって指導階級の転換は指導政党の転換でなければならなかった。というより、たとえ旧来の指導政党が土台における支配的階級の転換を認識し、自身が代表する階級の転換を図ろうとしても、新しい指導階級はすでに別の政党を持っており、これは急に「あなたたちの利益を代表したい」といってきた旧来の指導政党より信頼に足る。旧来の指導政党はこれまで彼らに敵対していたのであって、その彼らをすぐに信頼せよというほうが無理な相談である。またさらに悪いことには、旧来の指導政党によるこのような提案は彼らがもともと代表してきた階級の不信と離反を招くことによって、結局彼らは新しい階級の支持を得ることもできず、かつ古い階級の支持をも維持できない。こうしたジレンマはほぼすべての旧指導政党に存在したもので、彼らがなぜ代弁する階級の転換に失敗したかをよく説明している。つまり、この結果として、指導階級の転換は必ず指導政党の転換を伴わなければならなかったのである。

　とすると、いよいよ問題なのは、なぜ中国、ベトナム、ラオスだけが例外となりえたのかであるが、ベトナム、ラオスは（1985 年に始まる旧ソ連のペレストロイカ方式を学ばず）中国方式のほぼそのままの輸入であるから真の例外は中国の鄧小平改革であって、彼がなぜその特殊例外的な達成を成しえたかを考えなければならないことになる。そして、そうすると、その直前の文化大革命に民衆が疲弊し、また建国時の最高指導者（この場合は毛沢東）が死去していたという好条件を無視できないが[65]、しかしそれ以上に政策転換により不利益を被る階層への絶妙な利益配分（たとえばリストラされる官僚が民間企業家へ転進する道の提供）の知恵を知ることができる。この中国も前述

---

[65]　今やようやく朝鮮やキューバもまた中国方式の改革をとり入れることとなったが、その両国でも金日成やフィデル・カストロがすでにいなくなっていることが重要な条件となっている。ベトナムもまたしかりである。

のように2040年前後には今度はゼロ成長を余儀なくされ、よって本書の定義による社会主義＝共産主義への転換という新たな指導階級の転換を行なわなければならない。したがって、この際にもこうした知恵を活用して指導政党の転換を阻止できるかどうか、すなわち「革命」や戦争による苦難を回避して転換を成し遂げられるかどうかが問われることになる。

　最後に、これらに加えて共産党という政党自体が持っている独特な特質にも触れておきたい。というのは、今や朝鮮やキューバもまた中国式改革の道への転換を選択し、これでこの路線を選択した国は、中国、ベトナム、ラオス、朝鮮、キューバというすべての共産党単独指導国家となったからである。ここまで来ると、彼らの指導思想であるマルクス主義自体に何がしかの根拠──こうした絶妙の転換をなしえた理由があったのではないかと思われる。たとえば、本書第1章でも論じたが、マルクス主義は転換期に対立する複数の階級（社会集団）の利益から独立であるがために「穏健」で「漸進的」な態度をとる。政権党がこのようなイデオロギーを持った「イデオロギー政党」であったことが幸いした可能性である[66]。そしてさらに、社会制度は時代ごとに転換されねばならないとする史的唯物論の歴史認識も無視できない。鄧小平が1980年代半ばに問題としていた経済建設の目標年次は、2150年というものであった。知覚、想起、企画される政策運営の時間感覚のこのような長さ、現在を相対化し、遠い未来を見とおしうる歴史法則志向の思想にマルクス主義＝史的唯物論の影響を感じるがどうだろうか。ちなみに、マルクスは同趣旨のことを『資本論』初版への序文で「たとえ一社会がその運動の自然法則を探り出したとしても……その社会は自然的な発展の諸段階を跳び越えることも法令で取り除くこともできない。しかし、その社会は、分娩の苦痛を短くし緩和することはできる」との表現で述べている。

　ただし、誤解されてはならないのは、以上のように述べるからといって、

---

66)　中国の場合は、改革開放路線への転換前後に国務院総理となった華国鋒のバランス政治がこの「可能性」をうまく現実のものとした。なお、一党制が政権の転換を防いだとする意見もあるが、旧ソ連は一党制でも政権の転換があったので、これを漸進改革路線選択の基本的な条件とみなすことはできない。せいぜいひとつの有利な条件であったとできる程度である。

マルクス主義政権でなければ（あるいはマルクス主義者がいなければ）社会は新しい生産様式、新しい生産関係に進めないわけではないということである。そうした社会勢力が存在するとしないとにかかわらず歴史は前に進むし、実際に進んできた。それが史的唯物論の命題である。ただ、そうした歴史の進行＝「転換」が制御されることなく、「革命」か「戦争」という形で混乱（ないし経済破壊）を伴って進むだけである。マルクス主義はこの意味で歴史発展に不可欠な存在ではない。しかし、もし混乱なしに歴史を前に進めたいのであれば、この知恵を活用するにこしたことはない。本書でいう「社会科学」は歴史をただ客観的に理解するだけのものであり、単なる歴史認識にすぎないが、それが果たす役割はこのように大きいのである。

第 5 章

資本主義的生産における
剰余価値の諸部門への分配

I 『資本論』の課題と構成

　以上、第2、3、4章では「資本主義」という特殊な歴史段階における経済諸法則について論じた。第2章冒頭で述べたように、これはマルクスが『資本論』第1巻において論じた内容にほぼ対応する。そして、その内容を要約すれば、対等平等な等価交換の世界であるはずの商品生産社会としての資本主義においても労働の搾取が存在すること、しかし、そのシステムも永遠ではないということであった。

　資本主義以前の階級社会では搾取は目に見えていた。たとえば、週のうち4日は自分の畑を耕せるが、3日は領主の畑を耕さねばならなかった農奴はその労働の何割を搾取されているかについて特殊な経済理論を必要としなかったからである。しかし、等価交換を基礎とする資本主義社会では事情が異なる。等価交換の世界では人々は対等平等であり、何らの不条理もないものに見える。あるいは、各種の不条理はすべて商品生産社会の原則＝等価交換の原則からの乖離から発生しているかのように見える。これは近代経済学の「良心派」が、外部性や市場の不完全性などで市場メカニズムがうまくワークしないことから社会の不条理を説こうとすることを説明する。彼らもまた「完全なる市場メカニズム」自体には何らの不条理もないと信じているため、不条理をどうしても商品生産社会の原則（等価交換原則）からの乖離から説

明しなければならないと考えてしまうのである。

　しかし、マルクスの考えは違っていた。つまり、資本主義の根本的不条理たる搾取は等価交換原則のもとで発生しているのであり、市場メカニズムが完全にワークしても発生する。問題への接近の仕方は近代経済学の「良心派」とはまったく異なっているのであり、『資本論』はそのような書物として書かれている。このことの確認のために読者は『資本論』の中に外部性や合理的経済人の否定、あるいは情報の不完全性などの諸概念が一切出てきていないことを確かめられたい。

　ただし、こうして『資本論』が説明した搾取と剰余価値は生産過程において産業資本が生み出したものであったが、この産業資本以外にも商業資本や金融業者もが実際には利潤を獲得しているし、地主は地代収入を得ている。したがって、これらは何であるかが説明されないと搾取と剰余価値の解明をその本旨とする『資本論』はその説明を終えることはできない。そのために書かれたのが『資本論』の第2巻と第3巻であった。

　具体的には、産業資本以外が取得する商業利潤や利子、地代が第3巻の後段で説明されるが、その前にまずは産業資本内の部門間に生じる利潤分配の問題が第3巻前段で議論される。しかし、基本的には他資本との関係を捨象し、かつ直接的生産過程の分析にとどまっていた第1巻の分析をこうした問題の分析に拡張するためには、生産過程と生産過程とを媒介する流通過程の分析が『資本論』第2巻で必要となる。流通＝他の諸資本との社会的な絡み合いなしには当初には貨幣の形態をとる資本が生産資本（生産手段と労働力）に転化することはできないし、かつまたそれによって生産された商品を再び貨幣の形態に戻すことができないからである。この分析によってはじめて第3巻の商業資本の分析が可能となるとともに、過程分析→期間分析の視点は「前貸し」によって獲得される利得＝利子の分析をも準備する。また、流通は消費手段生産部門と生産手段生産部門によって成り立つ社会的総生産の部門間取引の場でもあるので、この部門間に成り立つべき社会的再生産の条件も再生産表式論という形で『資本論』第2巻では論じられる。

　実のところ、本書ではこの最後の再生産表式論はすでに第4章で論じてし

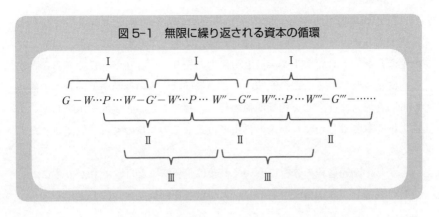

図 5-1　無限に繰り返される資本の循環

$$G - W \cdots P \cdots W' - G' - W' \cdots P \cdots W'' - G'' - W'' \cdots P \cdots W''' - G''' - \cdots\cdots$$

まっている。そのため、以下では『資本論』第2巻と第3巻が扱ったそれ以外の問題を論じる。それらが持つ理論上の役割を上記のようにまずは理解したうえで読み進められたい。

Ⅱ　資本の循環、回転および社会的再生産 ——資本の流通過程

資本の循環と流通過程

　ところで、本書第2章が「自己増殖する価値」として最初に資本を定義した際の最も単純な定式は $G - G'$ というものであったが、これは図 5-1 のように延々と無限に続く過程の「1回転」部分にすぎない。これを資本循環の「第Ⅰ形態」とマルクスは呼んだ。しかし、これと同様に、図 5-1 には $P - P$ の循環も $W - W$ の循環もあり、マルクスはそれぞれを「第Ⅱ形態」、「第Ⅲ形態」と呼んでそれぞれの特徴を詳しく論じている。要約すれば、第Ⅰ形態は資本の運動の目的が価値増殖にあることをよく示し、第Ⅱ形態は逆に貨幣を生産活動の単なる媒介として表現している。つまり、ここでの運動の重点は継続した再生産活動にあり、したがってどの社会においても行なわれている生産活動を過程継続の本旨として示し、この全過程の社会的合理性を主張することとなる。しかし、これらに対し、第Ⅲ形態はその過程が商品 W

の貨幣 G への転化から始められているという意味で流通過程が生産活動の前提であること、もっといえば作った商品にとって必要な買い手とさらに次の生産にとって必要な生産手段と労働力の売り手の存在が前提であることが鮮明に示されている。この意味で、この形態は資本の運動を個別資本の観点から解き放ち、社会的な相互関係の分析に移ることの必要性を示唆している。本書第4章で論じたマルクスの再生産表式はこの認識のもとで展開されたものである。

　しかし、流通過程の分析において直接に重要なことは、それが資本にとっての時間的なロスを構成するので、そのロスを削減すべくこの過程を独自に担う商人（貨幣取扱い業者を含む）が成立することである。ただし、もし商人にこの過程を任せて産業資本が生産活動に専念できればそれによるメリットの一部を商人に支払わないわけにはいかない。これが商業利潤の源泉であり、ここでは商業自身が価値や利潤を本来的に生み出しているのではなく、産業資本が生み出した価値／剰余価値の一部の分配にあずかっているとの理解が重要である。この理解をはっきりとさせるため、ここでは以下のように2段構えで「商業資本への利潤分配」を考えてみたい。

　その第1段階は、「流通期間の短縮」という商業資本の産業資本に対する貢献分を特定することである。今、Δ_c、Δ_p を当初の流通期間と生産期間、Δ_c' を商業資本の介入によって縮小した後の流通期間、m を産業資本が当初生産していた剰余価値とすると、この場合、産業資本は「流通期間の短縮分」だけ生産に集中することができるので、生産期間は $(\Delta_c - \Delta_c')/(\Delta_p)$ 倍だけ追加することができる。このとき、生産期間の延長によって産業資本の追加コストも増大するが、それは流通期間短縮による早期の資金回収によって賄われ、この結果、産業資本によって追加生産される剰余価値は $\{(\Delta_c - \Delta_c')/\Delta_p\}\,m$ となる。

　このうえで第二に考えなければならないことは、この部分が商業資本のコストと利潤として分配されたとしても産業資本の利潤は減少しないということである。今、商業資本が投下する物的な取引諸費用と賃金を $c_c,\ v_c$ とし[1]、その利潤分配部分を m_c とすると、以上の条件は

$$\{(\Delta_c - \Delta_c')/\Delta_p\}\,m > c_c + v_c + m_c$$

となる。また、商業資本導入後に産業資本が投下する不変資本と可変資本を $c_p,\ v_p$、両部門に成立する均等利潤率を r とおくと、この式はさらに

$$\{(\Delta_c - \Delta_c')/\Delta_p\}(c_p + v_p)\,r > (c_c + v_c)(1 + r)$$

となるが、これは両部門のコスト比を規定する以下の不等式に変形することができる。すなわち、

$$\{(\Delta_c - \Delta_c')/\Delta_p\}\cdot r/(1 + r) > (c_c + v_c)/(c_p + v_p)$$

　また、ここまでの議論では、ある産業資本が商業資本を利用する条件のイメージで語ってきたが、こうした個別の商業資本を論じるのでなく、商業資本全般を見渡す限りでは、均衡ではこの式が不等式から等式に変わることも重要である。このような商業技術が一般に普及すれば、この分野により生産性の低い商業資本が参入することとなるからである。そして、この場合、上式は次のようになる。

$$\{(\Delta_c - \Delta_c')/\Delta_p\}\cdot r/(1 + r) = (c_c + v_c)/(c_p + v_p)$$

　この式は極めて興味深い。なぜなら、利潤率 r を一定とする限り左辺左側の分母の Δ_p は一般的には技術革新によって縮小し、かつ分子は商業生産性の改善によって増大するから、上式左辺は一般的に上昇するからである。我々のマルクス派最適成長論では利潤率が長期に低落するから左辺の全体の動向を確定することはできないが、ともかく利潤率を一定とする限りは社会における商業部門比率の全般的増大が説明できることとなる。ちなみに、マルクスは『資本論』で $\Delta_c - \Delta_c'$ の拡大に対応するような技術革新（資本の回

1）　流通過程で支出されていても本来の生産活動に関わる経費としてマルクスは保管費と運輸費があるとしている。したがって、これらがもし商業資本によって支払われたとしても本書の文脈では価値を生む生産的活動での資本投下として理解し扱う必要がある。つまり、ここではこの部分は商業資本によって支払われないと仮定する。

転速度の上昇、運輸手段の発達）が商業部門の相対的縮小を招くと述べたが[2]、我々の結論はその逆となっている。ただし、「サービス経済化」のひとつの内容としての商業部門の拡大がこうして現代のマルクス経済学で議論されうるというのが重要である。

資本の回転

　こうして時間の観点から資本循環の総過程を考察してきたが、実のところ、以上の分析にもまだ「時間」に関する抽象が残っている。それは、投下される資本には常にその回収が行なわれるものと長い期間を経てようやく回収が終わるものとがあり、その問題がまだ考慮されていなかったということである。前者は可変資本や原材料などの流動資本であり、後者は産業革命後の資本主義社会で一躍「資本」の中心的存在として登場した機械設備やその建屋などの固定資本である。この問題は、マルクスでは生産期間と流通期間の合計であるところの「回転期間」の相違の問題として提起されている。

　たとえば、こういうケースを考えてみよう。工場の建屋は1度建てれば20年もつとすれば、20年をかけてその費用が償却される。このとき、毎年の償却率は20分の1で、したがって「回転期間」は20年となる。同様に、10年もつ機械の回転期間は10年となる。他方で原材料は月単位で仕入れるとすると年に12回の出荷（したがって販売）をすることとなり、最後に労働者を月賃金で雇うとするとこれも年に12回の投入が行なわれていることとなる。したがって、この場合の回転期間は12分の1年となる。これらの結果、年回転数、1年の長さと回転期間の間には次の関係が成立することとなる。すなわち、

$$年回転数＝1年の長さ／回転期間$$

　しかし、こうして個別投入財および労働力の年回転数がわかっても、資本家にとって重要なのはそれではない。全体としての回転数が問題なのであっ

2）　マルクス『資本論』第3巻、ディーツ版、321-322ページ。

表 5-1　投入要素の投下資本額と年回転額との関係についての例示

投入要素	投下資本	回転期間	年回転数	年回転額（年回収額）
建物	C_1	20 年	1/20	$C_1/20$
機械	C_2	10 年	1/10	$C_2/10$
原材料	C_3	1 カ月	12	$12C_3$
労働力	V	1 カ月	12	$12V$
合計	$C_1+C_2+C_3+V$			$C_1/20+C_2/10+12C_3+12V$

て、それはたとえば上述の例では建物、機械、原材料、労働力に投入される資本の比率によって決定される。このことをこの 4 種の投入要素への投下資本額（各時点で機能している要素に投入時点で支払った金額）を C_1、C_2、C_3、V として示すと表 5-1 のようになる。

　見るとおり、ここでは $C_1+C_2+C_3+V$ の資本を動かしつつも、それぞれの回転期間が異なるため、それぞれの要素の回収金額が右端の欄のようになっている。このため、全体しての年回転数は

$$\frac{\dfrac{C_1}{20}+\dfrac{C_2}{10}+12C_3+12V}{C_1+C_2+C_3+V}$$

となるが、これは

$$\frac{C_1}{C_1+C_2+C_3+V}\cdot\frac{1}{20}+\frac{C_2}{C_1+C_2+C_3+V}\cdot\frac{1}{10}+\frac{C_3}{C_1+C_2+C_3+V}\cdot 12+\frac{V}{C_1+C_2+C_3+V}\cdot 12$$

と書けるから、要するにそれぞれの年回転数を投入要素をウエイトとして加重平均した値に等しいこととなる。したがって、一般に全投入要素の投下資本を C_i、それぞれの年回転数を N_i とすれば、全体としての年回転率は

$$\sum_{i=1}^{\text{投入要素数}}\frac{C_i}{\displaystyle\sum_{i=1}^{\text{投入要素数}}C_i}N_i$$

となる。いうまでもなく、資本に占める固定資本の比率が増大すれば全体と

しての年回転数は落ちる[3]。これが固定資本の役割の増大した資本主義という経済システムの基本法則としてあることがわかる。なお、この後、本書で扱うc、v、mはすべてこうして計算されたものと理解されたい。

　ところで、回転数問題を考えるここまでは、剰余価値率において上記のC_3やVが1年に12回回転することを考慮に入れていなかった。ただ、C_1やC_2についてそれらに1/20や1/10を掛けてその資本減耗（減価償却）部分のみを考えていただけであった。しかし、こうして年回転数を考えるに及ぶと「剰余価値率」は期間を決めた計算でなければならなくなり、たとえば「年剰余価値率」は「剰余価値率」に上記で計算された「年回転率」を掛けたものでなければならなくなる。言い換えると、回転速度が高まるほど（回転数が増えるほど）回転を考慮した真の剰余価値率は上昇することとなる。資本家が回転速度を引き上げるためにさまざまな細工を行なうのはそのためである。

　こうして本書の叙述はひとつひとつ現実の諸現象、諸運動に近づいており、『資本論』第2巻ではこの次に「社会的総資本の再生産と流通」と題して有名な再生産表式の議論に入る。本書では搾取の問題を消費と投資の問題として理解した関係でこれは前章で論じたが、マルクスがそこではなく『資本論』第2巻末尾（第3篇）で論じたのは、再生産表式が複数の産業部門間の関係を論じたものだからである。本節では初めて「商業資本」と「産業資本」の間の関係を論じることとなったが、このような部門間関係は産業資本内部にもある。マルクスはそれを消費手段生産の産業資本と生産手段生産の産業部門との関係として整理してここで論じたのである。読者はその視点からもう一度本書の前章を再確認しておかれたい。

3）　ただし、もともと長い生産期間を要した生産過程が機械の導入・増強や協業で短縮された場合、回転期間も短くなることもある。機械の導入や増強は総資本に対する固定資本の比率を引き上げて年回転数を引き下げる効果を持つ一方で、生産に実際に要する期間が短縮されて流動資本部分の回転期間（表5-1ではC_3やVの回転期間）の短縮が実現する場合があるからである。

Ⅲ　利潤、利子、地代への剰余価値の転化と分配
──資本主義的生産の総過程

産業部門間における利潤率の均等化と生産価格

　以上の理解の上にマルクスは次に『資本論』第 3 巻で産業資本間における
剰余価値の分配の問題を論じているが、この考え方の基本はすでに前節前半
の産業資本が取得する剰余価値、商業資本が取得する剰余価値の第二の定式
化、すなわち投下資本量に応じた「平等の権利として受け取る剰余価値」と
いう考え方で表現されている。つまり、同じ資本投下には同じリターンがな
ければ資本間の平等はない。逆にいえば、異なる資本投下量にはそれに比例
したリターンが確保される。この問題を今度は産業資本間の問題として見よ
うとするものである。

　実のところ、本書第 4 章第Ⅱ節で紹介した「単純再生産表式」の数値例で
もマルクスはこのことを意識していた。その数値例は

$$6000\,W_1 = 4000c_1 + 1000v_1 + 1000m_1$$
$$3000\,W_2 = 2000c_2 + 500v_2 + 500m_2$$

となっていたが、この両部門間には上記の意味での「資本間の平等」が成立
している。それぞれの利潤率（$m/(c+v)$）を計算すると、それぞれ 1000/5000、
500/2500 となっていて、完全に「平等」であるからである。

　しかし、よくよく考えると、この数値例でこの平等がうまく成立しえてい
るのには、c と v の比率（資本の有機的構成）がどちらも同じであるという条
件が決定的に効いていることがわかる。剰余価値率（m/v）は同じ労働に対
して同じだけの搾取が行なわれているという意味で「労働者間の平等」が表
現されているが、その条件下では資本の有機的構成が両部門で異なっている
場合、両部門の利潤率は異なってくる。この問題を以下では数値例ではなく
一般的な数式で示そう。

　そこでまず、2 部門の再生産表式を改めて次のように設定しよう。

$$W_1 = c_1 + v_1 + m_1$$
$$W_2 = c_2 + v_2 + m_2$$

このとき、上記の趣旨で両部門の剰余価値率 ε が均等で、$m_1 = \varepsilon v_1$、$m_2 = \varepsilon v_2$ であるとすると、両部門の利潤率は

$$\frac{m_1}{c_1 + v_1} = \frac{\varepsilon}{\dfrac{c_1}{v_1} + 1}$$

$$\frac{m_2}{c_2 + v_2} = \frac{\varepsilon}{\dfrac{c_2}{v_2} + 1}$$

となるから、両部門の有機的構成（c/v）が異なるとき、当然に利潤率は異なってくる。したがって、ここで両部門の資本家間の「平等」が貫徹されるためには一方の剰余価値が他方に移転（再分配）されなければならない。そして、再分配後の新しい剰余価値を m_1'、m_2'、両部門の販売価額を W_1'、W_2' とおくと、利潤率は均等化するから[4]

$$r^0 = \frac{m_1'}{c_1 + v_1} = \frac{m_2'}{c_2 + v_2}$$

他方、このような再分配も総価値を増やすわけではないから

$$W_1 + W_2 = c_1 + v_1 + m_1 + c_2 + v_2 + m_2 = c_1 + v_1 + m_1' + c_2 + v_2 + m_2' = W_1' + W_2'$$

この式を簡単化した関係式 $m_1 + m_2 = m_1' + m_2'$（これは再分配によって剰余価値が増えないことを意味している）に上の均等利潤率の式を代入すると

$$m_1 + m_2 = r^0(c_1 + v_1 + c_2 + v_2)$$

したがって、全社会に共通する均等利潤率（一般的利潤率）は

4） この均等利潤率の存在と安定性は置塩（1978）第2章第3節によって n 部門モデルで証明されている。ただし、ここでは景気循環は無視されている。

$$r^0 = \frac{m_1 + m_2}{c_1 + v_1 + c_2 + v_2} = \frac{\varepsilon}{\dfrac{c_1 + c_2}{v_1 + v_2} + 1}$$

となり、両部門の新しい販売価格は

$$W_1' = (c_1 + v_1)(1 + r^0)$$
$$W_2' = (c_2 + v_2)(1 + r^0)$$

となる。また、ここで得られた新しい両部門の販売価額 W_1'、W_2' をその生産物財で割ったもの（生産物財 1 単位当たりの価格）を「生産価格」とマルクスは呼んだ。こうして、「価値」の一般的レベルから「価格」のレベルへとマルクスの叙述は具体化する。ここでは利潤率という点からの資本間の平等の貫徹、そのための剰余価値の部門間再分配という事情が重要である。

　ただし、実は、マルクス自身も以上の「再分配」だけでは不十分であることを知っており、『資本論』でも明記されている。というのは、こうして各部門の生産物 1 単位当たりの価値が「生産価格」に転化されると、両部門の資本家が購入する生産手段 c_1、c_2 に支払わねばならない金額も変わり、かつまた、労働者が受け取る実質賃金を一定とするとその金額 v_1、v_2 も変化せねばならないからである。そのため、柴田（1935）は再度の剰余価値の再分配、再々度の再分配……と継続した計算で最終的には安定した解が得られることを示した。具体的には「費用部分」の変化によって両部門の方程式は次のようになり、今度はこの新たな均等利潤率 r^1 を探すこととなる。

$$W_1'' = (c_1 \frac{W_1'}{W_1} + v_1 \frac{W_2'}{W_2})(1 + r^1)$$

$$W_2'' = (c_2 \frac{W_1'}{W_1} + v_2 \frac{W_2'}{W_2})(1 + r^1)$$

　しかし、もちろん、ここでもまだ「再分配」は完成していないので、その次に探さねばならない均等利潤率 r^2 の式は次のようになる。

$$W_1''' = (c_1 \frac{W_1''}{W_1} + v_1 \frac{W_2''}{W_2})(1 + r^2)$$

表 5-2　生産価格レベルの再生産表式

	c^p	v^p	m^p	計
第1部門	$c_1 \dfrac{W_1^*}{W_1}$	$v_1 \dfrac{W_2^*}{W_2}$	$\left(c_1 \dfrac{W_1^*}{W_1} + v_1 \dfrac{W_2^*}{W_2}\right) r^*$	W_1^*
第2部門	$c_2 \dfrac{W_1^*}{W_1}$	$v_2 \dfrac{W_2^*}{W_2}$	$\left(c_2 \dfrac{W_1^*}{W_1} + v_2 \dfrac{W_2^*}{W_2}\right) r^*$	W_2^*
全社会	$(c_1+c_2) \dfrac{W_1^*}{W_1}$	$(v_1+v_2) \dfrac{W_2^*}{W_2}$	$\left\{(c_1+c_2) \dfrac{W_1^*}{W_1} + (v_1+v_2) \dfrac{W_2^*}{W_2}\right\} r^*$	$W_1^* + W_2^* = W_1 + W_2$

$$W_2''' = \left(c_2 \frac{W_1''}{W_1} + v_2 \frac{W_2''}{W_2}\right)(1+r^2)$$

そして、最終的に求められるのは、以下の均等利潤率 r^* と各部門の販売価額 W_1^* と W_2^* である。

$$W_1^* = \left(c_1 \frac{W_1^*}{W_1} + v_1 \frac{W_2^*}{W_2}\right)(1+r^*)$$

$$W_2^* = \left(c_2 \frac{W_1^*}{W_1} + v_2 \frac{W_2^*}{W_2}\right)(1+r^*)$$

この繰り返し計算が収束することも柴田（1935）によって証明されている。

なお、以上で導いた価格（生産価格）レベルの c、v、m の構造は表5-2の形で再生産表式として示すことができる。この表では、①「転化」によってコスト部分（c、v 部分）に $\dfrac{W_1^*}{W_1}$ や $\dfrac{W_2^*}{W_2}$ が掛けられてその「額」に変化が生じていること、②同様に両部門の（販売価額）W_1、W_2 も変化が生じていること、とともに、③その結果として得られた利潤量はその本来の剰余価値量とは一般に異なるものになっていること、を確認しておきたい。まとめると、もともと投下労働量で計算されている c、v、m のどれもが利潤率均等

化による「転化」を受けてそれぞれに異なる量になっていることである。この趣旨から、ここでは c、v、m の記号をそれぞれ c^p、v^p、m^p としてある[5]。

総計一致命題と欧米マルクス経済学の新潮流

ところで、こうした手続き（これを「価値の生産価格への転化」、略して「転化」と呼ぶ）によって最終的に得られた上の２式を見ると、もともとの再生産表式（$W_1 = c_1 + v_1 + m_1$, $W_2 = c_2 + v_2 + m_2$）になかった新しい未知数は W_1^*、W_2^* と r^* の３つだから、未知数の確定にはこの２式に加えてあともう１本の方程式が必要となる。しかし、マルクスはこのほかに、①総価値＝総生産価格と、②総剰余価値＝総利潤という２つの条件（総計一致命題）の成立を論じたので、今度は「過剰決定」となる。つまり、この両条件は一般的には同時に成立できず、どちらか一方のみしか成立しない。この点はラディスラウス・ボルトケビッチ（L. von Bortkiewicz）によって明らかにされ、マルクス経済学における大問題として永らく論争となってきた。この論争は「転化問題」ないし「転形問題」と呼ばれる。先の２式についていえば、①の条件 $W_1 + W_2 = W_1^* + W_2^*$ と②の条件 $m_1 + m_2 = \left\{ c_1 \dfrac{W_1^*}{W_1} + c_2 \dfrac{W_1^*}{W_1} + v_1 \dfrac{W_2^*}{W_2} + v_2 \dfrac{W_2^*}{W_2} \right\} r^*$ が一般的には同時に成立できないという問題である[6]。

しかし、このように過剰決定となるのであれば、未知数の追加があればこの問題を解決することは可能であり、その方向で問題の解決を図った一連の学者群が存在する。D. フォーリー、G. デュメニールらの「新解釈（*New Interpretation*）学派」と呼ばれるグループである。彼らの考えでは、v_1、v_2 は労働者に与えられた賃金であって消費手段ではないから、これを $W_2^* \big/ W_2$ によって評価替えする必要はない。ただ、価格表示の賃金を価値ベースに読み替えるための換算比率として貨幣額表示の総付加価値を総労働量で割って得た比率（この単位はたとえば円／時間となる）が計算されさえすればよく、これ

5）　以上の解説は置塩（1977）第４章第３節を参考にしている。また、柴田の証明と置塩（1977）
　　第４章第２節を参照。

235

を彼らは「労働時間の貨幣表現（*Monetary Expression of Labor Time, MELT*）」
と呼んでいる。したがって、この考えでは、この比率 M を使って先の 2 式
は次のように書き換えられる。すなわち、

$$W_1^* = \left(c_1 \frac{W_1^*}{W_1} + v_1 M \right)(1 + r^*)$$

$$W_2^* = \left(c_2 \frac{W_1^*}{W_1} + v_2 M \right)(1 + r^*)$$

そして、ここでは未知数が W_1^*、W_2^*、r^* および M の 4 つとなって、上述の
2 つの総計一致命題を付け加えることができる。ただし、上記の①の条件で

---

6) 特殊的に両式が成立するケースは次のように求めることができる。まず、転化後の両部門の
利潤は $W_1^* - \left(c_1 \frac{W_1^*}{W_1} + v_1 \frac{W_2^*}{W_2} \right)$ および $W_2^* - \left(c_2 \frac{W_1^*}{W_1} + v_2 \frac{W_2^*}{W_2} \right)$、剰余価値は $W_1 - c_1 - v_1$, $W_2 - c_2 - v_2$

だから、総利潤 = 総剰余価値であれば、

$$W_1^* - \left(c_1 \frac{W_1^*}{W_1} + v_1 \frac{W_2^*}{W_2} \right) + W_2^* - \left(c_2 \frac{W_1^*}{W_1} + v_2 \frac{W_2^*}{W_2} \right) = W_1 - c_1 - v_1 + W_2 - c_2 - v_2$$

これを変形すると、

$$(W_1^* - W_1)\left(1 - \frac{c_1}{W_1} - \frac{c_2}{W_2} \right) + (W_2^* - W_2)\left(1 - \frac{v_1}{W_2} - \frac{v_2}{W_2} \right) = 0$$

ただし、我々は総価値 = 総価格（$W_1^* + W_2^* = W_1 + W_2$）を仮定していたから、$W_1^* - W_1 = -(W_2^* - W_2)$。
これを上に代入すると

$$\left(\frac{c_1}{W_1} + \frac{c_2}{W_1} - \frac{v_1}{W_2} - \frac{v_2}{W_2} \right)(W_2^* - W_2) = 0$$

ここで、$W_2^* = W_2$ はそもそも転形が存在しないことを意味するから、そうでない限りこの条件は
$\frac{c_1}{W_1} + \frac{c_2}{W_1} = \frac{v_1}{W_2} + \frac{v_2}{W_2}$ すなわち、$\frac{c_1 + c_2}{W_1} = \frac{v_1 + v_2}{W_2}$ を意味することとなる。今、第 4 章第Ⅲ節で
使ったマルクス拡大再生産の記号を使えば、

$$\frac{v_1 + v_2}{c_1 + c_2} = \frac{W_2}{W_1} = \frac{W_2 - v_1 - v_2}{W_1 - c_1 - c_2} = \frac{m_1(v) + m_2(v) + m_1(k) + m_2(k)}{m_1(c) + m_2(c)}$$

そして、この最左辺と最右辺の等号関係を使うと

$$\frac{m_1(c) + m_2(c)}{c_1 + c_2} = \frac{m_1(v) + m_2(v)}{v_1 + v_2} + \frac{m_1(k) + m_2(k)}{v_1 + v_2}$$

となるが、この式の成立は特殊な状況を前提とする。左辺は不変資本の蓄積率、右辺は可変資本
の蓄積率＋投入時点の可変資本に対する資本家消費の比率であり、これが一致する保証はないか
らである。たとえば上の式を第 4 章第Ⅳ節の表 4-2 で示された諸結果で計算すると左辺 $= \frac{\delta K/_B}{\delta K/_B}$、
右辺 $= \frac{\beta \delta \dot{K}/_B + (1 - (1 - \beta)\dot{s})L}{\beta \delta \dot{K}/_B + (1 - (1 - \beta)s)L}$ となり、先に計算した定常解 $\dot{K} = \dot{s} = 0$ の際に一致しないことがわ
かる。左辺がゼロとなるのに対し、右辺はゼロとならないからである。

は $c_2 = v_1 + m_1$ 部分が二重計算となるとの理由で、①′純生産物価値＝総付加価値という条件に代替されている。すなわち、

$$① \quad v_1 + v_2 + m_1 + m_2 = (v_1 M + v_2 M) + \left\{ c_1 \frac{W_1^*}{W_1} + c_2 \frac{W_1^*}{W_1} + v_1 M + v_2 M \right\} r^*$$

$$② \quad m_1 + m_2 = \left\{ c_1 \frac{W_1^*}{W_1} + c_2 \frac{W_1^*}{W_1} + v_1 M + v_2 M \right\} r^*$$

しかし、ある意味当然の帰結とはいえ、こうした M による評価替えを賃金 $(v_1 + v_2)$ 部分のみについて行なうのではなく、いっそ $c_1 + c_2$ の部分もしてはどうかとの考えがその後に発生する。すなわち、

$$W_1^* = (c_1 M + v_1 M)(1 + r^*)$$
$$W_2^* = (c_2 M + v_2 M)(1 + r^*)$$

の形式への転換であり、この考え方は当初、すべてのコストをマクロ変数の比である $MELT$ で換算しているという意味でその提唱者が *Macro-Monetary Interpretation*（マクロ貨幣的解釈）と自称した場合もあったが、後に現れた $TSSI$（*Temporal Single-System Interpretation*、時間的単一体系解釈）との対比で、$SSSI$（*Simultaneous Single-System Interpretation*、同時的単一体系解釈）と呼ばれることとなる。ここで、$SSSI$ と $TSSI$ がともに「単一体系」とされるのは、両者がともに $MELT$ を利用して事実上、価格次元のみですべてを論じる体系となっているからである。たとえば、本書第3章第1節の「マルクスの基本定理」では価値次元（投下労働量単位）の方程式体系と価格次元の方程式体系とが二重に存在しており、今回の「転化問題」とは実はこの前者をこの後者に「転化」するという問題であった。この意味で、マルクス体系は「二重体系」と理解されるのが自然なところを、「単一体系」としているのが $SSSI$ と $TSSI$ の特徴となっているのである[7]。

なお、$TSSI$ はこうして「単一体系」としてマルクス体系を新しく解釈するだけではなく、「転化問題」における c や v の「再計算」の不要性をそもそもそれらが異なる時間（前期）に支出されたものであるということから説明している。数学的な表現をすると、経済過程を同時方程式体系として記述するのではなく、定差方程式体系（ないし微分方程式体系）とする必要を論じた議

論と解釈することができる。実のところ、この意味では我々の「マルクス派最適成長モデル」も、投入と産出の時間構造を差分ないし微分方程式体系として表現しているので、通じるところがある。また、「新解釈」学派も $SSSI$ も $TSSI$ もそれらがすべて $MELT$ を利用する目的としての「現実の諸資本間の資本主義的競争過程の描写」[8] を重視していたとすれば、それもまた「マルクス派最適成長モデル」の目的としたところのものである。「マルクス派最適成長モデル」はすぐ後で議論するように「価格」と「価値（投下労

7）　以上では $MELT$ による価値の価格への換算を論じたが、この $MELT$ を逆に使うと現実に見える価格を価値（労働量）に換算することもできる。今、本書95ページで示した次の2部門の価値方程式を思い出そう。

$$t_1 = a_1 t_1 + \tau_1$$
$$t_2 = a_2 t_1 + \tau_2$$

これは両部門の生産物1単位当たりに実際に投入された労働の関係を示しており、もし各部門の生産物量が X_1, X_2 であれば、社会的総労働の投入産出構造は

$$X_1 t_1 = X_1 a_1 t_1 + X_1 \tau_1$$
$$X_2 t_2 = X_2 a_2 t_1 + X_2 \tau_2$$

となる。これが、資本主義に限らずすべての人間社会に客観的に存在している労働投入構造である（泉（2014）23-24ページ参照）。しかし、資本制のもとでは価格のレベルも存在し、それは

$$X_1 p_1 = X_1 a_1 p_1 + X_1 w_1 \tau_1 + X_1 \pi_1$$
$$X_2 p_2 = X_2 a_2 p_1 + X_2 w_2 \tau_2 + X_2 \pi_2$$

となる。ここで、p_1, p_2 は両財1単位当たりの価格、w_1, w_2 は両部門の労働力1単位当たりの賃金、π_1, π_2 は両財1単位当たりに資本家が獲得する利潤である。このとき、$MELT$ はM=$(X_1 w_1 \tau_1 + X_1 \pi_1 + X_2 w_2 \tau_2 + X_2 \pi_2)/(X_1 \tau_1 + X_2 \tau_2)$ となるから労働の投入構造は

$$\frac{X_1 p_1}{M} = \frac{X_1 a_1 p_1}{M} + \frac{X_1 w_1 \tau_1}{M} + \frac{X_1 \pi_1}{M}$$
$$\frac{X_2 p_2}{M} = \frac{X_2 a_2 p_1}{M} + \frac{X_2 w_2 \tau_2}{M} + \frac{X_2 \pi_2}{M}$$

のようになるが、この値が現実に存在する社会的総労働の投入産出方程式と異なることは明らかである。上で最初に示した社会的総労働の投入産出方程式は現実の労働の投入構造を表しているのに対し、$MELT$ を使った今回の方程式は支払われた価額を一種のマクロ変数である $MELT$ で換算した方程式にすぎず、たとえばこの方式では家事労働やボランティア労働など価格評価されない労働は無視されることとなり、もし価格がついていても他部門に収奪されている部門の労働が不当に低く評価されることとなる。この批判も泉（2014）23ページや306ページなどの重要な論点である。また、この批判は「単一体系学派」の議論が支配労働価値説にすぎないと主張しているに等しい。Shaikh and Tonak（1994）はそのような批判をしている。

8）　森本（2014）59ページ。

238

働）」の2つの次元を明確に持っているので「単一体系」と対立する立場にあるが、以上のような意味では趣旨を共有することのできる解釈を提供しているのである。

　こうして、前述の①②の「総計一致命題」は、①′②への変更を伴ったうえで以上のように「解決」することも可能である。しかし、その提唱者自身も（その当初は別として）これを「解釈」でしかないと論じているという意味で、これをもって「解決」ということはできない。この意味では、やはり①は成立しても②は量的には成立しない、しかし、それでも利潤が剰余価値を前提としていることは「マルクスの基本定理」で証明済みである、と総括すべきものと思われる。この定理の発案者である置塩も、このような立場をとっている。社会の全部門（この場合は消費手段生産部門と生産手段生産部門の2部門）で利潤が発生するとき、それには労働の搾取が条件となっている。そのことに変わりがないこと、言い換えると、総利潤が総剰余価値の再分配であることに変わりはないことこそが重要なのである[9]。

マルクス派最適成長論の場合

　こうした置塩の議論を「マルクス派最適成長モデル」のケースについて具体的に示してみよう。ただし、その前に、マルクスが『資本論』第3巻で述べた「利潤率」は厳密にいうと、利潤／費用価格ではなく、前貸し総資本に対する利潤の比率であって、これは現代の言葉では「投下資本利益率」に近い概念であることを述べておきたい。また、この「投下資本」ないしマルクスの「前貸し資本」には現代日本社会では賃金が含まれていないこと（これに対し固定資本は数年～十数年前からの前貸しとなっている）も重要だと考える。日本の民間企業の通常の月賃金の支払い日は月末近い25日となっているからである。これらの意味で、資本家（資本提供者）と経営者が一致していた過

9）　もう少し突っ込んで述べると、2つの条件のうち①は絶対的に必要であるが、②の総利潤は現実の市場競争で実現したものとして、場合によれば総剰余価値を上回ったり下回ったりできる。ただし、剰余価値が何もないとき、利潤は絶対に発生しない。

去の時代とは異なり、貨幣資本家と機能資本家が分離した現代社会における「利潤率の均等化」にふさわしい定式化は m/c ではないかと考えられる[10]。ここでは機能資本家（雇われ経営者）の所得は他の労働者と同じく v の一部として現象し（実際には m の一部を構成するが）、生み出される利潤は労働によってもたらされたのではなくすべて c 部分の成果として現象するようになっているのではないかと考えるのである。そして、もしそうすると、この m/c を今「投下資本利益率」と呼び、よって上に述べた「利潤率均等化問題」を「投下資本利益率均等化問題」の形に変形すると、

$$W_1 = c_1 + v_1 + m_1 \quad \text{および} \quad W_2 = c_2 + v_2 + m_2$$

の新しい「転化」の最初の式は投下資本利益率を r_i とすると

$$W_1' = c_1(1+r_i^0)+v_1 \quad \text{および} \quad W_2' = c_2(1+r_i^0)+v_2$$

となる。しかし、先と同様、この式は c_1, c_2 の価格変化を考慮できていないから、

$$W_1''=c_1\frac{W_1'}{W_1}(1+r_i^1)+v_1\frac{W_2'}{W_2} \quad \text{および} \quad W_2''=c_2\frac{W_1'}{W_1}(1+r_i^1)+v_2\frac{W_2'}{W_2}$$

ただ、これでも「再分配」は未完成なので、さらに

$$W_1'''=c_1\frac{W_1''}{W_1}(1+r_i^2)+v_1\frac{W_2''}{W_2} \quad \text{および} \quad W_2'''=c_2\frac{W_1''}{W_1}(1+r_i^2)+v_2\frac{W_2''}{W_2}$$

そして、最終的には、これも先と同様にして、以下の均等投下資本利益率 r_i^* と各部門の販売価額 W_1^* と W_2^* が得られる。

$$W_1^* = c_1\frac{W_1^*}{W_1}(1+r_i^*)+v_1\frac{W_2^*}{W_2} \quad \text{および} \quad W_2^*=c_2\frac{W_1^*}{W_1}(1+r_i^*)+v_2\frac{W_2^*}{W_2}$$

この場合、先の表 5–2 に対応する価格レベルの再生産表式は**表 5–3** のようになる。ここでは、転化後の c、v、m はそれぞれ c^i、v^i、m^i として表現され、これが最も現象に近い価格体系となっている。そして、もしそうすれば、

---

10)　こうした「賃金の後払い」を想定し、利潤率を c 部分にのみ掛けるという定式化は今では「スラッファの定式化」として広められている。

表 5-3　「投下資本利益率」均等化価格の再生産表式

	c^i	v^i	m^i	計
第1部門	$c_1 \dfrac{W_1^*}{W_1}$	$v_1 \dfrac{W_2^*}{W_2}$	$c_1 \dfrac{W_1^*}{W_1} r_i^*$	W_1^*
第2部門	$c_2 \dfrac{W_1^*}{W_1}$	$v_2 \dfrac{W_2^*}{W_2}$	$c_2 \dfrac{W_1^*}{W_1} r_i^*$	W_2^*
全社会	$(c_1+c_2) \dfrac{W_1^*}{W_1}$	$(v_1+v_2) \dfrac{W_2^*}{W_2}$	$\left\{(c_1+c_2) \dfrac{W_1^*}{W_1}\right\} r_i^*$	$W_1^*+W_2^* = W_1+W_2$

本書第 4 章で展開したマルクス派最適成長モデルの再生産表式も価格レベルに転換できるはずである。もっと具体的にいうと、第 4 章の表 4-2 はどのように価格レベルに転換されるか、という問題である[11]。そして、この問題はマルクス派最適成長モデルを価格レベルで解いた本書補論 1 の結果を整理するという作業に帰着し、その結果は表 5-4 に整理されている。ここでも、①コストとしての δK や L が p_k や w という価格で再評価（ウエイト付け）されていること、②同様に両部門の生産＝販売量である $\dot{K}+\delta K$ や Y も p_k や p_c で再評価（ウエイト付け）されていること（p_k, p_c はそれぞれ効用で測った生産手段と消費手段の価格、ただし、補論 1 では $p_k=p$, $p_c=1$ とおいていた）、③第 2 部門の m^p は投下資本ストックから得られる「利潤 (rK)」から減価償却を引いたものなので当然価値レベルの m とは異なる値となっているはずであること[12]、がわかる。これら 3 点は基本的に表 5-2 の特徴と同じである[13]。

　しかし、ここで注目しておきたいポイントは、表中第 2 部門の m^p を本書第 4 章第Ⅲ節末の(＊＊)式を使い、さらに生産手段のシャドウプライス μ を

---

11)　マルクス派最適成長論の価値レベルの再生産表式と価格レベルの再生産表式を最初に比較検討したのは金江（2011）である。

表5-4 「マルクス派最適成長モデル」(本書簡略版)の価格レベルの再生産表式

	c^p	v^p	m^p	計
第1部門	0	$w(1-s)L$	0	$w(1-s)L = p_k(\dot{K} + \delta K)$
第2部門	$p_k\delta K$	wsL	$r_c p_c K - p_k \delta K = p_k K\left(\rho - \dfrac{\dot{p}_k}{p_k}\right)$	$r_c p_c K + wsL = p_c Y$
全社会	$p_k\delta K$	wL	$r_c p_c K - p_k \delta K = p_k K\left(\rho - \dfrac{\dot{p}_k}{p_k}\right)$	$r_c p_c K + wL$ $= p_k(\dot{K} + \delta K) + p_c Y$

生産手段価格 p_k に置き換えて変形した $p_k K\left(\rho - \dfrac{\dot{p}_k}{p_k}\right)$ が含意するいくつかの

---

12) 表4-2と表5-4の総剰余価値と総利潤が一致する条件は、

$$(1-\beta)sL = \left(r + \frac{\beta\delta}{B} - p_k\delta\right)K$$

となるが、これは一般に成立するものではない。

13) 表5-4は本書で説明のために簡便化したモデルをベースとしているので第1部門では資本財が使用されておらず、よってその利潤がゼロとなるなど不自然さがある。そのため、両部門ともに資本財を使用するケースについても表5-5として示しておこう。これは本書第4章の注5のモデルについての計算結果である。表5-4と基本的に同形であることを確認されたい。

表5-5 「マルクス派最適成長モデル」(両部門とも資本投入のある完全版)の
価格レベルの再生産表式

	c^p	v^p	m^p	計
第1部門	$p_k\delta K_k$	wL_k	$\dfrac{K_k}{K}(r_c p_c K - p_k \delta K) = p_k K_k\left(\rho - \dfrac{\dot{p}_k}{p_k}\right)$	$r_c p_c K_k + wL_k = p_k(\dot{K} + \delta K)$
第2部門	$p_k\delta K_c$	wL_c	$\dfrac{K_c}{K}(r_c p_c K - p_k \delta K) = p_k K_c\left(\rho - \dfrac{\dot{p}_k}{p_k}\right)$	$r_c p_c K_c + wL_c = p_c Y$
全社会	$p_k\delta K$	wL	$(r_c p_c K - p_k \delta K) = p_k K\left(\rho - \dfrac{\dot{p}_k}{p_k}\right)$	$r_c p_c K + wL = p_k(\dot{K} + \delta K) = p_c Y$

点である。具体的には

① この $-\dfrac{\dot{p}_k}{p_k}$（＞0）の部分は企業家（機能資本家）の活動の社会的な貢

献の度合いを示している。というのは、ここでもたらされる効用で測っ
た生産手段の価格 p_k の下落とは、資本蓄積による企業活動の社会的成
果にほかならず、それはただお金を貸し与えただけの貨幣資本家の成果
ではない。正真正銘の企業家の「成果」である。そして、これが「剰余
価値」として現れているということは、つまりここに「搾取」の社会的
歴史的な存在理由があったということになる。ただし、この部分は資本
蓄積の進行に伴って傾向的に低下し、最適資本労働比率に到達した後に
はゼロとなる。価値レベルの表4-2で確認したのはそういうことである。
こうして価値／剰余価値レベルで論じたことが価格レベルで再確認され
る。置塩が利潤の諸現象も基本的には剰余価値の運動の反映にすぎない
と論じたのはこの趣旨においてである。

② しかし、こうして「低下」をしても、ここでの ρ が外生変数であるか
ぎり、この部分は最終的に定常に至ってもゼロとはならない。つまり、
資本主義では「利潤率の傾向的低下」が生じるものの、最終的にはゼロ
とはならない[14]。これは表4-2では得られなかった結論である。

14）　ただし、「利潤率の低下」自体は必ず生じる。表5-3の場合でも表5-4の場合でも、両部門の
価格の相違を無視して価格を p、資本のレンタルプライスを r と表現すると、利潤率は

$$\frac{(r-\delta)pK}{wL+\delta pK}$$

と表現できるが、これは第4章第Ⅲ節末の（＊＊）式を使って

$$\frac{(r-\delta)pK}{(\beta AK^{\alpha-1}L^{\beta})pK+\delta pK}=\frac{r-\delta}{\beta AK^{\alpha-1}L^{\beta}+\delta}=\frac{r-\delta}{\frac{\beta}{\alpha}(\alpha AK^{\alpha-1}L^{\beta})+\delta}=\frac{r-\delta}{\frac{\beta}{\alpha}r+\delta}$$

と変形できる。これは、

$$\frac{\partial}{\partial r}\left(\frac{r-\delta}{\frac{\beta}{\alpha}r+\delta}\right)=\frac{\left(1+\frac{\beta}{\alpha}\right)\delta}{\left(\frac{\beta}{\alpha}r+\delta\right)^{2}}>0$$

より、r の傾向的低下は利潤率の傾向的低下をもたらすことがわかる。資本蓄積の結果としての
資本のレンタルプライスの低下という「新古典派的」現象がマルクスの利潤率低下を帰結してい
るという因果関係を再確認されたい。

③ ただし、こうして「定常」すなわち資本蓄積ゼロでも剰余価値が存在し続けるということは、その剰余価値部分＝利潤部分が消費に回されていることを意味する（前章「単純再生産」のケース）。このことは、表4-3でも確認できる。ただし、本書が想定するモデルではそれは労働者の消費分も含んでいる。このことは本書補論1の分権的市場モデルでより明確に知ることができる。そして、もしそうすれば、ρに対応する部分が「利潤」として残ったとしても、それが全社会構成員間で平等に分配されるならば問題がないことになる。ピケティが「搾取の解消」を主張せず、「資産格差の縮小」のみを主張したのはこの意味で理解できる。

④ 最後に注目しておきたいのは、時間選好ρがゼロ成長下でも利潤を形成するということの意味である。前章第Ⅲ節末で強調したのは、このことがあっても、それが「マルクスの基本定理」が明らかとした搾取の本質（労働者が作り出したものと受け取ったものとの差であるということ）に変化をもたらさないことであった。しかし、ここでは逆に、「価値」と区別された「価格」が利潤率均等化のような各主体の権利要求によって決まると主張している以上、将来のリターンは現在の投資額を上回らなければならない、という投資家の利潤要求態度は重要になる。つまり、この問題は利潤率の均等化作用と同様、「価格」レベルの問題であること、そして、しかし、そのレベルでは非常に重要な問題であるということを強調しておきたい[15]。

商業部門を含む再生産表式と利潤率均等化

ところで、こうして「産業部門間」における平等の結果としての剰余価値の分配があるとすると、「産業部門」外で生産活動に携わらない部門との平等も達成される必要を論じることができる。このことはすでに前節で商業利潤の決まり方および満たすべき条件という形で論じている。そこでも産業資本の利潤率との均等化がひとつの重要な条件であったことを振り返っておき

---

15) 森本壮亮によると、マルクスはこの問題を『資本論』第3巻第4章で論じる予定であった。ただし、彼の死去によってそれは叶わず、エンゲルスの代筆に終わってしまっている。

たい。そして、もしそうすれば、今見たようにして産業部門間で均等化された利潤率と同じ利潤率が商業部門でも成立することとなる（前節第1項のモデルではそうなっている）。このとき、商業部門を含んで3部門となった利潤率の均等化モデルはどのような変容を遂げるであろうか。

　このことを調べるためにまず、商業部門を含む以下のような利潤率均等化前の再生産表式を設定する。

$$W_1 = c_1 + v_1 + m_1$$
$$W_2 = c_2 + v_2 + m_2$$
$$W_c = c_c + v_c + m_c$$

商業部門を表す最後の式の記号は前節第1項のモデルを踏襲しているが、商業部門はこの社会すべての商品を動かさなければならないから、この c_c は $W_1 + W_2$ の総額を回転数で割った額をカバーしていなければならない。ここではそれを仮定する。そのうえで、ここで重要なのはこの部門が価値を生まないということ、すなわち $W_c = 0$ ということである。このことは、たとえば単純再生産を仮定して素材の部門間取引を調べればわかる。具体的には

　　生産手段の部門間供給＝需要　　$v_1 + m_1 = c_2 + c_c$

　　消費手段の部門間供給＝需要　　$c_2 = v_1 + m_1 + v_c + m_c$

となるが、この連立式を解くと、$W_c = c_c + v_c + m_c = 0$ となる。これは m_1, m_2, m_c をそれぞれ $m(c) + m(v) + m(k)$ に分割した拡大再生産のケースでも同じであるので各自確かめられたい。もちろん、この部門でも $c_c + v_c > 0$ というコストが現実に支出されているが、この部分の費用支出は不生産的な活動に投下されているので価値移転も価値形成も行なわない。そして、その結果、$m_c = -(c_c + v_c)$ となって本来はこの部門の剰余価値の取得はマイナスでなければならない。価値を生産しない部門でコスト支出を行なっているからである。このことが $W_c = c_c + v_c + m_c = 0$ との式で再確認されることとなった。

　しかし、とはいえ前節で述べたように商業部門は流通期間の短縮によって生産的部門の剰余価値生産を助けることで、彼らの生産した剰余価値の一部を受け取る。このため、剰余価値の再分配後には商業部門の剰余価値はプラスにならなければならない。というより、資本家間の平等の原則はここでも

平均利潤率の成立を必要とする。マルクスが利潤率均等化論の直後に商業利潤論を持ってきていたのはこのためであった。そして、その趣旨から以下では商業部門を含む3本の再生産表式においてどのような利潤率均等化が行なわれるかを議論したい。

そこで、まず上記の商業部門の式について前節で導いた

$$\frac{c_c+v_c}{c_p+v_p}=\frac{\Delta c-\Delta c'}{\Delta p}\cdot\frac{r}{1+r}$$

との部門間比率を導入する。ここで r は利潤率であった。そこで、簡単化のためにこの右辺の $\dfrac{\Delta c-\Delta c'}{\Delta p}$ の部分を z と表現すると、$c_c+v_c=z\dfrac{r}{1+r}(c_1+c_2+v_1+v_2)$ となる。そして、もちろん、利潤率均等化のもとでは $m_c=z\dfrac{r}{1+r}(m_1+m_2)$ となるから、この結果、商業部門の式は

$$W_c=z\frac{r}{1+r}(c_1+c_2+v_1+v_2)+z\frac{r}{1+r}(m_1+m_2)$$

$$=z\frac{r}{1+r}(c_1+c_2+v_1+v_2+m_1+m_2)$$

$$=z\frac{r}{1+r}(W_1+W_2)$$

となる。したがって、前ページ再生産表式の第3式をこの式に差し替えて以下、前々項で行なった利潤率均等化の過程を追う。すなわち、まず均等化の第1段階では、

$$W_1'=(c_1+v_1)(1+r^0)$$
$$W_2'=(c_2+v_2)(1+r^0)$$
$$W_c'=z\frac{r^0}{1+r^0}(c_1+c_2+v_1+v_2)(1+r^0)=z(c_1+c_2+v_1+v_2)r^0$$

それが、第2段階では、

$$W_1'' = \left(c_1 \frac{W_1'}{W_1} + v_1 \frac{W_2'}{W_2}\right)(1+r^1)$$

$$W_2'' = \left(c_2 \frac{W_1'}{W_1} + v_2 \frac{W_2'}{W_2}\right)(1+r^1)$$

$$W_c'' = z\left(c_1 \frac{W_1'}{W_1} + c_2 \frac{W_1'}{W_1} + v_1 \frac{W_2'}{W_2} + v_2 \frac{W_2'}{W_2}\right)r^1$$

となる。そして、この過程を続けた後に到達する生産価格、平均利潤率の体系は次のとおりとなる。すなわち、

$$W_1^* = \left(c_1 \frac{W_1^*}{W_1} + v_1 \frac{W_2^*}{W_2}\right)(1+r^*)$$

$$W_2^* = \left(c_2 \frac{W_1^*}{W_1} + v_2 \frac{W_2^*}{W_2}\right)(1+r^*)$$

$$W_c^* = z\left(c_1 \frac{W_1^*}{W_1} + c_2 \frac{W_1^*}{W_1} + v_1 \frac{W_2^*}{W_2} + v_2 \frac{W_2^*}{W_2}\right)r^*$$

この帰結はいくつかの重要な内容を示している。商業部門の売り上げ W_c^* は上式左辺より $z\dfrac{r^*}{1-r^*}(W_1^* + W_2^*) = z\dfrac{r^*}{1-r^*}(W_1 + W_2)$ と書き換えられるから、産業部門全体の総生産のちょうど $z\dfrac{r^*}{1-r^*}$ 倍となること、もちろんその利潤（商業利潤）も $z\dfrac{r^*}{1-r^*}$ 倍となること、そのうち z は（1－流通期間の短縮率）なのでこの体系の外で決められていること、そしてその場合、体系内の未知数は W_1^*、W_2^*、W_c^*、r^* の 4 変数となるので、これらが解かれるために総価格＝総価値を示す 4 本目の制約式 $W_1^* + W_2^* + W_c^* = W_1 + W_2 + W_c$ が役割を果たすということである。前述のように当初の W_c はゼロであったから、最後の制約式は $W_1^* + W_2^* + W_c^* = W_1 + W_2$ と書き換えてもよい。このほうが、商業部門への価値配分の源泉が明示されていてよい。剰余価値は商業部門によっては生産されずただ産業部門から分配されるだけであるとの理論的想定の帰結である。

利子と企業者利得への総利潤の分割

　こうした商業利潤と同様、産業資本が生み出す剰余価値の分配として利子

がある。これは銀行や出資者といった貨幣資本家（貸付資本家）が産業資本から獲得するものである。たとえば銀行は社会に散らばって存在する多くの潜在的出資者から資金を集めて産業に投資するという重要な役割を果たすが、それが社会的に必要な費用であるかぎり、その費用（$c+v$）に見合った均等利潤を獲得する権利を有する。これが「利子」であり、このとき、出資者ではなく借入で活動する機能資本家は企業の「利潤」からこの利子部分を差し引いた残りを企業者利得として受け取ることとなる。しかし、ここで重要なのは、独自に機能資本家が企業活動で獲得した利益部分はやはり機能資本家に属するということである。このことは、本書第4章第Ⅲ節末で導いた資本のレンタルプライスと利子率の差を導くことによって示すことができる。この差がすなわち機能資本家の取り分となるからである。この意味で165ページで述べた「資本」への分配とは貨幣資本家と機能資本家への分配の両方を合わせたものとなる。

　このためにまず、ここでは本書第4章第Ⅲ節末で示された資本のレンタルプライス r_k と利子率 $\tilde{r}$ を再掲しよう。すなわち、生産手段で測った資本の実質レンタルプライス r_k と利子率 $\tilde{r}$ をそれぞれ左辺におき、さらに先と同様に生産手段のシャドウプライス μ を生産手段価格 p_k に置き換えて並べると

$$r_k = \delta + \rho - \frac{\dot{p_k}}{p_k} \qquad (+)$$

$$\tilde{r} = \rho + \frac{\dot{Y}}{Y}$$

　しかし、この第2式は瞬時的効用が本書のように $\log Y$ で表現されるとき、効用で測った消費手段の価格を p_c とおいて

$$\tilde{r} = \rho - \frac{\dot{p_c}}{p_c} \qquad (++)$$

と書き換えることができる。これは、$p_c = \dfrac{\partial \log Y}{\partial Y} = \dfrac{1}{Y}$ であるからであるが、瞬時的効用がCRRA（相対危険回避度一定）タイプの場合には一般に成り立っている。ともかく、このときには、機能資本家の取り分は減価償却分を含

めて表現すると

$$r_k - \tilde{r} = \delta + \frac{\dot{p}_c}{p_c} - \frac{\dot{p}_k}{p_k} \qquad (+++)$$

となる[16]。なお、以上の（+）と（+++）は減価償却分を含めて表現されているので、純粋な「利潤」と「機能資本家利得」を右辺に持ってくれば、次のようになる。

$$r_k - \delta = \rho - \frac{\dot{p}_k}{p_k} \qquad (+)'$$

$$r_k - \delta - \tilde{r} = \frac{\dot{p}_c}{p_c} - \frac{\dot{p}_k}{p_k} \qquad (+++)'$$

　こうして、マルクス派最適成長論モデルにおける利潤の利子と機能資本家利得への分割は明確に示すことができる。そして、特にここで重要なのは、①（++）で示された利子取得分が時間選好率に物価下落率を加えたものであること（マルクス派最適成長論では生産性改善の結果、効用単位の物価は一般に低下するので $\dot{p}_c/p_c$ はマイナス）、つまり「実質時間選好率」となっていることと、②(+++)'で示された機能資本家利得は企業活動により獲得された２財の相対価格の下落率分となることである。よく考えると、企業活動をするということは社会の平均労働生産性を上げ、（ここでは証明しないが）p_c より p_k をより速く下落させることによって $\frac{\dot{p}_c}{p_c} - \frac{\dot{p}_k}{p_k}$ をプラスにする。したがって、その「成果」をもたらした機能資本家がその成果分を取得することとなるのである。この「成果」は機能資本家が労働者を雇い、それを有効に使用することによって得られるものだから、個々の機能資本家にとってはそれが労働への「経営改善に対する報酬」[17]としてさらには「監督賃金（wages of

---

16)　（+）式および（+++）式の左辺を消費手段で測った資本の実質レンタルプライスで正確に表現すると次のようになる。

$$r_c = \frac{p_k}{p_c}\left(\delta + \rho - \frac{\dot{p}_k}{p_k}\right)$$

$$r_c - \tilde{r} = \frac{p_k}{p_c}\delta + \frac{p_k - p_c}{p_c}\rho - \frac{\dot{p}_k - \dot{p}_c}{p_c}$$

Onishi and Kanae（2015）ではその正確な導出を行なっている。

superintendence)」(『資本論』第3巻第22、23章)として現象するが、その額はもちろん個別に正確に把握できるわけではない。このため、貨幣資本家と機能資本家との間に利害対立が生じる。しかし、いずれにしても、こうして貨幣資本家は貨幣の貸与によりその消費をしばらく「忍耐」したことへの褒美を受け、機能資本家はその「機能」の成果分を取得することとなるのである。

　なお、本書のマルクス派最適成長論ではこの「機能」たる労働生産性の上昇は資本蓄積の推進による「最適資本労働比率」への接近（まさにこれが資本家が担う資本主義の歴史的役割であった）としてのみ行なわれるから、両財の価格下落として現れるその「機能」は最適資本労働比率への到達＝成長の停止によって終了する。そして、そのため、その時点で「機能資本家利得」はゼロとなることとなる（この結果、当然(+)′で示された利潤率も低落する）。ただし、この時点でも(++)式の利子取得は残るから、「全面的な搾取の廃絶」には、何らかの形で外的な作用が必要となろう。それには196ページで見たような社会全般における時間選好自体の変化や「消費忍耐の対価としての不労所得」を否とする社会感情[18]の成立が最重要な条件となろうが、そのような条件さえあれば政府は貨幣資本家の利子要求を抑えることは容易となり、また企業内でも労働者による賃金分配率の引き上げは容易となろう。このときには、そうした「不条理」に耐えかねる貨幣資本家は資金提供者として退場するかもしれないが、逆に利子要求をしない「寄進家」的な資金提供

17）　マルクスは『資本論』第3巻第5章で不変資本充用上の合理的な節約も、それが労働者の関心とはならず資本家のみが注意を払う「資本家の機能」として現れることを述べている。ただし、このことは「経営改善」の成果が直接には労働者の利益になっていないこと＝資本家の利益（さらにいえば「最もくだらない最も卑しむべき種類の貨幣資本家」（『資本論』第3巻第5章、ディーツ版、114ページ）の利益）にのみ帰結するという資本主義的制度に起因している。

18）　この感情は歴史的には自然なものであり、コーランに限らず、実は新約聖書や旧約聖書にも書き込まれている。ただし、中世ヨーロッパにおけるキリスト教会による高利貸への攻撃は剰余価値取得を狙う対抗勢力としての高利貸階級に対する階級闘争としての性格もあった。したがって、中世ヨーロッパの主要な封建領主階級としての教会とその下にあった小生産者階級の打倒にとって果たした高利貸の役割も無視できない。実際、その後の資本主義発展の基礎的条件には利子容認への社会意識の変化が不可欠であった。この点は『資本論』第3巻第36章参照。

者が増えているに違いない。利潤要求を行なわない「企業家」によるNPO
（非営利団体）のイメージもこれに近い。

　ところで、こうした「出資」をする側として登場した銀行ももともとは自
分のお金で投資をするのではなく、他人の資金を集めて投資＝貸付をする存
在である。この意味で、前近代から発達していた商人と生産者との間の掛け
売りという商業信用システムにとどまらないこの銀行という社会制度の成立
は、資本主義の発達に極めて大きな役割を果たした。この制度化によって小
口の資金は大規模に集められて機能資本家の利用に供されることとなり、資
本の集中も促進される。株式会社や投資信託制度などの発達もこの延長にあ
り、少しでも利潤率の高そうな分野にはすぐに資金が集まり、そうでない分
野は競争に敗退する。こうして資本間の競争が強まると、当然にそれぞれの
間の利潤率格差は縮小して「平均利潤率」はより現実的なものとなる[19]。

土地独占と地代

　さらに、資本間の平等という問題は、企業に賦与した生産上の有利な条件
による特別利潤をその提供者が取得するという関係をも成立させる。たとえ
ば、第3章で示した図3-2に似た図5-2のようなケースを考えてみよう。
ここでは図3-2と違って、①地主から耕地の提供を受けている農業企業を事
例としている、②生産性の異なる労働者ではなく肥沃度の異なる土地が並べ
られている、③図の縦長の棒のひとつひとつが個別農業企業（a, b, c, d, e,
f, g, h……）を意味している、④DBの横線は市場が要求するこの生産物の
最低限の生産性である（これ以下の生産性のものは利益が上がらない）と仮定
する。このとき、ここで企業活動を継続できる農業企業はa、b、c、d、e
に限られるが、問題はここでaがb、c、d、eより、bがc、d、eより、cが
d、eより、dがeより多く獲得できる利益の源泉が土地の肥沃さによって

---

19)　ここでの銀行も利潤目的で設立・運営されているから、「平均利潤率」はこの銀行部門でも成
　　立しなければならない。しかし、この部門が獲得できる総剰余価値は本章249ページ（＋＋＋）′式
　　の利子率で制約されているから、いくらでも参入できるわけではない。銀行が一国において投資
　　できる総投資額は（一国の総剰余価値／平均利潤率）で上限が画されている。

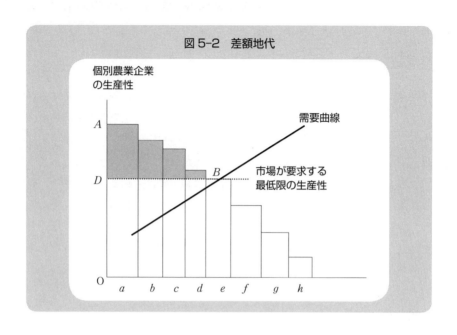

図5-2　差額地代

いるということである。このような場合、その土地を提供している地主はその貢献度に応じた利潤分配を要求するであろう。そして、これによって成立する地代（図の灰色の部分）をマルクスは「差額地代」と呼んだ。DB線とそれぞれの生産性との「差額」分がそれを形成しているからである。このとき、農業企業間の利潤率が均等化し、どの土地を利用するかに関わらないという平等性が確保されることになる。

　ところで、この肥沃度は各地片への追加投資によって改善されることもある。よい土を運び込むとか、灌漑施設を整備するなどの努力であり、これによって改善した肥沃度の差もまた、差額地代を構成する。この部分は「差額地代の第2形態」とされ[20]、特に追加投資前の元々の差額地代部分は「差額地代の第1形態」として区別されることになる。なお、借地者による追加投資がこの差額地代の第2形態に与える影響は極めて複雑なものとなっている。この点は大西（2021予定）を参照されたい。たとえば、総生産量一定、価格不変の下での追加投資はコブ・ダグラス型技術の下で総地代不変、面積当た

り地代上昇という効果を持つことが解明されている。最後に、ここでは農業を事例とし、「土地」の生産性を肥沃度として表現したが、「土地の生産性」というものは、鉱業における鉱脈の有無ないし良し悪し、商業における立地（客の集まるところか否か）、工業における資材や人材確保の便利さについても同様に存在する。これらの場合も同様の論理で地代が発生することを知っておきたい。

　こうして「資本間の平等」は「地主と資本家との間の平等」の権利としても拡張され、新たに地代というものを理解することができるようになったが、この特質をしっかり理解しておくために先の図 3-2 のケースとの本質的な違いを指摘しておきたい。というのは、図 3-2 の場合には高い生産性を有する労働者（あるいはよく努力した労働者）も灰色の部分の利益を取得できず、資本家にとられてしまうことを想定していた。しかし、今回、図 5-2 ではそのように想定せず、その生産要素＝土地の提供者である地主にその部分は取得されてしまう。したがって、ここにはそれを可能とする地主の特別なパワーが想定されていなければならず、それは「土地」というものの有限性に根拠づけられている。資本主義下の労働者は第 3 章で強調したように（たとえ生産性の高い労働者であっても）不熟練化し、基本的にはいつでもとって換えられる存在としてある。しかし、農耕地は有限であり、たとえ遠く離れたところに同様の肥沃度の土地があっても、そこに行くには移動コストがかかる。このため「土地」は本質的に有限であり、それがこの生産要素の所有者の交渉力を決定づけている[21]。この問題が第一のポイントである。

　このため、「土地」の問題は「独占」の問題でもあり、図 5-2 の地主 e も

---

20)　この土地改良が借地期間内に借地農業者によって行なわれる場合には、それによる超過利潤が「地代」としてではなく「利潤」として借地者に取得されることになる。ただし、借地期間を超えるとこの利益は地主のものとなり、特にこの土地改良が恒久的な性格を持つ場合、こうした資本投下の成果は土地そのものに組み込まれるため最終的には地主によって地代として取得されることになる。

21)　このことを逆にいうと、「土地」が無限であるとき、地代の成立が非常に困難になることを意味している。そして、実際、新大陸での白人の入植時にはこうした状況が発生している。Piketty（2013）もこのことを重視し、その第 6 章でヨーロッパよりはるかに広大な新大陸の土地の価格がヨーロッパのそれよりはるかに低かったことに言及している。

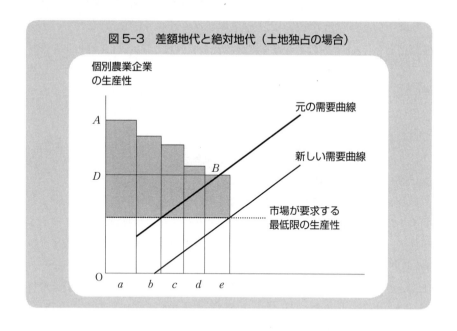

図5-3 差額地代と絶対地代（土地独占の場合）

個別農業企業
の生産性

元の需要曲線

新しい需要曲線

市場が要求する
最低限の生産性

A

D

B

O

a　b　c　d　e

が地代を取得しうる状況も想定しうる。たとえば、「土地」というものが本質的に限られ、f、g、hのような土地が存在しない場合、かつより大きな需要の存在するようなケースは図5-3によって示される。ここでは、「より大きな需要」なので需要曲線（これは縦軸が「生産性」となっているので通常の需要曲線とは逆に右上がりとなっている）は図5-2のときより右に位置し、よって最劣等地のeでも地代が発生し、これに伴って他の土地でもそれと同じだけの地代が追加されている。マルクスはこの部分を「絶対地代」と呼んでいる[22]。

　しかし、こうしてマルクス地代論が土地独占と農産物の需給理論に依存す

---

[22]　マルクスは、これによって発生する地代の源泉が当該部門（ここでは農業）の本来生産した剰余価値からのものにとどまっているのか、他部門の生産した剰余価値からの移転にまで及んでいるのかを問題とし、より大きな土地制約、より大きな需要のもとで後者の状況にまで至っているものを「独占地代」と呼んだ。ただし、両者の発生根拠は基本的に同じであり、近代経済学ではこの両部分をあわせて「レント」と名づけている。

る枠組みとなっているからといって、労働価値説に固有の議論が消えている
わけではない。この地代論はマルクスが『資本論』全 3 巻の最後に論じた
「価値論」（所得理論）であり、それだけに最も抽象度の低い、よって現実の
現象を現象として説明しうる枠組みとなっているのであるが、『資本論』の
一部である以上、その源泉を価値論レベルで説明しないわけにはいかない。
そして、その意味でマルクスはこうした地代の源泉が生産部門の剰余価値生
産にあることを次のような例で説明している。

　たとえば、製粉所が落流に近接してあるとしよう。この場合、蒸気機関を
必要とすることなく製粉の作業機を動かすことができるから製造コストは安
くなる。このため、落流を提供できる立地の土地提供者はある地代を要求す
ることとなるが、これは論理的に蒸気機関を使う製粉業者と落流を使う製粉
業者とがともに存立しなければ成立しない状況を想定していることになる。
逆にいうと、本来「よりコストの低い」落流の製粉業者だけが成立しえ、
「よりコストの高い」蒸気機関の製粉業者が消えうせるほどに製粉需要が縮
小してしまった場合には、あるいは逆に製粉需要を全部賄えるほどに落流の
利用できる土地が何らかの事情で増大した場合には（これは土地独占が消失
することを意味する）、落流は自然の自由な利用となって地主は地代請求をす
ることができなくなる。つまり地代が消滅する。これは、たとえば、空気や
水が十分に自然にあふれているとき、その提供者が代金を請求できないのと
同じである。再度逆にいうと、そのような無制限の利用ができず「独占」が
成立しているときにはじめて非自然的な労働投入による当該条件の整備（こ
こでは蒸気機関あるいは空気や水の生産）が必要となり、したがってこの部分
が「地代」として世に登場することとなっているのである。この意味で「地
代」の額はそれがどれだけの労働投入を省くことができたかということによ
って決まっている。投下労働価値が地代決定にとっても決定的というのはこ
の意味においてである。マルクスは先に見た商業利潤や利子と同様、これら
の意味で地代を「剰余価値の再分配」としたのである。

　ところで、以上のような自然力の独占による地代の発生に準ずる事態は、
すぐには供給を増やせない優秀な資本設備や労働力についても生じうる。優

秀な資本設備や労働力はそれに対応した超過利潤を発生させるが、もちろん
これは長期には消滅する。同質の資本設備や労働力も時間をかければ形成さ
れうるからである。しかし、それには時間がかかるので、それまでの間は超
過利潤が発生する。この現象は近代経済学では「準地代」という概念で、マ
ルクス経済学では特別剰余価値の理論という形で整理されている。

　なお、土地が労働生産物でないこと、また希少性が地代の源泉であるとい
う性質は美しい自然環境についてもいえ、それを求める人々の欲求はそれに
金銭的価値を付与する。たとえば、お金を伴う観光・見学や当該の自然を守
るためのさまざまな費用の支出であり、正当な行為である。この正当性を強
調するがためにエコロジストは「労働によって生産されたものだけが価値を
持つ」との労働価値説を否定するが、その本質は労働価値を含まないにもか
かわらず成立する「価格」のひとつとしての「地代」にすぎない。

資本主義的現象としての資産価格の上昇

　20世紀になると資本主義は鉄鋼、造船、電力、鉄道など「規模の経済性」
のより強い重厚長大型産業の隆盛で産業の集積・集中が生じて「独占資本主
義」という新たな段階が始まる。また、これら独占資本が金融を通じて結合
する際に銀行が決定的な役割を果たすことで銀行資本と産業資本の結合体と
しての「金融資本」が成立する。さらに、21世紀の資本主義ではこれら
「金融」の役割が一層拡大し、「金融化」や「金融資本主義」といわれる現象
が現れている。ただし、これらの現象の中核を占める資産価格の上昇は「独
占資本主義」に特有な現象というより、資本主義になって以降の一般的な現
象であった。このことを以下で簡単に示したい。

　今、市場利子率を $\tilde{r}$ とすれば、各資産はその生み出す「利益」をその利子
率 $\tilde{r}$ で割った

$$\frac{当該資産の生み出す利益}{\tilde{r}}$$

でその投資対象としての「価値」が表され、よってそれが当該資産の市場価
格となる。たとえば、年間100万円の収益をもたらす土地は市場利子率5％

のとき、2,000 万円の価格がつく。その土地の整備に 2,000 万円相当の労働力が投下されたかどうかではなく、それがそのような収益をもたらすとすれば、金利 5 ％で 2,000 万円を銀行に預けるのと同じありがたさであるからである。こうした資産の価格付けは「資本還元」と呼ばれる。そして、この計算式を使えば、企業資産の部分価値たる株価は資本主義の成長過程で上昇することを示すことができる。

　というのはこういうことである。株式に代表される金融資産はリスクを負わねばならない分だけ無リスクの金融資産利子率を上回らなければならない。この差をリスクプレミアムというが[23]、そのため、株式価格はそのリスクプレミアムを含めた配当率を無リスクの利子率で割った価格で「資本還元」されることとなる。これは、厳密にいえば、株式市場でそれぞれの株式の「リスク」を低く評価する者と高く評価する者がいる中で、その前者の者が「市場のリスクプレミアム」と「自己評価のリスクプレミアム」とのギャップ分だけ株価を高く評価することから生じる現象である。今、もし市場利子率を $\tilde{r}$、リスクプレミアムを r_p とすると、そのリスクを無視する株価購入者の株式評価額は、本来の株式価格（株価発行時の株式価格、理論的には企業の総資産を株式発行数で割った価格）の

$$\frac{\tilde{r}+r_p}{\tilde{r}}$$

倍となる。このため、株式発行時に株式を取得できた者は、その後、この分だけの株価上昇の利益を得ることとなる。これが創業者利得と呼ばれるものである。このようにして追加された資産の価格評価は社会的名目総資産の拡大を構成することとなる。

　ただし、株式市場における株価の上昇はこの後も続く。なぜなら、上式の分母の $\tilde{r}$ には ρ という下限があっても[24]長期的に下落するからである。そし

23)　「リスクプレミアム」という言葉さえ使わなかったが、この概念はマルクスも知っていた（『資本論』第 3 巻第 36 章、ディーツ版、611 ページ参照）。また、同第 12 章第 3 節では船舶業などかなり大きなリスクにさらされる事業の価格設定が他より高くなるという事情も説明している。同趣旨の問題である。

て実際、マルクスも『資本論』第3巻第37章で利子率の長期的低下が地価の傾向的上昇を招くと述べている。地価を含む現代の資産価格の上昇問題はこうして、現代に特有の現象ではなく「資本主義」そのものに内在する一般法則であることがわかる。

　他方、これと関わって地代の長期的一般的な上昇も簡単なモデルで説明することができる。というのは、今、一般に生産、全要素生産性、資本、土地をそれぞれ Y、A、K、N とした簡単な生産関数を

$$Y = AK^{\alpha}N^{\gamma}$$

のように設定すると、「価格」のレベルでの地主の請求権としての土地の限界生産力はマルクス地代論の想定通り

$$\frac{\partial Y}{\partial N} = \gamma AK^{\alpha}N^{\gamma-1}$$

との形で逓減するが、ここでもし限界地を N^* と記すと、N の関数として示せる土地の限界生産力は $\gamma AK^{\alpha}N^{\gamma-1}$、限界地の限界生産力は $\gamma AK^{\alpha}N^{*\gamma-1}$ となって、各地の差額地代は $\gamma AK^{\alpha}N^{\gamma-1} - \gamma AK^{\alpha}N^{*\gamma-1} = \gamma AK^{\alpha}(N^{\gamma-1} - N^{*\gamma-1})$。この時、差額地代の総額は

$$\int_0^{N^*} \gamma AK^{\alpha}(N^{\gamma-1} - N^{*\gamma-1})dN = \gamma AK^{\alpha}\left[\frac{1}{\gamma}N^{\gamma} - N \cdot N^{*\gamma-1}\right]_0^{N^*} = \gamma AK^{\alpha}\left(\frac{N^{*\gamma}}{\gamma} - N^{*\gamma}\right)$$
$$= AK^{\alpha}N^{*\gamma}(1-\gamma)$$

となり、資本蓄積の進行（K の増大）に伴って上昇することとなるからである。この場合、土地面積当たりの地代となる $AK^{\alpha}N^{*\gamma-1}(1-\gamma)$ も K の増加関数となって資本蓄積の進行が地価の上昇を招くこととなる[25]。もちろん、

---

24)　これは本章248ページの（++）式によって示されており、かつまたマルクス自身にもそうした認識の跡が見られる。『資本論』第3巻第27章、ディーツ版、453ページで利子率を平均利潤率の低下を阻止する要因のひとつとしているからである。

25)　K の増大による地代の上昇は『資本論』第3巻第41章、ディーツ版、704-705ページでも強調されている。

ここでの土地 N は必ずしも労働生産物ではなく、したがって「価値」を持たないが、前項で見たように「価格」レベルでたとえば上記のような限界生産力に応じた地代要求を行なう。そして、それが、増大する K や L に比して増大しない N という土地の「希少性」がこの価格上昇の原因となっているというのが重要である。ついでにいうと、こうして土地の限界生産性が高まるが、それに加えて利子率は上記のように低下する。このため、「地価」には二重に上昇圧力が加わることになる[26]。

　なお、一点付言しておくと、マルクス派最適成長論では人口一定の場合、K の蓄積は（技術一定のもとでは）ある点で停止し、そこで Y の成長も止まるから、前記の $(\tilde{r}+r_p)/\tilde{r}$ も地代もゼロ成長時に定常化することとなる。したがって、このゼロ成長でももし各種の資産価格が上昇していれば、それは（技術変化に伴う K の追加的蓄積の効果でないかぎり）バブルを構成することとなる。こうして何が「正常」な資産価格の上昇であり、何がバブルかの識別もマルクス経済学の研究領域とすることができる。

地主階級と諸階級との矛盾

　こうして新たに特殊な階級としての地主階級の存在を知らなければならないが、彼らは資本家階級の利益とも労働者階級の利益とも矛盾する階級として当初は資本主義の発展を阻害し、逆に資本家階級と労働者階級は一致して彼らと闘った。そうした利害関係は次のようにも示すことができる。まず、価格ベースの式として最も単純な本書95ページの式を思い出そう。この両部門で均等利潤率 r が設立していれば、この両式は

---

[26]　現代は農業部門の絶対的縮小により農地地主の力はなくなっているが、代わって家賃地代の取得者としての「地主」が成長してきている。このことはピケティによっても指摘されていて（Piketty（2013）の図6-8）、これがピケティのいう20世紀後半からの「資本分配率」の上昇の主要な原因であるように思われる（Piketty（2013）の図6-5参照）。ピケティでは利子を生むすべてのものが「資本」と定義されていて、その結果、マルクス経済学のいう生産手段としての「資本」への分配に変化がなくても、ピケティのいう「資本」への分配率が上昇するということが起きているように思われるのである。現代資本主義ではこの意味で再び「地主階級」を論じることが重要になっている。バブル経済もその多くが土地をめぐるものであった。重要な研究テーマとして特記しておきたい。

$$p_1 = (a_1 p_1 + \tau_1 R p_2)(1+r)$$
$$p_2 = (a_2 p_1 + \tau_2 R p_2)(1+r)$$

と書き換えることができるが、「地主」が典型的な形で現れる農業は主に消費手段を生産するという意味で、この第2部門で地代が発生するとしよう。マルクスも同様の想定をしている。このとき、消費手段価格で測った実質地代をΩとおくと、上の両式は

$$p_1 = (a_1 p_1 + \tau_1 R p_2)(1+r)$$
$$p_2 = (a_2 p_1 + \tau_2 R p_2)(1+r) + \Omega p_2{}^{27)}$$

となる。このΩが資本家の利益rや労働者の利益Rとどのように関わっているかを計算してみよう。そのためにまず、この両式のp_1とp_2を整理すると

$$\left(\frac{1}{1+r} - a_1\right)p_1 - \tau_1 R p_2 = 0$$

$$\frac{1}{1+r} p_2 = a_2 p_1 + \tau_2 R p_2 + \frac{\Omega}{1+r} p_2$$

この両式それぞれから相対価格p_1/p_2を計算すると、

$$\frac{p_1}{p_2} = \frac{\tau_1 R}{\dfrac{1}{1+r} - a_1} \qquad\qquad (※)$$

$$\frac{p_1}{p_2} = \frac{\dfrac{1-\Omega}{1+r} - \tau_2 R}{a_2}$$

この後者の式は地代Ωの上昇が第1財の第2財に対する相対価格p_1/p_2の下落を招くことを示している。地代が発生する部門の価格が上昇し、その分地代をとらない部門の価格が下落するということ、その部門が不利益を受ける

---

27) 根岸（1985）第5章はこれに類する定式化を価値方程式に組み込み、本書第1章が「労働価値説的状況」とした価値と投下労働量との比例性が成り立たなくなると主張する。しかし、マルクスにおいて土地投入自体は価値を生まないのでこの議論は誤っている。注意されたい。

ということである。

また、上の2式は一致しなければならないから、

$$
\frac{\tau_1 R}{\dfrac{1}{1+r} - a_1} = \frac{\dfrac{1-\Omega}{1+r} - \tau_2 R}{a_2}
$$

これを整理すると、

$$
a_2 \tau_1 R = \left(\frac{1}{1+r} - a_1 \right)\left(\frac{1-\Omega}{1+r} - \tau_2 R \right)
$$

ここで(※)の式より $\dfrac{1}{1+r} - a_1$ は正だから、この式は Ω が上昇するとき、他

の条件が一定なら r は小さくならなければならないことを意味している。こ

うして地主階級の利益と資本家階級の利益は矛盾している。

　他方、労働者階級の利益との関係はどうだろうか。そのために上の式を

$$
\left(\frac{1}{1+r} - a_1 \right)\left(\frac{1-\Omega}{1+r} \right) = a_2 \tau_1 R + \left(\frac{1}{1+r} - a_1 \right) \tau_2 R
$$

と変形しよう。そうすると、再び $\dfrac{1}{1+r} - a_1$ が正との条件を利用して、Ω が

上昇するとき、R は下落しなければならないことがわかる。つまり、地主階

級の利益は労働者階級の利益とも矛盾する。

　資本主義は以上の意味で、地主階級の利益と新興の資本家階級および労働

者階級の利益は対立関係にあり、したがって後者の両階級は同盟して地主階

級と闘った。資本主義勃興期の歴史の基本はこうした階級闘争の歴史であっ

た[28]。

---

28)　本項の執筆にあたっては置塩（1977）第1章第12節を参考とした。

第 *6* 章

資本主義的生産に先行する諸形態

I　迂回生産システムの飛躍的発展としての農業革命

農業革命による生産力の飛躍的な発展

　前章までの４章では「近代社会の経済的運動法則」(『資本論』初版序文)、すなわち資本主義の生成と死滅、死滅後の社会について概要を説明した。これらはマルクス『資本論』全巻の内容とその現代的発展の解説である。こうしてマルクスは「資本主義の仕組みの解明」に全身全霊をささげた。ただし、実は、マルクスは『資本論』の第２巻、第３巻の執筆を進めつつも、資本主義以前の生産様式の解明の必要性を強く感じており、そのことは1939年に『資本主義的生産に先行する諸形態』と題するマルクスの遺稿が旧ソ連で発表されたことで明らかになった。この研究は生前に発表されていないということも含めて、彼が最後まで研究中であったことを知ることができる。それほど、新しい歴史研究、考古学研究の成果はマルクス体系の完成にとって重要であったのである。

　そのため、この資本主義以前の生産様式に関する現時点の私の研究成果を公開し、本書の本文を閉じることとしたい。本書には本書としての資本主義理解、『資本論』理解があるので、それに沿えば「資本主義的生産に先行する諸形態」の理解はどうなるのか、といった問題の解説である。そして、その最初は資本主義以前の原始共産制末期から農奴制に至る社会についてであ

る。本書では、この全期間の社会をまずは同質のものとして論じ、その後にその内部の区別を論じる。その理由は、どちらもが「農業社会」として、あるいは「農業時代」としてまずは同じ基本的な特質を持っていたからである。

　この「農業社会」ないし「農業時代」としての共通性は特別に重要である。なぜなら、農業の発明（以下で「農業革命」という場合はこのことを意味する）による狩猟採集社会からの決別の人類史における大きさは産業革命以上であるからである。このことは、第1章でマレーシア北ボルネオに住むイバン族の社会に言及した際にも論じた。狩猟採集でのみ生きる社会の人口保蔵力は極めて低く、それが首狩りという人口制限の文化をもたらしていたという話である。こうして人口は生産力の直接の反映であった。たとえば、京都大学の東には吉田山という小山があるが、原始の時代、その面積で何人の人間が生きられたかを想像してみよう。全山でたとえばウサギが10羽ほどいたかもしれないが、そのうちの半分を1年で獲れるとしても、それだけでは一家の1年の生計を立てることはできなかった。おそらく「左京区」全体で見ても数家族程度しか生きられなかったであろう。これが狩猟採集社会の生産力であった[1]。

　しかし、農業の登場は状況を一変させる。マレーシア北ボルネオ、特にそのサラワク州の例でいうと、1868年から組織的に移入することとなった華人が初めてジャングルを開拓して農業を本格的に始めたが、それでもその当初の人口はイバン族などジャングルの先住民族とは比較不能なほどの差があった。しかし、2000年のサラワク州の人口調査では、マレー系22%、華人系26%、イバン族29%、ビダユ族8%となっていて、イバン族と華人系の人口比はほぼ同じである[2]。つまり、何千年、何万年もここにいた民族と百数十年前にやって来た民族の人口比が同じとなるほど狩猟採集民族の人口成

---

1) 　多くの狩猟採集社会には出生自体を制限する独自の方法があった。また、定住前の狩猟採集社会には子育て困難による人口増の制約もあった。

2) 　マレー系は本来島々を渡る商業民族でありここでの比較対象ではない。また、ビダユ族もまたイバン族と同様のジャングルの首狩り族であったからイバン族の人口に加えて比較するのがよいかもしれない。

長率は低く、農業民族の人口増は早かったということになる。私も移民直後の状況を再現した華人の農家を見学して、いかに小さな面積で彼らが一家を養っていたかを知ることができた。イメージでいうと、普通の小学校の運動場の3分の1程度か。ここ数十年のイバン族の人口増はかなり激しいから、たとえば戦後のマレーシア独立時の人口比としてはほぼ間違いなく華人がイバン族などジャングルの狩猟採集民族を上まわっていたはずである。

　実をいうと、こうして農業を知らない民族が後に進出した農業民族に人口比で逆転されるというようなケースは人類史には数限りない。日本において縄文人が弥生人にとって代わられたのはそのひとつである。縄文人も栗などの初期的農業を行なっていたことは確認されているが、まだ食糧の主体は狩猟採集に依存していたから本格的農業とはいえない。つまり、本格的農業民族が狩猟採集を主体とする先住民族を駆逐したのである。また、タイからカンボジアにかけての現在の稲作民族も雲南省あたりから南下してきたモンゴロイドであったということも興味深い。この地にはもともと、雨季乾季の交替で水位が季節的に変動することを利用した漁労民がいたところを、その条件が稲作に最適であることを発見した新民族が進出して急速に人口を拡大したものである。最後に、ベトナムでもBC2万年頃には狩猟採集のソンビ人がいたところに、BC1万年頃には初期農業を展開するホアビン文化、BC8000～6000年頃には稲作を始めたバクソン文化となり、さらにBC4000年頃のタップト文化、BC3000年頃のバウチョ文化、ハロン文化となって農業が定着する。これらの転換にも、さらにはその後の歴史段階にも、幾度もの民族の転換が繰り返されているのである。

耕地蓄積社会としての農業社会

　ところで、この農業＝植物栽培の開始はおよそ1万年前の近東地域といわれている。となると、ホモ・エレクツスが登場した百数十万年前から数えるとそのほとんど、ホモ・サピエンスが登場した十数万年前から数えてもその大部分は、狩猟と採集しか人類は知らなかったことになる。これは農業というものを思いつくことの難しさを反映している。

たとえば、今、近東地域で最初に栽培された麦類および豆類を考えてみよう。これを食べるためには、すでに人類が火を自由に操れるようになっていたことがもちろん前提であるが、それ以外にも想像すべきは、原生の麦は少しの風で穂がぱらぱらと飛び散るやっかいなものであったこと、さらにそれらが１カ所に集中して生えていたのではなく野原にばらばらに生えていたということである。農業が開始されるには、それらを１カ所に集めて、かつ時間をかけて育てるということを思いつかなければならない。しかし、そのためには「定住」が先行していなければならないということも想像できる[3]。年じゅう移動していれば手間のかかる世話ができないばかりでなく、せっかく植えた作物を他人に盗られてしまうだけである。そして、そのために、何らかの理由で「定住」が先行したというのが現在の考古学の到達点となっている。

　たとえば、農業成立以前でも貝塚を形成できたような地域には定住できるだけの豊富な採集食物があったのであり、かつシャケを中心とした漁労で栄えた北アメリカ北西岸の先住民にも定住の条件があった。また、これは諸説があって確定的なことはいえないが、農業に先立って牧畜が成立し、それが定住化を推進したとの見解もある。そして、最後には、地球規模の寒冷化・乾燥化という気候変動が人類をして手間のかかる農業を強制したのだという理解もある[4]。そうしないと、それ以前の温暖な気候と定住によって増えた人口を維持することができなくなったからという説明である[5]。

　これらの説明はどれにしても非常に興味深い。というのは、海産物・水産物といった特別の自然条件が農業の前提としての定住を可能にしたとの説明は、外的な幸運がときに原始的蓄積を推進するとの説明を想起させ、気候変動といった外的な強制は戦争や侵略の危機に際して、国家が特に強力な原始的蓄積を強行したことを想起させるからである。また、牧畜はただ自然に生

3）　さらにこのためには外敵からの防御システムも必要となる。定住以前の最良の防御方法であった「逃走」が基本的にできなくなるからである。

4）　Fagan（2004）および宮本（2005）参照。西田（2007）はこれに加えて食糧の大量貯蔵の必要が定住を不可避としたと述べているが、これも地球の寒冷化による越冬用食糧の必要性によって強められたはずである。その意味で同種の説明様式と理解できる。

5）　安田（2004）参照。

きている動物を狩るのではなく、自分で育てた後に食用にするという意味では農業と同じであった。この意味で植物の採集と農業の違いと同じく、牧畜は動物の狩猟とは決定的に異なる生産様式への転換であった。そのため、ここで「農業の誕生」をいうときは、この「牧畜の誕生」を含めて論じているものと理解されたい。

　実際、こうして「農業」と「牧畜」を同列に置くことには理論的な根拠がある。というのは、ともに生産が「迂回的」であり、この点で産業革命により生じた「手工業」から「大工業」への転換と本質的に同じであるからである。たとえば、羊を増やすには草とともに子羊を産む親羊が必要となり、この場合、親羊は「生産手段」としての役割を果たしている。そして、農業の場合にはもっと明確に「耕地」が最も重要な生産手段であった。つまり、産業革命後の工業が「資本蓄積（capital accumulation）」を続けてきたのだとすると、農業革命後の農業は「耕地蓄積（land accumulation）」を続けてきた。図 4-5 でいうと、図中の「産業革命」を「農業革命」に書き換え、「封建制」「資本主義」をそれぞれ「原始共産制」「奴隷制／農奴制」と書き換え[6]、さらに「K / L」を「耕地面積／L」と書き換えたものが農業革命後の人類の全歴史であったということになる。なお、多少性質が異なるが、河や海から魚を獲る漁業には特別な道具体系と熟練が必要となる。このため、漁業は原始社会の狩猟と同じに扱うことはできず、それよりひとつ高い段階の社会と考えるのが自然である。たとえば、アメリカ北西海岸の先住民や日本のアイヌ人のシャケ漁が成立するには、オフ・シーズンまでシャケを食糧として保存するための燻製技術が不可欠であった。

　しかし、「資本蓄積」に対比される「耕地蓄積」との表現をするまでに人による耕地の造成を重視するのは、『資本論』の立場と異なるとの意見もありえよう[7]。なぜなら、マルクスが『資本論』第 3 巻の地代篇で論じている「絶対地代」も「差額地代Ⅰ」も、人の手による土壌改良は考慮に入れてい

6）　図4-5の「社会主義／共産主義」に直接対応する体制をここでは特定できない。それは耕地の最適値への到達がそのままでは「資本主義」をも「社会主義／共産主義」をも意味しないからである。

ないからである。そして、実際、こうしたマルクスの耕地イメージとアジア的な耕地イメージにはかなりの違いがあった可能性はある。

　たとえば、マルクスが見たドイツ、フランス、イギリスの農地とは、エンクロージャーの後に牧羊地になりうるような草地であり、それは密集した森林を切り倒すか焼き畑をして切り株をひとつひとつはがさなければならないような土地ではなかった。これはヨーロッパの景観が、木のまばらな「田園」としてイメージされることからも想像できる。雨の少ないヨーロッパでは原野を耕地にするには切り倒して切り株を掘り起こすべき木は、アジアと比較して圧倒的に低密度であったのである。

　また、アジアを特徴づける水田の造成の複雑さも重要である。水田はいうまでもなく完全に水平に造成せねばならず、かつ灌漑・排水といった複雑な治水システムをも完備したものでなければならなかったから、これは原野のちょっとした加工ではなく、大幅に人の手を加えて初めて造成しうるものであった。たとえば、斜面を棚田として造成する場合もそうであるが、中国南部や日本の新潟など沼地の水田化には、排水をどうするかが大きな問題となった。中国南部の場合は、池と水路を縦横に掘ることで「陸地」たる水田部分を確保している。また、日本の濃尾平野、関東平野や朝鮮半島などでは河の両側に広がる平原を水田にするために高い堤防を建設した。この堤防は低ければ河流から距離をとって建設せねばならないが、高く頑丈なものを作れるのであれば河流からの距離は狭くできる。つまり、これによって堤防の外の水田面積はより広くとれることとなった。これは堤防建設という土木工事が耕地蓄積の具体的な形であったことを意味している。

　ともかく、耕地は人の手によって初めて形成することのできる人工物であった。本書第1章の図1–3でいうところの「生産手段」であり、農業におい

7）　ここで「ありえよう」という言葉で別の理解の可能性を残したのは、『資本論』の次のような言葉もあるからである。すなわち、「鉱山業や狩猟業や漁業など（農業は、最初に処女地そのものを開墾するかぎりで）のように、その労働対象が天然に与えられている採取産業を除いて……」（第1巻、ディーツ版、196ページ）。これは、農業生産においても処女地の開墾以降には人工的な努力が重要なことを含意している。

て最も重要な生産力の源泉であった。そして、そのため、すべての農業時代
はこの耕地の蓄積を最大の課題として全社会を動員してきたのである。産業
革命後の「資本蓄積社会」と同じ枠組みで議論可能であることを確認された
い[8]。

人口増による集約的農業への農業進化

　ところで、こうした耕地蓄積過程として農業革命後の全農業史を描けると

8）　一般にこうした農業社会の耕地蓄積の後に産業革命が生じて資本主義的蓄積が開始されるが、
その後者の蓄積は前者の蓄積の到達度に依存してスピードや経路が異なってくる。このことを茹
仙古麗・金江（2009）は蓄積すべき生産手段が2種類あり（消費手段生産部門の生産関数にふた
つの生産手段があるものと設定）、その蓄積開始期が異なる場合の態様を調べることによってそ
れを明らかにした。その結論は少し書き換えて図6-1に示されている。ここでu_1は農業革命後
に耕地蓄積に配分される労働の比率、u_2は産業革命後に資本蓄積に配分される労働の比率であり、
図は産業革命後、mから$m+i$に至るしばらくの期間は全労働が資本蓄積に配分されることを示
している。これは産業革命で生産に対する資本弾力性（本書ではα）がジャンプした後は、ふた
つの生産要素のバランスをとった蓄積が選択されることを意味している。その結果、資本蓄積が
耕地の蓄積状況に対応するようになるまでは全労働が資本蓄積に回されることになるのである。
したがって、このmから$m+i$に至る厳しい期間は農業の発展レベルの高い国ほど長くなるが、
しかしその期間の後は農業発展の進んだ国ほど産業化も進んでいることになる。つまり、農業の
発展度合いは産業革命後の工業の発展度合いをも規定する。これは一般に後発農業国が工業化で
先発工業国を追い越せないことを示唆している。歴史は順を追ってしか進めないことが示されて
いるのである。

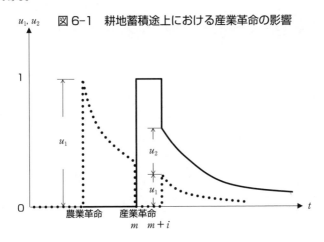

図6-1　耕地蓄積途上における産業革命の影響

しても、農業はその過程で質的にも変容を遂げてきた。特に、極めて粗放的な初期農業から本格的な農業への進化、そしてさらにより集約的な農業への発展がある。この3段階はそれぞれ、国家発生以前の初期農業社会、奴隷制社会、農奴制社会に対応するというのが本書の考え方である。とすると、そうした農業の変化、簡単にいえば農業の集約化はどのような原因で生じたのであろうか。本書では、この原因を Boserup（1965）にならって人口増の結果として説明する。

　というのは、先には農業自体が温暖期に増えた人口を寒冷化・乾燥化期にも維持する必要から生じたとの説を紹介したが、それと同じく、人口圧力が農業のその後の集約化をも強制したとする理論が Boserup（1965）によって提出され、それが大きな影響力を持っているからである。この著者のボズラップはアフリカ諸国への農業技術の指導に長年たずさわったが、そこでは何度教えても進んだ集約的な農業技術が現地人に採用されない。これは彼らが新技術を知らないからではなく、旧技術のほうが何がしか適合的であるからだと考えた。より具体的にいうと、稀な人口密度では粗放的な旧技術のほうが1人当たり生産性が高く、新技術ではそれが低下するからだと考えたのである。このような農業技術はモデルによって表現することもできる。

　そのためにまず導入するのは、次のような生産関数である[9]。すなわち、ボズラップにおいては、農業生産にいわばすべての土地が使われるので「耕地」は不変で、よってその効果は無視されるから

$$Y = (1 - c\beta)L^{\beta}$$

ここで、Y は農業生産、L は労働投入、β は農業集約度で、労働に関する収穫逓減の仮定 $0 < \beta < 1$ を導入する。また、$c\beta$ の部分は β の上昇に沿って生産コストが上昇することを表している。つまり、$c > 0$ である。このようなケースでは人口 L の増加によって最適な労働集約度が高まることが、次のように導かれる。まず、上式を β で微分すると

9）　本項は基本的に Robinson and Schutjer（1984）を基礎に田添・劉（2012）が定式化したモデルの紹介となっている。

$$\frac{\partial Y}{\partial \beta} = L^{\beta}\log L - cL^{\beta} - c\beta L^{\beta}\log L$$

だから、最適の β を導くにはこれをゼロとおいて解けばよい。とすると、

$$\frac{1}{c} - \frac{1}{\log L} = \beta$$

これは人口 L の増加によって農業生産の集約度 β が上昇しなければならないことを示している。また、そのときの1人当たり生産は

$$\left(\frac{Y}{L}\right)^{*} = c\,(\log L)^{-1}L^{\frac{1}{c} - \frac{1}{\log L} - 1}$$

となるから、人口の増加が1人当たり生産にどのような影響を及ぼすかを知るには、これを L で微分すればよい。そうすると、

$$\frac{d(\frac{Y}{L})^{*}}{dL} = (\log L)^{-1}L^{\frac{1}{c} - \frac{1}{\log L} - 2}\left\{(1-c) - c\,(\log L)^{-1}\right\}$$

となるが、この符号は $(1-c) - c(\log L)^{-1}$ に依存する。しかし、ここで先に

$$0 < \frac{1}{c} - \frac{1}{\log L} = \beta < 1$$

を仮定したことを思い出そう。とすると、この条件は変形によって $(1-c)$ $-c(\log L)^{-1} < 0$ であることがわかるから、結局

$$\frac{d(\frac{Y}{L})^{*}}{dL} < 0$$

すなわち、人口増によって1人当たり生産性が低下することがわかる。ボズラップがアフリカで見、主張したように、人口増によってもたらされる集約的な農業は農民の1人当たり所得の低下を招くのである。マルサスが『人口

論』で述べた状況といえる。

耕地蓄積の考慮による農業生産性向上局面の表現──奴隷制と農奴制

しかし、こうした農業集約化による1人当たり所得の減少はアフリカにおける初期的粗放的な農業ではありえても、人類の全歴史を通じて主張することは難しい。また、本書の立場は耕地は一定ではなく蓄積されるというものであった。そして、実は、この「耕地蓄積」の要素の導入は、農業集約化による所得上昇局面の表現を可能にする。そのことを次に示してみたい[10]。

具体的にはまず、土地を N で表し、それが人口増にしたがって逓減的にではあるが増加するものとし(この「逓減的」との仮定は土地の稀少化を表現)、

$$N = L^k \qquad 0 < k < 1$$

とおく。このとき、先の生産関数を

$$Y = (1 - c\beta)NL^{\beta}$$

と表現し直すことは自然であるが、これに先の N を代入すると

$$Y = L^{\beta + k} - c\beta L^{\beta + k}$$

となる。それで、前項と同様の計算に進むと、まずは Y の β に関する1階微分をゼロに等しいとおいて解くと、

$$\frac{1}{c} - \frac{1}{\log L} = \beta$$

これは先の結果と同じであり、このモデルでも $c < \log L < \dfrac{c}{1-c}$ と制限されることになる。また、

---

10) 本項も基本的には田添・劉(2012)の研究に負っている。

$$\left(\frac{Y}{L}\right)^* = c\,(\log L)^{-1} L^{\frac{1}{c}-\frac{1}{\log L}+k-1}$$

となって、この結果、

$$\frac{d\left(\frac{Y}{L}\right)^*}{dL} = (\log L)^{-1} L^{\frac{1}{c}-\frac{1}{\log L}+k-2}\left\{(1+ck-c)-c\,(\log L)^{-1}\right\}$$

が導かれる。とすると、この式の符号を決める $1+ck-c-c(\log L)^{-1}$ の符号を調べると

$$\frac{c}{1-c\,(1-k)} < \log L < \frac{c}{1-c} \quad において \quad 0 < \frac{d\left(\frac{Y}{L}\right)^*}{dL}$$

$$\log L = \frac{c}{1-c\,(1-k)} \quad において \quad 0 = \frac{d\left(\frac{Y}{L}\right)^*}{dL}$$

$$c < \log L < \frac{c}{1-c\,(1-k)} \quad において \quad \frac{d\left(\frac{Y}{L}\right)^*}{dL} < 0$$

となることがわかる。

　この結果は実は極めて興味深い。というのは、人口の極めて少ないときには人口増が1人当たり生産の縮小を招くが、ある一定以上の人口に達して以降は人口増が1人当たり生産の増加をも帰結することが示されているからである。これは人口 L の増大が一層の土地開墾を通じた生産の増を可能にすることによっている。先のモデルとはこの土地開墾を考慮するかどうかが違っている。そして、この関係から、たとえば、農業集約度を次の3段階

1）極めて人口（密度）も少なく、粗放的な初期的農業の段階
2）初期的農業は脱して本格的な農業となるが、まだ集約農業とはいえない段階
3）集約農業の段階

に分けたいと考える[11]。その理由は、この3段階がマルクスの述べた

1)′ 階級と国家がまだ形成途上の「氏族共同体」ないし「農耕共同体」の段階
2)′ 奴隷制の段階
3)′ 農奴制の段階

に対応するものと考えられるからである。なぜなら、1）の段階は人口増が所得減を招くために剰余生産物はごく限られ、その取得を前提とする階級社会と国家はまだ安定的に成立しがたいからである。たとえば、小共同体が戦争奴隷を連れて帰って働かせても彼から剰余生産を得ることはできないから、奴隷制度は成立しなかった。

　また、2)′と3)′の支配形態の違いを農業の集約度の相違として捉えることの意義も強調しておきたい。というのは、奴隷制が人に対する直接支配を必要としたのに対し、農奴制が土地に対する支配（領主制！）でよかったのは、その時代の農地は極めて集約的高密度なものとなっているため、それさえ与えられれば逃げて土地を失うより搾取に甘んじつつとどまるほうがましと農民に判断させることができたからである。考えてみれば粗放的な農業であれば領主に与えられてもそう嬉しくはない。逃げて自分で簡単に造成できる程度のものでしかないからである。逆にいうと、それ以前の奴隷制では農民に対する何らかの直接的な支配権が必要になった。ただし、それは従来ギリシャ、ローマの奴隷制としてイメージされた大規模経営のものや、17〜19世紀のアメリカの奴隷制のような形式をとる必要は必ずしもない。古代ギリシャ、ローマの農業も実は主要作物である穀物生産は大規模奴隷制経営ではなく、中村（1977）は土地占有奴隷制および家父長制的奴隷制という小経営的な奴隷制経営をより一般的な奴隷制経営として定式化している。ともかく、奴隷制では農民は直接に人格的な支配を受けていたというのがポイントである[12]。

---

11)　ただし、ボズラップ自身は5段階に区分している。

　重要なことなので整理すると、奴隷制と農奴制との相違は互いに関連する次の3つのメルクマールで認定される。すなわち、

① 農業の集約度
② 人格的自由度
③ 土地所有

であり、③を中村（1977）は農奴制における土地の重層的所有権、すなわち領主と農民の双方に所有権が重層化した状態と捉えた。中村（1977）は上述のように「土地占有奴隷制」をも認めるから、土地所有の重層化は実は奴隷制においても存在することとなるが、それでもこのふたつの重層的土地所有にはその程度において決定的な相違がある。第4章末ではイギリスの2次にわたるエンクロージャー運動が農民の土地を奪った経過をくわしく説明したが、彼らはこの時点でほとんど独立自営農民に近い存在となっていた。
　実のところ、こうした奴隷制と農奴制の理解が重要なのは、ギリシャ、ローマの大規模奴隷制だけを奴隷制とする必要をなくし、またヨーロッパや日本、チベットの「封建農奴制」[13]のみを農奴制とする必要をなくすことがで

---

12)　チベット農奴制期の奴隷身分は両足の間に鎖をかけられるという形で支配されたが、人格的支配には必ずしも鎖は要らない。たとえば、ローマの奴隷制は逃亡奴隷の捕獲に懸賞金をかけたり、市場に掲示を出したり、捕獲のプロを雇ったり、行政当局のサポートを得たり、ときには呪文をかけるなどをして支配を続けた。最後の「呪文」は非科学的に見えても奴隷自身がそれを信じている限りは逃亡への大きな精神的障害として機能した。そして、1度でも逃亡した奴隷には顔に烙印を押したり、金属の首輪をはめたりするだけで再逃亡を不可能にすることができた。また、もっと穏健な方法には家族を持たせることによって奴隷主への従属をより強くするというのもあった（Toner（2014）第5章参照）。なお、江戸期の日本でも薩摩は奄美諸島のすべての船を管理下に収めることによって島民が各島から逃亡できないようにしていた。これは一種の国家奴隷制と解釈される。
13)　「封建農奴制」とは私的な領主のもとに成立した農奴制で、マルクスはこれを「純粋な封建制」と呼んだ。なお、本書では資本主義以前の手工業を「封建制」と呼んだが、これはその人格的依存関係を指して使った言葉である。つまり、手工業の徒弟制には資本主義とは決定的に異なる人格的な依存関係がある。しかし、その依存関係も奴隷制のそれとは決定的に異なる「自由な」ものであった。このように人格的な依存関係に注目して全人類史を区分することもできる。

きるからである。確かに、ギリシャ、ローマには果樹園などに大規模な奴隷制が存在し、また民族大移動の後に「封建農奴制」が成立した。これは事実である。しかし、それだけではなく、もっと私的な「土地占有奴隷制」もあれば、もっと国家的な「国家農奴制」も存在した。これは、資本主義に「国家資本主義」と「私的資本主義」が存在するのと同じである。農業の集約化は特定地域だけでなく全世界で進行したから、その結果としての奴隷制から農奴制への転換、すなわち人格上の自由度の変化と土地所有の変化は必ず生じなければならなかった。マルクス史的唯物論の歴史段階認識を一般化するうえで、非常に重要な概念であることがわかる。

　とすると、ここで問われるのは、特に中国やアメリカ大陸での農奴制はいつの時代に対応するのかという問題であろう。そして、私はこの中国におけるメルクマールを鉄製農具を基礎とする牛耕の普及と理解している。牛は一種の「資本」でもあるので、農業生産における主要な投入要素が「土地と労働」から「土地と労働と資本」になった時代的転換ということもできる。特にこうした牛の利用は中国北部の固い土地を深耕するには決定的であり、中国はこれを春秋時代に考案し漢代には普及することとなった。そして、この人口的表現として前漢末 AD 4 年の人口調査が約 6,000 万人を記録したということがある。中国人口はその後戦争や飢饉で何度も激減するが、1600 年前後に新大陸からトウモロコシが入るまでの上限は 1 億人以上には至らなかった（Lee and Wang (1999)）。これは、それ以前の人口が多くとも 1,000 万人でしかなかったことと比較して変化が大きい。人口増が先か生産力発展が先かは、前述のボズラップ理論を承認するかどうかとも関わるが、ともかくこの意味で、漢代以前と以降に中国に大きな段差があったことのひとつの証拠となろう。

　なお、農奴制では前述のように土地所有が重層化するが、漢代における重層化は上級所有権が国家に属するものという形をとった。これは戦国期秦に導入された阡陌制と呼ばれる国家主導の土地区画整理事業によっている（米田 (1968) 参照）。この阡陌制の解体後も、中国は専制国家として国家的土地所有は継続することとなる。これは中村 (2013) の見解に基づいている。ただし、

土地の重層的所有権で重要なのは、その後、宋元期から明清期にかけて一田両主制が生成、発展し、国家／直接的生産者間の二重性よりも、田主／佃戸（直接的生産者）間の二重性が前面に出てくることである（寺田（1983））。この過程で、直接的生産者の地位は傾向的に上昇し、明末・清代にはヨーロッパにおける独立自営農民に似た存在に近づく。この変化を方（2000）は「中農化」と評価し、仁井田（1962）は「第一次農奴解放」と評価している。こうして中国の農奴制は、前期における国家主導の「国家農奴制」と後期における「土地占有農奴制」に分かれることとなる。資本主義の歴史と同じく国家主導がその初期にあるという意味で興味深い[14][15]。

　他方、アメリカ大陸での農奴制は、アステカ文明におけるチナンパ農法という特殊な農業によって成立している。ここでは鉄器はなかったが、当時のメキシコシティーを囲んでいた大きな湖の底からバスケットで泥をすくい、それを重ねた土で農業を行なったというものである。湖の底からバスケットで取れるようなやわらかい泥なので極めて肥沃である。そして、もとは湖であったところを杭を打って積み上げた土（泥）で陸地としたので、それらの土地は国家がまさに造成した土地であった。アステカ国家はこうした土地を分け与えることによって、彼らを支配・搾取することができた。これもまた初期的農奴制としての国家農奴制のひとつの典型ということができる[16]。

牛耕による集約農業における耕地蓄積

　以上によって集約農業の成立がそれ以前の粗放的な農業とはまったく異なる時代を拓いたことがわかったが、それは狭義には「地力の深化」であるか

---

14)　この「所有権の二重化」において重要であったことのひとつに開墾による農業の集約化がある。阡陌制の土地区画整理事業では国家が直接に耕地を造成し、少なくとも一部の一田両主制の成立に際しては佃戸による私的開墾が行なわれている（草野（1970））。この後者は資本主義的土地所有における差額地代の第 2 形態として引き継がれるものである。

15)　「国家農奴制」と「土地占有農奴制」は日本にも存在した。」前者は班田収受法による国家的土地所有体制であり、後者は貴族階級没落後の領主化した武士階級支配の体制であった。

16)　アステカ文明とそれに先行するテオティワカン文明についての私の見解は大西（2005）参照。また、これに関連する私の北米東部インディアン経済史上の諸論点は大西（2003b、2003c、2004）を参照のこと。

ら「耕地の生産」における牛という生産要素の登場を明示したモデルで表現するのが望ましい。それ以前には手だけで造成・維持されていた耕地が牛耕によって造成・維持されるようになる。最も典型的には春先に土地を掘り返して前年の耕作による地力の減少分を回復する作業であるから、耕地の減価償却分を補う投資活動と解釈される。したがって、先の農業生産関数にはもう2本耕地造成・維持の生産関数と生産手段としての牛の生産関数が付加されなければならない。そうすると、この生産システムは次の3つの関数によって示されることとなる。すなわち、

$$Y = AN^{\alpha}(s_2 L)^{\beta_2}$$
$$\dot{N} = B(s_1 L)^{\beta_1} K^{\gamma} - \delta_N N$$
$$\dot{K} = C(1 - s_1 - s_2)L - \delta_K K$$

となる。ここで、牛は機械に類するものだとの趣旨で K で表現し、直接の農業生産では機能しないが、耕地の造成・維持では役立つものだと設定した。また、農業生産関数では前項で $(1 - c\beta)$ とした全要素生産性は A に簡略化し、かつ耕地投入の効果はその α 乗に限ると設定している。農業生産関数は一般的には規模に関する収穫一定(ここでは $\alpha + \beta_2 = 1$)が仮定されるからである。このとき、吉井(2020)は1人当たりの耕地と「資本」の蓄積の目標値として計算される

$$\left(\frac{N}{L}\right)^* = \frac{B\alpha C^{\gamma}\gamma^{\gamma}}{\delta_N}\{(\delta_K + \rho)\beta_1\}^{\beta_1}\left[\frac{\alpha\delta_N}{\{(\alpha\gamma + \alpha\beta_1 + \beta_2)\delta_K + (\alpha\beta_1 + \beta_2)\rho\}\delta_N + \beta_2(\delta_K + \rho)\rho}\right]^{\beta_1 + \gamma} L^{\beta_1 + \gamma - 1}$$

$$\left(\frac{K}{L}\right)^* = \frac{C\alpha\gamma\delta_N}{\{(\alpha\gamma + \alpha\beta_1 + \beta_2)\delta_K + (\alpha\beta_1 + \beta_2)\rho\}\delta_N + \beta_2(\delta_N + \rho)\rho}$$

が牛耕導入前、すなわち $\gamma = 0$ の奴隷制下のそれより大きいことを明らかにした。奴隷制下では「資本」が想定されないので($\gamma = 0$ なのでといってもよい)後者は自明であるが、前者については以下のように証明できる。すなわち、まず奴隷制下と農奴制下の両目標値を計算するための耕地造成への労働の最終的な最適配分比率を計算すると、

$$s_2{}^* = \frac{\beta_2(\delta_N+\rho)(\delta_K+\rho)}{\{(\alpha\gamma+\alpha\beta_1+\beta_2)\delta_K+(\alpha\beta_1+\beta_2)\rho\}\delta_N+\beta_2(\delta_K+\rho)\rho}$$

となる。また、ここで牛耕が導入される以前の耕地造成への労働の最終的な最適配分比率は $\gamma=0$ として

$$s_2{}^*\big|_{\gamma=0} = \frac{\beta_2(\delta_N+\rho)}{(\alpha\beta_1+\beta_2)\delta_N+\beta_2\rho}$$

となる。

　他方、奴隷制の後に農奴制が選択される以上、最終的に生産される Y の総量は後者のほうが大きくなっていなければならないので、次の不等式が成立しなければならない。すなわち、N^*、$N^*\big|_{\gamma=0}$ を農奴制と奴隷制でのそれぞれの耕地蓄積の目標値とすると、

$$AN^{*\alpha}(s_2{}^*L)^{\beta_2} > AN^{*\alpha}\big|_{\gamma=0}(s_2{}^*\big|_{\gamma=0}L)^{\beta_2}$$

ところで、この式は整理して

$$\left(\frac{N^*}{N^*\big|_{\gamma=0}}\right)^{\alpha} > \left(\frac{s_2{}^*\big|_{\gamma=0}}{s_2{}^*}\right)^{\beta_2}$$

となるから、上で計算した $s_2{}^*$、$s_2\big|_{\gamma=0}$ に関する結果を用いると $\gamma=0$ のとき、

$$\left(\frac{N^*}{N^*\big|_{\gamma=0}}\right)^{\alpha} > \left[1+\frac{\alpha\gamma\delta_K\delta_N}{\{(\alpha\beta_1+\beta_2)\delta_N+\beta_2\rho\}(\delta_K+\rho)}\right]^{\beta_2} > 1$$

これより $N^* > N^*\big|_{\gamma=0}$ がいえるので、当然 1 人当たり耕地蓄積の目標値も $\left(\dfrac{N}{L}\right)^* > \left(\dfrac{N}{L}\right)^*\big|_{\gamma=0}$ となる。これにより奴隷制から農奴制に移る過程で図 6-2 のように耕地蓄積はその目標値をジャンプさせて進んできたことがわかる。

象徴記念物の建造から共同体、階級、国家の発生へ

　しかし、先の 1) 2) 3) への農業集約度の区分で、ある意味最も論点となるのは、1) の段階を設けて階級社会成立前の農業社会を想定していることである。本書は前述のように農業開始の決定的な役割を強調するものである

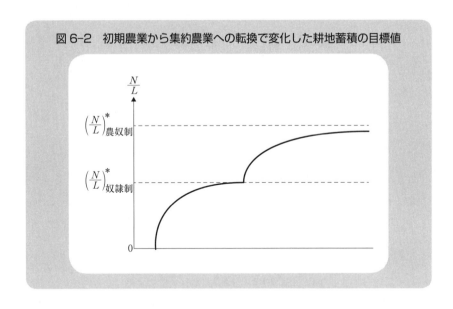

図6-2　初期農業から集約農業への転換で変化した耕地蓄積の目標値

　から、農業の発生と同時に階級と国家の成立を主張したくなるのであるが、先に述べたように初期農業は人口増が1人当たり生産を低下させるような厳しい生産力的条件下にあった。そして、実際、初期農業の成立から階級と国家が成立するまでにはまだかなりの時間が必要であったのである。

　この点では、日本において「クニ」の成立をくわしく論じた寺沢（2000）が参考になる。寺沢は、日本史研究者としては階級と国家の成立を最も古く位置づける研究者であるが、その彼にしても、九州北部地域の環濠集落で環濠の内に住む人々と外に住む人々との階層分化が生じたのはBC400年頃で、水稲農業の定着の後と述べている。これは縄文晩期に属するが、日本列島ではコメを含む雑穀は「畑作」の形でさらに千年から数百年の単位で遡れる。寺沢はこれはまだ「実験的・試験的農耕」であって「原初農耕」ないし「焼畑農耕」とは呼べないと主張している。つまり、まだ狩猟や漁労・採集の社会であるとの主張であるが、それにしてもいくつかの遺跡があるので「定住」までは進んでいる。つまり、やはり極めて初期的な農業の成立と階級の発生との間には時間差がある。また、寺沢は、BC4世紀に階級を伴う小共

同体が成立、それが BC 3 世紀に「オウ」をいただく「クニ」に発展、BC 2 世紀に王をいただく国に発展、その後の BC 1 世紀に初めてイト国連合、ナ国連合といったあるサイズを持った「国」連合が成立したと主張している。つまり、階級形成からさらに国家形成に至るにも、ある一定の時間が必要であったことがわかる。

　この問題を世界史的な観点から考古学者に語らせると、次のようになる。先に述べた「定住」を起点とすると、それは後に農業の呼び水となり、さらにそれに前後してイギリスのストーンヘンジ、アメリカ先住民の初期的マウンドのような象徴記念物の形成がなされる。これは農業と密接に関わっていよう。なぜなら農業は季節の移り変わりの理解を特別に必要とし、それが一般に天体観測と天体拝跪を古代社会にもたらしたからである。このストーンヘンジもその中心線は夏至の日に太陽の昇る方向と、冬至の日にそれが沈む方向と一直線となる。

　Renfrew（2007）によると、この象徴記念物は共同体があるサイズを持つようになるうえで決定的な役割を果たしている。というのは、それまで 1 軒から数軒の範囲であった散村、かつ多くの場合にはそれすらもが数年単位で使われなくなるようなものであったのが、固定的な記念物を作ることで固定点を確定しそれが人々が集まるポイントになりえたというのがひとつ、そしてさらにこの巨大な構造物を作るという作業自体が逆により大きな人間集団形成の梃子となったというのである。こうして人が集まるということ自体、実は非常に大きな社会の変化を帰結する。というのは、人を律する各種のルールがどうしても必要となり、それをどう決めるかを含めて一般にはリーダーの形成を促進することとなる。こうなれば、「階級」の形成まであと一歩である。

　また、こうした巨大事業を他の共同体に呼びかけた人間集団＝小共同体は、その事業の完成によって一種の諸共同体のリーダーとなったことを意味するから、これもまた共同体間の関係が共同体間の支配・被支配関係に発展する可能性を示している。もちろん、平和裏に同意を得て他共同体の協力を得た場合だけでなく、すでにこの時期にある共同体が他共同体に対して強制する

場合もあったであろう[17]。この時代の生産力はまだ自然に大きく依存していたので、生産力の高い共同体とそうでない共同体との格差を想定することは極めて自然であるからである。また、いくつかの初期国家（エジプト、メソポタミア、メソアメリカ、ペルー）で見られる最古の図像には征服と捕虜に与えられる屈辱を表現したものがあり[18]、これらはこうした時期に早くも共同体間関係が人々の大きな関心事となっていたことを示している。こうして、階級社会は内部からの階層分化からだけでなく、共同体間の関係としても発生しうるのである[19]。

　ついでにいうと、こうした共同体間強制が戦争の形をとる場合、共同体内部での戦士の社会的地位は必ず向上する[20]。あるいは高い地位を与えなければ共同体間関係を規定する戦争を成功裏に遂行できない、という論理から彼らの地位を考えてもよい。もちろん、原始の彼らにとって重要なのは他共同体との関係だけでなく、本来の農業生産における自然との関係でもあったから、それを司る巫女・神官の地位が上昇していたことも事実である。多くの場合には彼ら／彼女らが後に支配階級へと成長したのである。なお、巨大な構造物を作るにも、その後の共同体間搾取にも、搾取しうるだけの剰余生産物が発生していなければならないから、ここまで来るには上記の2）の段階への農業の発展がなければならない。これはより基本的な前提である。

　こうして、上位の共同体が下位の共同体全体の支配者となることもあれば、共同体内のリーダーが「首長」に成長して共同体成員全体の支配者となることもある。これらは共同体成員の持つ土地が実質的に上位の共同体や新しい支配者の所有物ともなるということであり、この形態を中村（1977）は国家奴隷制と名づけた。それぞれの共同体の成員と土地、あるいはひとつの共同体群全体が一括してひとりの支配者ないしひとつの共同体の直接の支配下に

---

17) 日本の弥生期に戦争が多発していたことはそのひとつの証拠である。
18) Renfrew（2007）、邦訳244ページ参照。
19) この後者の共同体間の強制関係を「貢納制」と名づけて強調するのが塩沢・近藤（1989）である。ただし、これが人類史に共通した段階としてあったかどうかははっきりしない。
20) Renfrew（2007）、邦訳234-235ページ参照。

入るという意味からである。ここで成立した「ひとりの支配者ないしひとつ
の共同体」は当該共同体に対して、ないし当該共同体群に対しては「国家」
として機能することになっている。

　しかし、この認識を前提としたうえで、再び共同体内部の構成員間の階層
分化の進行が内部的に富者を生み出すというパターンも想定しなければなら
ない。そして、そのケースの前提には私有財産と家族（一夫一婦婚家族複合
世帯としての「合同家族」も含む）の観念の成立が必要となろう。ある共同体
メンバーが何らかの理由で富を蓄積するには、その所有単位が明確でなけれ
ばならず、かつその単位が自由に処分できる物財がなければならないからで
ある。あるいは、「家族」は子々孫々につながり、それによってこの財産の
「相続」という概念も続けて発生した。実をいうと「王位の継承」というよ
うな権力の委譲も一種の「相続」である。これもまた「家族」と「相続」の
概念の成立を前提としていたのである。エンゲルスは『家族、私有財産およ
び国家の起源』でこうした私有財産の観念が、牧畜種族による家畜の馴致
と飼育から生まれたと説いているが、弓矢の上手なハンターが自分の獲った
獲物を私有財産と認識したり、農民が自分の耕地から得た作物を私有財産と
認識するようなケースもあったであろう。

　しかし、まだ、こうした不平等はそのままでは「階級」とはいえない。
「階級」といえるほどになるためには、人々の間の相互関係にまで発展する
必要があり、それは貸し借りや「破産」などの契機を必要とする。たとえば、
生産がより迂回的となり、したがって「投資的」となった場合に、それに他
者からの借り入れを行なうようになると、その失敗は多額の「負債」となり、
ひどい場合には債務奴隷化する。これを避けるために「贈与」を制度化した
社会もあるが、そうでない社会もあって、この貸借関係が階級を生み出すこ
ととなったのである[21]。

　なお、こうした貸借関係や相続など複雑な民事的関係の共同体内での発生
は、民事事件をどう裁くかといった問題を社会につきつけ、それが首長に裁

---

21)　この問題は Renfrew（2007）、邦訳 229-230 ページ参照。

判権を賦与することにつながる。首長が真に支配者としての首長となるためには、こうして財産権に関与できなければならない。つまり、この裁判権の掌握こそが真に「国家」を「社会」の上に立つ存在とした。すなわち、階級国家を成立せしめたのである[22]。

　ともかく、農業の発生から階級と国家の成立に至るまでには、また何段階かの人類史上の経過が不可欠となった。ただし、その決定的な出発点は牧畜や漁業を含む「農業」の発明であり、またその労働生産性の上昇局面への転換であった。この意味で奴隷制と農奴制は、「農業革命」による農業社会の発展史として解説されなければならない、というのが本書の立場である。

II　奴隷制・農奴制期に対応する手工業と牧畜業の生産様式

手工業における前封建制社会と封建制社会

　以上で「農業時代」として一括される資本主義以前の長い時代を論じたが、もちろんこの時代にも農業以外の産業は存在した。狩猟産業や林産業が死滅したわけではなかったし、ある種の水産業は採集業であった。この意味で、「農業社会」ないし「農業時代」と呼ぶのは、その社会の中心に農業が立つに至ったことを示している。たとえば中国の漢族地域や日本は、基本的にこのように理解できた。そして、「農業社会」と同様、「牧畜社会（その一形態が「遊牧社会」)」や「漁業社会」もまた前資本主義的な発展段階であったが、それらはすべて資本主義の確立とともに「工業社会」と呼ばれるべきものとなっている。農業、牧畜業、漁業に代わって工業が社会の中心に立つこととなったからである。

　しかし、そのように考えれば考えるほど、社会の中心に立つまでの工業とは何だったかも重要な論点とならなければならず、実は本書第3章で「資本主義」と対比的に論じた「封建制」の手工業がその回答となっている。そして、最重要の課題が熟練形成となるので、そのためには独自の人格的依存関

---

22)　この点は、中村（1977）、215 ページ参照。

係を親方と職人が築かなければならなかったというのがそのポイントであった。「封建制」と呼んだのは、この人格的依存関係を反映してのことである。ただ、問題は、この「封建制」の手工業はある時代以降のものでしかなく、実はそれに先立つ段階の「手工業」もあった。そして、そこでは今度は「熟練形成」は課題とならなかったのである。

　というのはこういうことである。機械がなければその不足を熟練でカバーするのは当然のように見えても、実際にはいかなるレベルの熟練も生産物の質や量に反映できないレベルの道具体系も歴史には存在した。具体的にいうと、鉄器ないし青銅器が登場する以前、石器（と木器）しかなかった時代の手工業を想像されたい。石だけで建物を作ろうとするとどれくらい困難か。あるいは、鉄製のカンナなしでは完全に平らな板さえ作れなかったことを知らなければならない[23]。つまり、カンナがあって初めて「熟練」に意味があったのであるが、それさえない状況下では熟練形成の意味も小さなものにすぎなかった。このため、封建制期に先立つ時代の手工業とはまだ多くが独立せず、各家庭が自前で生産するような形式（レンガを積んで自分で作った家や自分で編んで作ったわらじなど）、あるいはせいぜい農家の副業として存在するものでしかなかったのである。

　したがって、鉄器ないし青銅器の出現は手工業部門の性格を根本的に転換した。そして、錆びはしても強さと精巧さで青銅器を上回る鉄器といえば、その普及が農具の改良をもたらし、それが牛耕につながったことを思い出さなければならない。木製の農具では固い土地を牛に曳かせて耕すことはできない。牛を農業に使えるようになったのは、鉄器が普及したからにほかならなかったのである。つまり、鉄器の普及は農業の集約化によって農業の農奴制への発展をもたらしただけではなく、手工業部門も「封建制」へと発展さ

---

23)　実は時間をかけることで石器時代にも「板」は生産できたが、その労働生産性は極めて低く（比較にならないほどの時間を要し）、また「完全に平らな板」ではなくごつごつしたものにすぎなかった。なお、この「完全に平らな板」というもののあるなしも他部門の生産力を規定する大きな要因である。たとえば、日本のソバ麺は平らな板と木の丸棒で板上に延ばしたソバ塊を包丁で切って麺にするが、これには完全に平らな板がなければならない。つまり、この単純な麺でさえ鉄のない時代にはありえないものだったということになる。

せた。こうして、「農奴制」と「封建制」は基本的に同時期に成立すること
となったのである。

遊牧民族における牧畜革命と「牧奴制」

　農業、工業と並んで重要な産業部門として牧畜業があるが、実はこれにも
「鉄器」ないし「金属器」が生産様式の決定的な転換を引き起こしたという
歴史がある。そのため、最も発達した牧畜業システムを持った遊牧社会の歴
史的発展過程を史的唯物論の立場から論じてみたい。そこでまず、林（2007、
2009）、雪嶋（2008）の解説を使って匈奴出現までのその歴史を整理すると次
のようになる。

BC9000 年頃（一説に BC21000 年頃）　　肥沃な三日月地帯に農耕発生

BC7600 年　　　　　　肥沃な三日月地帯で羊と山羊の家畜化

BC7000–6500 年　　　肥沃な三日月地帯西側草原で狩猟採集民が補足的に家畜
　　　　　　　　　　飼育。その後、冬や夜間の保護のためにのみ家畜を囲う
　　　　　　　　　　ように＝放牧化

BC6000–5000 年　　　ユーラシア草原地帯で農耕・牧畜・狩猟の定住型複合経
　　　　　　　　　　済

BC5500 年　　　　　　西アジアでの温暖化が遊牧を促進。動物のある程度の統
　　　　　　　　　　御が可能となり「家畜化が完成」（ここでは大型定住集落
　　　　　　　　　　と農耕の確立が家畜化の前提となる）。

BC3500 年　　　　　　メソポタミアで車輪の発明。200–300 年遅れてユーラシ
　　　　　　　　　　ア草原地帯にも広まる。

BC3000–2200 年　　　ウクライナ地域で農耕・牧畜の定住型複合経済

BC2000 年前後　　　　メソポタミアで初期的な騎馬の始まり

BC2600–2000/1900 年　ウラル東側に農耕・牧畜の定住型複合経済

BC2000/1900 年　　　ユーラシア草原地帯に青銅器文化始まる。

BC14C 後半　　　　　エジプトで騎馬始まる。

BC13–12C　　　　　　エーゲ海方面で騎馬始まる。

BC1300 年	ユーラシア草原地帯東部で後期青銅器文化（カラスク文化）。馬の制御に不可欠な「くつわ」の発明。
BC10-9C	ユーラシア草原地帯に騎馬が普及（カラスク文化後期）。騎馬遊牧文化始まる。BC9C には中国北部にも到達。
BC10-9C	モンゴル高原に王権（モンゴル、オラーン・オーシグ遺跡、副葬品はないが、それを囲む鹿石に月、太陽などの彫刻）
BC9-7C 中葉	先スキタイ時代（キンメリア人など）からスキタイ時代初頭（この後半期に諸遊牧民グループの西遷）
BC9C 後半-8C 前半	南シベリア（モンゴル高原の北）に王権（アルジャン古墳群で青銅製の馬具、武具、装飾品が出土）
BC7-6C	初期スキタイ時代
BC5-4C（or 3C 初期）	古典スキタイ時代（これを中期と後期に分類するものもあり）。先スキタイ時代からここまで古墳の増築が続く。
BC4C	匈奴出現（BC209-BC174 年に冒頓単于が在位）

　この年表から得られる特徴は次の５つである。すなわち、①遊牧化への進展は、エジプト、西アジアからウクライナまでの地域と中央アジア草原部には時間的な差があり、前者が後者に先行した。②しかし、そのうえで両地域における牧畜業の発展に注目すると、牧畜には定住農業が先行している。③当初の牧畜は半農半牧の定住型であった。④それが遊牧に発展するには車輪と青銅器製の馬具の発明が前提となっていた。⑤遊牧経済は明確な王権の成立をももたらした。

　このうち、④の特徴は前節や前項で見た鉄器の重要性に通ずるものなので少し解説する。馬に乗ってもそれを右に動かすか左に動かすかは手綱がなくてはならないが、そのためには馬の前歯と後歯の間のすきまに通す衒（くつわ）が発明されなければならなかった。このほか、裸馬の背中は脊椎が張りだしているので鞍に代わるものも必要であったが、ともかく最重要なものは衒（くつわ）であって、それがあって初めて動物とともに移動できる範囲は

287

一気に拡大し、したがって家畜に食べさせることのできる草の量も拡大、つまり労働生産性が一気に向上した。また、馬は牛と違って俊敏な動きもできるので、家畜群の急な動きにも対応できるだけでなく、騎馬戦の形での彼らの戦闘能力をも飛躍的に向上させている。これにはもちろん、青銅による武具の発達も関わっているが、ともかくこうして彼らの戦闘能力の向上は支配する草原の拡大⇒家畜頭数の増大をもたらすので、これは牧民たちを戦闘に参加させるインセンティブ要因となり、当初にはそれを首尾よく行なった氏族が、後には部族や国家が強大化する。これがペルシャ帝国や中国を北方から脅かしたスキタイや匈奴となっている。なお、この戦闘能力と長距離の移動能力の発達は農産物を他民族から戦闘や交易で獲得する能力の発達でもあり、それが彼らの牧畜業への特化を可能とした。ともかく、こうして青銅製の馬具の発明による遊牧経済の成立は生産力的な飛躍を実現している。この金属馬具は鍬や犂といった金属農具に比べて小さなものであったため、鉄器の発明・普及を待たずとも青銅器の発明・普及でここでは充分であった。また、こうして牧畜業における馬の生産力的意義が農業における牛の生産力的意義に比されることを確認しておきたい。

　しかし、こうして成立したスキタイや匈奴などの生産様式は農業部門における奴隷制に対応するものなのか農奴制に対応するものなのかが問題となる。そして、これまでの多くのマルクス派歴史学者は、後のモンゴル帝国期における遊牧社会のさらなる生産力発展をもって「封建制」の成立とし、よってスキタイや匈奴などの生産様式は「古代的生産様式」や奴隷制に相応するものと考えてきた。たとえば、伊藤（1995）や高（1980）などがその例となる。ただし、私はこの遊牧経済化の生産力的飛躍以前に、狩猟と採集のみに依存した原始共産制期の生産力から半農半牧の生産力への発展もが偉大な飛躍であったことを重視して、「奴隷制」への進展はこの時期＝BC7600年頃に発生したものと考えている。この時期の農業はまだ集約農業とはいえず、牧畜業も家畜を定住地周辺の草原にしか放牧できない限定的なものにすぎなかったが、それでもこの両者は採集業とは違って「耕地」を造成し、また家畜の一部を「生産手段」として食べずに保護した立派な「迂回生産」であった。

この意味で、本書は BC7600 年頃から BC10-9 世紀頃までの数千年間を「奴隷制」期と想定する。前節の基本的主張は農業の発生が階級社会を開始させたということであったが、この理解と整合的な牧畜業の理解はこうでなければならないだろう。

ただし、この時期に明確な「奴隷」が記録されているわけではないので、「奴隷制」と呼ぶ理由は改めて明確化しておく必要がある。というのは、本書での「奴隷制」は前節で明確化した集約農業を基礎とした「農奴制」における農奴の人格的自由さとの対比として定義されているからである。「農奴制」段階の農地は鉄器の利用によって土地生産性の高いものとなっていたが、その下級所有権を与えられた農民は強搾取のもとにあってもそう簡単に逃げられなかった。与えられた土地に高い生産性が期待されるからであり、このために「農奴制」においては搾取階級による彼らへの直接的な暴力的支配は不要であった。ここで問題としている遊牧経済においても、戦闘能力を持った遊牧集団に服属した個別遊牧民は、家畜を私有したが、主たる生産手段としての土地は諸侯支配下で使用権のみ認められていた（烏日陶克套胡（2006）100-101 ページ）。この意味で、農業における農奴制と同様、生産手段の所有が重層化していたものと理解され、烏日陶克套胡（2006）はそれを「牧奴」と表現している。

したがって、ここで重要なことは、遊牧経済下の個別遊牧民には「農奴」と同様の人格的な自由が存在したが、それは生産様式が遊牧化して以降のことだということである。それ以前の半農半牧期の草原では、個別に定住をしていたのみであったので、「集団」はせいぜい氏族的規模にとどまり、その剰余生産物は氏族の支配者が収奪するか、さもなければその氏族を丸ごと支配する別の氏族に吸い取られたものと思われる。この際、何らかの強制がなければならなかったという意味で、この生産関係は本書においては「奴隷制」と理解される。

なお、モンゴル地区遊牧社会において「孛斡勒（bogol）」と呼ばれた「奴隷」は匈奴時代に登場し、南方の中国や他部族から戦争で拉致された手工業者や農民がその身分で個別牧民に「所有」されていた（沢田（1996）144-145

ページ参照)。ただし、これはこの社会における周辺的産業でしかなく、人口的にも少数であるので、いわばチベット農奴制期に存在した手工業奴隷に比される。彼らは戦争などで大きな貢献をすると身分も上昇し、ときには貴族にもなった。家庭を持ち、少量の私有財産も持てたので、烏日陶克套胡（2006）など現代の中国歴史学では基本的に農奴と理解されている。

　こうして草原地帯の牧畜業における「奴隷制」と「牧奴制」の基本的区分を示したが、その大区分のもとで「牧奴制」たる遊牧経済もスキタイや匈奴などの「前期」とモンゴル帝国などの「後期」に小区分して分析することもできる。氏族の存在が大きかった前期社会では有力氏族が「貴族階級」を形成し、その中でも最も軍事的能力に長けた者、たとえば匈奴の冒頓が王権を掌握した。したがって、ここでは行政機構はそのまま軍事機構となっており（沢田（1996）127-131 ページ参照）、牧民たちが氏族に属するということは、そのまま行政・軍事機構すなわち国家に直属していたということとなり、要するに牧民たちはそのまま戦士でもあった。これは前節で解説した中国戦国期の国家体制とほぼ等しい。この意味で、この時期の遊牧社会は「国家牧奴制」と理解できる。

　しかし、その後、モンゴル帝国期には一方では専門の軍隊が組織され、その最高指導者たるハーンのもとに諸侯、家臣、陪臣というピラミッド型の政治機構が整備されるに至る。これをもって烏日陶克套胡（2006）や高（1980）に代表される中国歴史学や伊藤（1995）はこの時代を「封建領主制」ないし「封建制」と理解する。個別の牧民たちは直接には土地を支配する「領主」という末端の支配者に服属したので、確かにこれはヨーロッパや日本、さらにはチベットなどの封建制と瓜二つである。これは本書の立場からすると「国家的」なタイプでない形、つまり「民間的」なタイプの「牧奴制」ということとなる。前節では中国農業部門の農奴制が「国家農奴制」から「土地占有農奴制」へと進んだことを述べたが、それと同じ歴史が遊牧経済にもあったことになる[24]。

Ⅲ　サルが人間になるについての狩猟の役割

サヘラントロプスに始まる全人類史を鳥瞰する

　本書末尾にあたって本節では、奴隷制に先立つ原始共産制社会の成立自体を扱う。人類とサル（類人猿）の境界、類人猿からサヘラントロプスやホモ・エレクツスを経由してホモ・サピエンスに至る過程までをも扱うので「経済史」としては最後の課題となるが、マルクスとともに史的唯物論を打ち立てたエンゲルスは実際にこの問題にまで遡った研究を行なっていた。人類とは何か、何が人間性の本質であるかを理解するうえで極めて重要だと考えたからである。あるいはもっといって、労働すること、そしてその労働の発達こそが脳を含む人類の諸器官の発達をもたらしたと考えた。その研究成果は『猿が人間になるについての労働の役割』という論文として1876年に執筆されている。

　もちろん、この時代はようやくネアンデルタール人が発見されたにすぎず、ダーウィンによる生物進化という概念さえまだ出たばかりで、ようやく成立しつつあった古人類学という学問もまだ脳の発達が二足歩行に先行するとの見解であった。その意味で、二足歩行と手の自由を脳の発達に先行する、より規定的な要素だと主張しただけでもエンゲルスの主張には先進性があった。最初の「人類」とされるサヘラントロプスの脳容積（320–380cc）はほぼチンパンジーと同じで、ホモ・エレクツスでも現代人（1,500cc）の6割に満たなかった（871cc）。エンゲルスは我々の祖先を「猿」としたので、もちろんこの認識は間違っていたが、である。

　特に、エンゲルスが主張した点で、肉食の開始、すなわち狩猟（と漁労）の開始が道具製作の開始でもあるとの理解は、本書が引き継ぎたいと考えるポイントである。それはいうまでもなく「生産手段」と構想力＝精神労働との関係を重視するからである。第1章でくわしく論じた人間の本質論にも関

---

24)　ただし、清代以降は治安や生産性の改善による人口増が原因となって徐々に遊牧の移動範囲が狭められ、ついには夏季と冬季に決められた牧草地を移動する「移牧」ないし「放牧」に移行する。人口増による生産システムの変容という意味ではこれも前節の議論に通じる。

わる。

　実際、この狩猟による肉食を重視する主張は、現在の古人類学でも通説となっている。これはサヘラントロプスの発見者レイモンド・ダートが「狩猟仮説」との名前で1950年に最初に提唱し、その後ロバート・アードレー（Ardrey（1976））を経て「戦いは人間の本質」や「オスの優位性」などという含意が強調されすぎたために強い反発を受けた時代があった。しかし、これらの含意を放棄するものの人類形成における狩猟の決定的な役割を新しい研究成果で主張したクレイグ・スタンフォード（Stanford（1999））の主張が登場する中で、現代のアメリカ古人類学では通説にまで高められているので、本書もこの立場を引き継ぎたいと考えている。そして、ここで特に強調したいのは、ここでの「道具体系」は狩猟業という「新産業」の持つ技術の体系であり、それ以前にはなかった産業の発生と連動しているということである。つまり、「産業革命」が資本主義を形成し、「農業革命」が奴隷制・農奴制の社会への進展をもたらしたように、「狩猟革命」が人類を生み出した。人類はその発生の最初から産業の形成と関わっていたことを示しているのである。

　といっても実は、広義の狩猟は200種類ある霊長類のうちの3種、チンパンジーとヒヒとオマキザルによっても限定的になされているので[25]、「狩猟業」の最も原始的なものは人類以前から存在したか、あるいは彼らもまた人類と枝分かれした後に獲得した新しい生活様式ということとなる。実際、Stanford（1999）によると、たとえばチンパンジーの狩猟は遺伝子に組み込まれたものではなく、世代間で引き継がれた文化となっている。オマキザルとチンパンジーはサルの中で最高の脳／体重比を持つことが、この点で注目される。こうして、このような「文化」を持つ人類と彼らだけが「狩猟業」という「産業」を持っていることとなる。逆にいうと、「産業」こそが「文化」となっているのである。ただし、この時点での「狩猟」の位置はまだ初期的であった。

　そこで、Stanford（1999）に沿って、古人類学の成果をチンパンジーと初

---

25)　ボノボとオランウータンの食肉はさらに限定的なのでここでは省略する。

期人類の類似性と相違点として整理すると、次のようになる。すなわち、まず、類似点は以下の8点である。

① 食事に占める肉の役割はまだ少なく、狩猟や屍肉漁り[26]は場当たり的なものであった。
② 肉を食べたのは主に他の食物が利用可能でないときだった。
③ 狩猟の範囲も彼らのテリトリーの範囲に限られた。
④ 狩猟は共同行動として行なわれた。
⑤ 獲物の分配は狩猟群の全員に対してではなく、数個体とそこにいたメスに限られた。
⑥ 肉の所有とコントロールは利己的な政治的利益や繁殖上の利益のために使われた。
⑦ 獲物の体で好評だったのは骨髄と脳だった。
⑧ 獲物は最大40キログラム未満の中小型動物であった。

また、相違点は、

① 人類は250万年前から石器を使用して獲物の死体を解体した。
② この石器の利用によって、人類が獲る動物のサイズはときには劇的に大きくなり、栄養素の中に占める重要性も増大した。

となっている。

---

26)　人類における肉食の重要性は認めるが狩猟を否定する立場に「屍肉漁り」を重視する立場があるが、この Stanford（1999）はウィスコンシン大学教授ヘンリー・バンの議論を引いて「狩猟」と「屍肉漁り」という2分法に反論する。動物世界でも、ライオンも腐肉食をし、ハイエナも狩りをする。どちらかに従事する動物は他方にも必ず従事するとの説である。ただし、アメリカの古人類学教科書として使われているボイド＝シルクの著書の最新版（Boyd and Silk（2009、第5版））では、チンパンジーはたまたま遭遇した屍肉を食べないこと、初期人類にも狩猟能力があったことを主張してこの「屍肉漁り説」に批判的である。こうして「狩猟」の役割はより重視されるようになりつつある。

サヘラントロプスとして始まる人類の歴史は700万年前に始まっているから、この整理はその本当の初期と250万年前以降に肉食と道具の程度に段差のありうることを示しているが、Stanford（1999）は石器でない形の道具を人類がその当初から狩りで使用していた可能性をもちろん認めている。木器や骨器は化石化しにくいので考古学的に確かめられないが、チンパンジーでさえごく初歩的な道具を製作していることも重要である。このため、本書では人類はその当初より初期的な狩りと初期的な道具製作をしていたものと考えている。

　しかし、それ以上に上記の整理が重要なのは、石器の利用が狩猟の発展と深く関わっていること、および狩猟以外の目的に使われる「道具」も重要であることである。牙やカギ爪を失った人類が狩りにおいて使う道具も重要であるが、同時に獲物を処理するための道具も重要である。後の時代におけるかまどや燻製技術といった火の利用も、その多くは食物加工の技術として一括することができる。

　ともかく、こうして人類史をその形成の起点にまで遡って検討すると、広義の「原始社会」内部におけるサヘラントロプスからホモ・エレクツス、ホモ・サピエンスの間の段階的相違までもが論点として浮かび上がってくる。Stanford（1999）は約180万年前に始まるホモ・エレクツスが真のハンターであったとする説（健康なオトナの獣を捕えられるようになったという趣旨）、ホモ・サピエンスになって初めて待ち伏せ狩猟が可能となって大型獣を狩るようになったとの説も紹介している。そうすると、これらの議論を前提として、社会構造の変化と関わらせて論じたDonald（1991）の議論が重要となってくる。彼は類人猿から現代人に至るまでに次の4つの文化・認知能力の発達段階があるとし、ホモ・エレクツスとホモ・サピエンスの違いを認知能力および社会構造の違いとして示したからである。具体的には、

　①「出来事的」認知の段階
　類人猿の認知レベルで、主として外界からの刺激に対する反応のみしかできない段階。

②「模倣的」認知の段階

サヘラントロプスの出現からホモ・エレクツス出現にかけて形成された認知レベルで、道具の製作と使用が始まりその後に技能と身振り手振りに大変革が発生。ポイントは道具の製作と使用は見習うことつまり模倣のみで可能で、高度な言語なしに行なえたところにある。

③「神話的」認知の段階

しかし、ホモ・サピエンスの認知レベルとなると、複雑な言語が使えるようになり、狩猟採集のスキルの伝達に役立った。

④「物象的象徴」認知の段階

単なる言語ではなく物象の形で人間の外部に何らかの意味を持つ媒体／記念物を形成する段階。後期旧石器時代から中石器時代を経由して新石器時代まで続く。

である。Stanford（1999）に依拠した前述の人類史理解からすると、②はチンパンジーと区別された初期人類の初期的狩猟の段階、③は待ち伏せによる大型獣の狩猟が可能となった段階ということができる。もちろん、④は後期狩猟採集社会以降の時代となる。広義の人類史にはアウストラロピテクスやホモ・エレクツスの時代も含まれ、その長い時代こそが「現生人類」たるホモ・サピエンス形成の鍵を握っていることがわかる。何と、この時代が700万年も続いたのである。

したがって、この意味で真の人類史とはこの700万年を指していなければならず、その長い長い時代に人類は多くのことを体験してきた。また、その中で「生産組織のあり方」すなわち生産関係を変革し続けてきた[27]。この場

27）　第 1 章冒頭の注 1 で述べたように、厳密には人類は消費財の取得・消費だけでなく、次世代再生産のための生殖や子育てをもしなければならないから、その関係からも独自の人間関係を持たねばならなかった。この様子は、類人猿のオスによる「メスの所有」や囲い込み、さらにはオス同士の奪い合い、それらすべてをコントロールするメスの諸行為といったことからも連想される。よくよく考えると、こうした生殖・子育て（さらには老人介護）といった要素なしには「家族」もそれを基礎とした「財産」も存在しない。しかし、この全体を語るにはあまりにも多くの諸分野をカバーしなければならない。これは別の機会に果たしたい。

合には狩猟における共同性やその分配をめぐる政治、さらに部族間の戦争などがその内容となる。そして、実際、誕生直後の人類はその「生産力」（狩猟能力）の欠如から中小型獣をやっと共同で捕獲できる程度であったが、上記のようにホモ・エレクツスを経てホモ・サピエンスに至ると大型で群れを作るバッファローやトナカイ、アカシカ、ウマ、アイベックスを狩るには高度の共同作業が求められた。これは、ほんの百数十年前までアメリカのグレートプレーンズで展開されていたブラックフット・インディアンなどの狩猟法でもあった。彼らの場合には巧妙にバッファローの大群を追い込み、崖から駆け落とすという独特の方法が編み出されている。私は 2011 年の夏に実際にこの遺跡を訪問した。

　また、約 1 万年前まで全世界に生息していたマンモスはホモ・サピエンス段階の人間にとっての非常に重要な狩りの対象であったが、この最強の動物を彼らが相手としえた最大の理由も人間の強力な共同性にあった。1 人では相手にできない最強のマンモスも、多人数が太い槍で長時間戦えば倒すことができる。もちろん、マンモス狩りの最中に踏みつけられて死ぬ者もあったであろうが、その場合は、その家族を集団全員でカバーする仕組みもあったはずである。そして、ここで重要なのは、この獲物は集団全員の成果であるから、その肉は当然に均等配分されたであろうことである。そのため、この時代の社会は平等社会となった。

　私は第 1 章と本章でマレーシア北ボルネオに住むイバン族の社会に少し言及したが、そこで私が見た社会もまた非常に平等な社会であった。約 30 家族が同居する村唯一のロングハウスの中心にこそ酋長は住めていたが、部屋のサイズは他の村民とまったく同じであり、また私のためにしてくれた歓迎の踊りへの返礼はお金ではなく買ってきたお菓子であった。貨幣もすでに存在したが、その浸透はまだ限られていたからである。そして、最後に、ツアーガイドに従って、私はそのお菓子を約 30 の山に均等に分けて皆にお渡しした。つまり、全家族が平等にお礼を受け取るというルールが確立していたのである。

　人類が「階級」を知るようになったのは、長く見積もっても 1 万年に届か

ない。全人類史の１％以下であり、そしてこれは事実である。それ以外の
700万年は貧しく、ひもじく、人権概念もなく、短い人生であったが、無階
級であったという点に関してだけはある優位さを現在に対して持っていた。
人類はそうした生活を脱出してここまで数千年を過ごしてきたが、その間、
豊かさや人権、長寿とともに平等でもありたいとする要求を共産主義思想と
して常に維持し続けてきた。ただし、それを科学のレベルで主張できるかど
うかがマルクス経済学に課せられた課題であった。本書が何がしかの回答と
なれば幸いである。

補論 1

マルクス派最適成長論の分権的市場モデル

　本文で論じた「マルクス派最適成長モデル」は一般に「社会計画者モデル」と呼ばれる形式で表現され、全社会の総労働をあたかも特定の計画者が自由に操作できるかのような形式をとっている。もちろんこれは現実ではないが、そうしたモデルを解くのは、計算が簡単であること以上に重要な理由がある。それは、この計算によってはじめて「社会的に最適な状態」を導けるからである。本書のレベルでいうと、産業革命後に資本蓄積によって資本労働比率を上昇させることが「社会的に最適」、かつ最適資本労働比率に到達後はそこで資本蓄積をストップすることが「社会的に最適」であることが、この枠組みによって初めて正確に表現できたことになる。言い換えると、産業革命後に資本主義が必要＝必然であること、その先には資本主義の終焉が必要＝必然であることの「証明」である。

　ただし、こうした解のとおりに現実は進まない。それは現実には「社会計画者」が存在せず、家計は自己の効用極大のみを、企業は自己の利潤極大のみを考えて行動するというように、誰も社会全体のことを考えて動かされているわけではないからである。そして、そのため、こうした構造を近代経済学は「分権的市場モデル」という形でモデル化している。本補論でもその形に「マルクス派最適成長モデル」を書き換えてみたい。

　なお、近代経済学では、①外部性の不存在、②完全情報、③取引費用の不存在、④経済主体の合理性を仮定した完全競争市場を想定する場合、両モデルの帰結が同じとなることが「厚生経済学の第１定理」として理論的に解明されている。それゆえ、本書の「マルクス派最適成長モデル」を「分権的市

場モデル」に書き換えても上記①-④の条件下では解は完全に同じものとなる。このことを以下で説明しておきたい。

そこでまず、本書第4章冒頭で示した「マルクス派最適成長モデル」のふたつの生産部門が各1企業によって成立しているものと仮定し、生産手段生産部門の企業を企業1、消費手段生産部門の企業を企業2と名づける。また、変形の煩を避けるために以下のふたつの簡略化を行なう。ひとつは、資本蓄積方程式から資本減耗（減価償却）を省略すること、もうひとつは、本書第3章第Ⅰ節や第4章第Ⅳ節の際にそれぞれ p_2、p_1 とした消費手段と生産手段の価格を1、p とするというものである。後者は消費手段をニュメレール（価値尺度財）とするということを意味する。また、賃金は企業1を w_1、企業2を w_2 とおく。そうすると、このモデルにおける市場およびそれぞれにおける価格は以下の4つとなる。すなわち、

① 消費手段市場（消費手段はニュメレールであり価格1）
② 労働力市場（生産手段生産部門の賃金 w_1、消費手段生産部門の賃金 w_2）
③ 資産市場…財としての生産手段を家計が資産として購入する（価格 p）
④ 資本市場…生産要素としての生産手段を企業が家計から借りる（価格 r）

なお、これらの価格はすべて時間の関数である。また、企業1と企業2のそれぞれに投入される労働量を計算の当初には L_1、$L_2(L_1+L_2=L$（総労働力））とおく。本文の表現では、$(1-s)L$、sL となっていたが、この段階で L_1、L_2 とするのは、個別企業が社会的総労働の配分シェア s を決定するという不自然な状態を避けるためである。ただし、企業と家計の個別的行動から市場均衡の諸条件を導いた後（305ページ）は、本文の「社会計画者モデル」との比較のために $(1-s)L$、sL の表現に戻す。

企業の利潤最大化行動

このとき、簡略化のために資本減耗（減価償却）を無視すると、企業1および2が資本レンタル料と賃金を支払った後の「利潤」は以下のようになる。

すなわち、

$$\pi_1 = pBL_1 - w_1L_1$$
$$\pi_2 = AK^\alpha L_2{}^\beta - rK - w_2L_2$$

ここで r は資本 1 単位当たりのレンタルプライスである。このとき、利潤最大化の条件は、この両式を L_1、L_2、K で偏微分してゼロと置き、

$$pB = w_1$$
$$\beta AK^\alpha L_2{}^{\beta-1} = w_2$$
$$\alpha AK^{\alpha-1} L_2{}^\beta = r$$

となる。

家計の効用極大化行動

　次に代表的家計の最適化問題を考える。家計は労働所得および利子所得によって、消費手段と生産手段を購入する。とりあえず生産手段の購入は度外視し、家計は所得を資産 a の形成と消費 Y に振り分けると考えると、今、$\tilde{r}$ を利子率としてフローの予算制約式は以下のようになる。この式は貨幣価値（消費手段価値と同じ）で測られている（a は 1 人当たり資産ではないことに注意）。

$$\dot{a} = \tilde{r}a + w_2L_2 + w_1L_1 - Y$$

資産価格の上昇によるキャピタルゲイン分は資産所得に含まれるものとしている。家計はこの予算制約と、非ポンジーゲーム条件（「ねずみ講」的に無限に借入れが拡大しないという条件）

$$\lim_{t \to \infty} a(t) \cdot e^{-\int_0^t \left[\tilde{r}(\tau) + \frac{\dot{p}}{p}(\tau)\right]d\tau} \geqq 0$$

のもとで、目的関数

$$\int_0^\infty \log\left(Y(t)\right) e^{-\rho t} dt$$

を最大にするような Y、a、s の経路を代表的家計が選択しようとする。ただし実際は、家計が s の選択を行なうと考える代わりに、労働市場の均衡条件 $w_1 = w_2 = w$ をあらかじめ上記の家計の予算制約式（$\dot{a}$ の式）に代入して最適化問題を考えてもかまわない（両方の財が生産されることを仮定すれば、つまり常に L_1, $L_2 > 0$ が満たされるものとすれば、家計の最適な選択から $w_1 = w_2 = w$ でなければならないことがわかる）。以下では、そのように扱う。この問題のハミルトニアンは、以下のように書ける。

$$H = \log Y \cdot e^{-\rho t} + \nu \left[\bar{r}a + wL - Y\right]$$

また、1 階条件と横断条件は、

$$\frac{\partial H}{\partial Y} = \frac{1}{Y} e^{-\rho t} - \nu = 0 \quad \Leftrightarrow \quad \nu = \frac{1}{Y} e^{-\rho t}$$

$$\frac{\partial H}{\partial a} = \nu \bar{r} = -\dot{\nu} \quad \Leftrightarrow \quad \bar{r} = -\frac{\dot{\nu}}{\nu}$$

$$\lim_{t \to \infty} a(t) \nu(t) = 0$$

となる。これらの式を整理すると、最適パスは先の $\dot{a}$ の式と以下の 2 式で特徴づけられる。

$$\frac{\dot{Y}}{Y} = \bar{r} - \rho \text{ }^{1)}$$

$$\lim_{t \to \infty} a(t) \cdot e^{-\int_0^t \left[\bar{r}(\tau) + \frac{\dot{p}}{p}(\tau)\right] d\tau} = 0$$

上の式はオイラー方程式、下の式は横断性条件である。

---

1) この式は、$\dot{\nu} = \left(\dfrac{e^{-\rho t}}{Y}\right)' = \dfrac{(e^{-\rho t})' Y - e^{-\rho t} \dot{Y}}{Y^2} = \dfrac{\rho e^{-\rho t}}{Y} - \dfrac{e^{-\rho t}}{Y} \dfrac{\dot{Y}}{Y}$ から得られる。

市場均衡の諸条件

　「マルクス派最適成長モデル」は動学的一般均衡モデルであるから、すべての市場の均衡を仮定する。この場合、ワルラス法則により 4 つの市場のうち 3 つの市場での需給均衡を仮定すると残りのひとつの市場も必ず均衡するが、ともかくそれぞれの需給均衡条件を整理すると次のようになる。

① 消費手段市場

　消費手段市場の均衡を仮定するには、企業 2 の内部でまずどれだけの消費手段需要があるかを確定しなければならないので、ここでは生産物の完全分配

$$Y = AK^\alpha L_2^\beta = rK + w_2 L_2$$

をまず仮定する。これは資本のレンタルプライス r や賃金 w_2 が限界生産力で決定されるとの仮定に等しく、したがって、以下では規模に関する収穫一定の仮定、すなわち $\alpha + \beta = 1$ を仮定することとなる。この前提で、この式を 301 ページの家計の予算制約式に代入すれば消費手段市場の需給一致条件となる。

② 労働力市場

　労働力市場の均衡条件は $w_1 = w_2 = w$ で与えられるので、それらと 2 企業それぞれにおける労働の限界生産力から導かれた冒頭の利潤最大化条件を代入して

$$w = \beta AK^\alpha L_2^{\beta-1} = pB$$

が得られる。

③ 資産市場（企業 1 が消費者に生産手段を販売）

　資産市場では、金融資産の利子率と資本財の収益率（これは企業から見れば「資本のレンタルプライス」となる）が均等化する。金融資産の利子率を $\tilde{r}$ とおけば、この条件は

$$\bar{r} = \frac{r}{p} - \delta + \frac{\dot{p}}{p}$$

で表される。この式の両辺は、貨幣単位（ここでは消費財価格 $p_2 = 1$ としているので「消費財単位」と同じ）で表されている。消費財1単位を簡易的に "1円" と呼べば、左辺は、金融資産1円当たりの貸借に伴う利子額である。また、右辺の第1項は資本財1円当たりの収益額、第2項は資本財1円当たりの減耗額、最終項は資本財1円当たりのキャピタルゲイン額を表す。

　さらに、資産市場では以下のことが成立している。

$$a = pK$$

これは、家計の資産価値総額 a が、存在する物的資本総量 K の貨幣価値評価に一致していることを表している。

④ 資本市場（消費者が企業2に生産手段を貸与）

　これまでの3つの市場での均衡を仮定すれば、資本市場は自動的に均衡して、基本モデルの資本蓄積方程式（2）が得られることを示そう。まずは上で導いた家計の予算制約式に消費手段市場の均衡式 $Y = rK + w_2 L_2$ および利子率の均衡式 $\bar{r} = \frac{r}{p} - \delta + \frac{\dot{p}}{p}$ を代入して

$$\dot{a} = \bar{r}a + wL - Y = pBL_1 - \delta pK + \dot{p}K$$

他方、資産市場の均衡式 $a = pK$ から当然 $\dot{a} = \dot{p}K + p\dot{K}$ となるから、この式は

$$p\dot{K} = pBL_1 - \delta pK$$

すなわち

$$\dot{K} = BL_1 - \delta K$$

を示していることになる。これは本来の「マルクス派最適成長モデル」の資

本蓄積方程式（生産手段生産部門の生産関数）とまったく同じである。つまり、上記の市場需給均衡式はモデルの成長経路を決め、それが「社会計画者モデル」として解いた「マルクス派最適成長モデル」の結果と一致していることが確認されたのである。

　ところで、この式の背後では、資本のレンタルプライス r が決定されている。301 ページで企業の最大化条件として挙げた 3 つの式のうちの最後の式を r について解き、オイラー方程式と横断性条件の式に代入すれば、資産市場の均衡の帰結（としての動学方程式）が表現できる。結果をまとめると、市場モデルにおける市場均衡（および均衡蓄積・消費経路）を表現する式は、以下の 5 式となる。なお、ここからは L_1、L_2 を $(1-s)L$、sL と本文モデルの形式で表現する。

$$Y = AK^\alpha (sL)^\beta \tag{1}$$

$$\dot{K} = B(1-s)L - \delta K \tag{2}$$

$$\frac{\dot{Y}}{Y} = \hat{r} - \rho = \left(\frac{r}{p} - \delta + \frac{\dot{p}}{p}\right) - \rho = \frac{\alpha A}{p}\left(\frac{sL}{K}\right)^\beta + \frac{\dot{p}}{p} - (\rho + \delta) \tag{3}$$

$$\beta A \left(\frac{sL}{K}\right)^{-\alpha} = pB \tag{4}$$

$$\lim_{t \to \infty} a(t) \cdot e^{-\int_0^t \left[\hat{r}(\tau) + \frac{\dot{p}}{p}(\tau)\right]d\tau} = 0 \tag{5}$$

ここで(3)、(4)式の導出には $\alpha + \beta = 1$ を使っている。

市場均衡から基本モデルの動学方程式へ

　そうすると、最後に残る問題は、市場均衡から第 4 章第Ⅲ節で導いた s の動学方程式が導出されるかどうかである。K の動学方程式は、すでに基本モデルと同一の式(2)が出ているからである。そのため、まず、第 4 章第Ⅲ節で導いた s の動学方程式を再掲すると

$$\dot{s} = s\left\{\frac{BL}{K} \cdot \frac{\alpha}{\beta}s - (\rho + \delta)\right\}$$

を導けばよいことになる。そのために、まず(1)式および(4)式の両辺の対数をとって t で微分すると、

$$\frac{\dot{Y}}{Y} = \alpha\frac{\dot{K}}{K} + \beta\frac{\dot{s}}{s}$$

$$\alpha\left(\frac{\dot{K}}{K} - \frac{\dot{s}}{s}\right) = \frac{\dot{p}}{p}$$

を得る。そして、この $\dot{Y}/Y$ の式の左辺に(3)式を代入し、さらにその式の $\dot{p}/p$ に上式を代入すると、

$$\frac{\alpha A}{p}\left(\frac{sL}{K}\right)^{\beta} + \alpha\left(\frac{\dot{K}}{K} - \frac{\dot{s}}{s}\right) - (\rho + \delta) = \alpha\frac{\dot{K}}{K} + \beta\frac{\dot{s}}{s}$$

さらに変形すると

$$\frac{\alpha A}{p}\left(\frac{sL}{K}\right)^{\beta} - (\rho + \delta) = \frac{\dot{s}}{s}$$

となる。さらにこの左辺の $1/p$ の部分に(4)式を $1/p$ について解いたもの

$$\frac{1}{p} = \frac{B}{\beta A}\left(\frac{sL}{K}\right)^{\alpha}$$

を代入すると

$$\frac{B}{\beta A}\left(\frac{sL}{K}\right)^{\alpha}\alpha A\left(\frac{sL}{K}\right)^{\beta} - (\rho + \delta) = \frac{\dot{s}}{s}$$

これをさらに変形すると

$$\frac{B\alpha}{\beta}\left(\frac{L}{K}s\right)^{\alpha+\beta} - (\rho + \delta) = \frac{\dot{s}}{s}$$

となるが、これは上の企業2の完全分配と関わって導入した仮定である $\alpha + \beta = 1$、すなわち企業2（消費手段生産部門）において規模に関する収穫

一定が成立する場合には、第4章第Ⅲ節で導いた s の動学方程式と同じであ
ることを示している。つまり、この仮定のもとでは市場モデルにおいても、
基本モデルと同一の経路によって資本蓄積が行なわれることが示された。

市場モデルと基本モデルの関係について

　こうして規模に関する収穫一定の条件のもとで「マルクス派最適成長モデ
ル」に完全競争市場のメカニズムを導入することが果たされたが、ここでも
近代経済学にいう「厚生経済学の第1定理」が成立して、完全競争市場の帰
結と社会的計画者モデルの帰結が同じとなった。ただし、市場の取り扱いに
ついては別の手法があるかもしれない。たとえば、企業2が資本の価額 pK
に対して利子を支払うのでなく、物理量 K に対して支払うとするなどとい
った設定（考え方）の変更も可能であろう。そうした趣旨から、以下に若干
のコメントを加える。

　まず、市場モデルと基本モデルの s の関係を考えてみる。基本モデルにお
いて s は最適化問題の操作変数であった。基本モデルにおける s の経路は、
社会計画者が通時的効用を最大化するために、本源的生産要素である労働を
消費手段と生産手段の生産に振り分けた結果として決定されたものであった。
市場モデルにおける s の経路は、労働市場の均衡式と企業の利潤最大化条件
から決定された。しかし、家計の最大化問題において s は実質的に意味を持
たなかった（選択できなかったともいえる）。市場モデルにおける計画主体
（家計）は、基本モデルの根本問題「労働の配分」を解いていなかったので
ある。このことについて、もう少し順を追って考えてみる。

　1）家計は消費手段と生産手段の相対価格 p とレンタルプライス r を参照
しながら、予算制約式のもとで消費手段と生産手段の間の消費・投資配分計
画を行なう。このことはオイラー方程式に表れている。そしてこの p、r は
資産市場・資本市場において決定されており、家計の行動はそれぞれの市場
を通じて p、r に影響を及ぼす。

　2）次いで市場価格 p、r に直面する利潤最大化企業は、生産の際に生産要

素として労働力を調達する。

　3）そして労働市場では、賃金を均等化させ需給を一致させるように s（労働の配分）が調整される。このモデルで労働供給は一定であるから、賃金率と労働の配分は生産側の事情によって決まるといえる。つまり、家計の需要行動が決まると、市場価格 p、r を通じて企業に家計の選択が伝達されて企業の労働需要が決まり、労働市場において企業の労働需要を受けて s が決定されるという関係が成立していると考えられる。実際のところ、モデル上では需要・供給・価格は市場において同時決定されるため、時間的な前後関係や論理的な優先関係はないが、以上のことから市場モデルにおける s は p や r と表裏一体に変動しており、先に p と r の動学方程式から s の動学方程式が導出されたのも当然であったということがわかる。

　以上より、市場が完全競争的であれば「社会計画者モデル」で解いてもより簡便に各種の運動を知ることができることがわかった。このため、分権的市場モデルを解く必要があるのは、一般には基本モデルにはない諸価格 r、w、p の通時的変動を分析する場合、ないし政府支出、税金、生産における外部性（知識のスピル・オーバー）、家計間の資産格差（階級分裂）などの要素を導入してそれらの影響を調べるようなケースとなろう。実際、劉（2008）はこうした分権的市場モデルを用いて、消費手段生産部門の生産額に比例した企業課税とそれによる税収増分の消費者への分配が、資源配分上の歪みをもたらさないことを明らかにしている。

　ただし、最後に、こうした近代経済学的な枠組みで「最適解からの乖離（社会計画者モデルの解からの乖離）」を議論するのではなく、この乖離を政治と経済との相互関係、あるいは異なる利益集団（たとえば階級）間の相互関係の結果として導く方法もあることを述べておきたい。「政治」は社会に存在する全構成員の利益をまんべんなく実現する手段ではないので、利益集団間の利益の実現に偏差をもたらす。このメカニズムは近年「政治経済学」というフレームワークで近代経済学も研究を進めており、私はこの潮流に強い親近感を持っている。近代経済学のこの潮流はまだ「階級」への注目に欠け

ているが、その枠組みは十分「階級」分析に応用できる。マルクス経済学的な「最適解からの乖離」の研究方向はこのあたりにあると私は考えている。

補論 2

階級関係を組み込んだ
マルクス派最適成長モデルとその含意

分析派「搾取」概念の動学化

　本書の「マルクス派最適成長論」に階級視点がないわけではない。マルクス的な 2 部門 3 価値構成の再生産表式でも表現できたのであるから、c、v、m の対抗は表現できている。しかし、それをもう一歩超えて、第 3 章で紹介した分析的マルクス主義の「搾取」概念（本書でいう「搾取の第 2 定義」）をモデルに組み込む試みが継続されている。分析的マルクス主義の場合は、第 3 章で見たようにそれはまだ静学的な枠組みにすぎなかったが、本書のマルクス派最適成長モデルではそれを動学的に表現することができる。その枠組みを本補論では解説する。

　そのために、まず最初にモデルを

$$Y = AK^{\alpha}L^{\beta}$$
$$\dot{K} = BL$$

と設定し直すが、ここでは後に述べる事情のため第 2 式で減価償却を省略していることに注意されたい。そして、以下では、表現の煩を避けるために第 1 式を $f(K, L)$ と表現している。このうえで「分析的マルクス主義」の枠組みにおける「資本家」と「労働者」の 2 階級を第 3 章第 I 節の表 3-1 で示したようなスタイルで導入し、ここでは「資本家」の諸変数に 1、「労働者」の諸変数に 0 の添え字を付けるものとする。そうすると、「資本貸借」による追加生産のすべてが「資本家」によって取得されると第 3 章第 I 節では想定したから、この階級の利得（G_1）は次のように表現できる。すなわち、

$$G_1 = f(K_1, L_1) + \left[f\!\left(\frac{K_0 + K_1}{2}, L_0\right) + f\!\left(\frac{K_0 + K_1}{2}, L_1\right) - f(K_0, L_0) - f(K_1, L_1) \right]$$

はじめの項は資本の貸借がないときに得られる「資本家」の生産量を表し、次の括弧でくくられた項が資本貸借によって得られる社会的な生産の増加分である。以上を整理すると、

$$G_1 = f\!\left(\frac{K_0 + K_1}{2}, L_0\right) + f\!\left(\frac{K_0 + K_1}{2}, L_1\right) - f(K_0, L_0)$$

となる。これはふたつの階級の資本蓄積の過程における、分析的マルクス主義の定義による「搾取」の変動経路を示している。本補論が「分析派『搾取』の動学化」を扱っているとするのはこの意味においてである。

　ところで、このとき、労働を通じた K_1 の増加による資本家の追加的利得は限界的には、

$$\frac{\partial G_1}{\partial K_1} = \frac{\partial \left(f\!\left(\frac{K_0 + K_1}{2}, L_0\right) + f\!\left(\frac{K_0 + K_1}{2}, L_1\right) - f(K_0, L_0) \right)}{\partial K_1}$$

$$= \frac{f_K\!\left(\frac{K_0 + K_1}{2}, L_0\right) + f_K\!\left(\frac{K_0 + K_1}{2}, L_1\right)}{2}$$

$$= f_K\!\left(\frac{K_0 + K_1}{2}, L\right)$$

となる。ここで、f_K は関数 f の K に関する偏微分を表している。最後の式が L_0 と L_1 を区別せず L とのみ記しているのは、その保有量が同一とここでは設定しているからである（第 3 章第 I 節の表 3-1 でもそのように設定した）。他方、労働 L_1 を直接に消費手段生産に投入する際の資本家の追加的利得は限界的に

$$\frac{\partial G_1}{\partial L_1} = \frac{\partial\left(f\left(\frac{K_0 + K_1}{2}, L_0\right) + f\left(\frac{K_0 + K_1}{2}, L_1\right) - f(K_0,\ L_0)\right)}{\partial L_1}$$

$$= f_L\left(\frac{K_0 + K_1}{2}, L_1\right)$$

となる。最後の f_L は関数 f の L に関する偏微分を表している。

ところで、第3章第I節で資本蓄積の目標値の計算の際に述べたように、この階級が資本＝機械と労働の比率を不変に保つ条件は、L_1 の追加的投入による追加的利得が、生活手段の直接生産でも、機械生産を経由した迂回ルートでも均等化することである。この問題はさらに厳密には時間選好率 ρ の存在（階級間で差がないものと仮定）、および長期にわたって機械が使用されることを考慮して、

$$\frac{\partial G_1}{\partial K_1}\frac{dK_1}{dL_1}\frac{1}{\rho} = \frac{\partial G_1}{\partial L_1}$$

と表現できる。したがって、これに上の計算結果を代入し、かつ本来、生活手段生産関数が $Y = AK^\alpha L^\beta$ であることを考慮すると

$$A\alpha L_1^\beta\left(\frac{K_0 + K_1}{2}\right)^{\alpha-1} B\left(\frac{1}{\rho}\right) = A\beta L_1^{\beta-1}\left(\frac{K_0 + K_1}{2}\right)^\alpha$$

これを整理すると、

$$\frac{K_0 + K_1}{L} = \frac{2\alpha}{\beta}\frac{B}{\rho}$$

となる。

この結果は極めて興味深い。というのは、この結果は本書146ページに示した階級と資本減耗（減価償却）（δK）を考慮しない場合における本来の資

本蓄積の目標値$\left(\dfrac{\alpha B}{\beta \rho}\right)$の2倍となっているので、もし一方の階級の目標値が本来の目標値と同じであるなら、他方の階級の目標値も自動的に本来の目標値と同じとなるからである。式で表現すると

$$\left(\frac{K_0}{L_0}\right)^* = \left(\frac{K_1}{L_1}\right)^* = \frac{\alpha}{\beta}\frac{B}{\rho}$$

となる。

　実際、「労働者」の蓄積行動を調べると、この階級は資本貸借による生産増加の利益に一切あずからないので、その利得は当初の生産関数のままであるから、

$$\frac{\partial Y}{\partial K}\frac{dK}{dL}\frac{1}{\rho} = \frac{\partial Y}{\partial L}$$

によって資本蓄積の目標＝「最適値」を求めることができる。具体的に最初のふたつの生産関数を代入して計算すると

$$\left(\frac{K_0}{L_0}\right)^* = \frac{\alpha}{\beta}\frac{B}{\rho}$$

これは上述の意味で「資本家」の目標値$(K_1/L_1)^*$も同レベルとなること、つまりその結果「資本家」と「労働者」の保有資本量が均一化して「資本貸借」＝搾取（第2定義）が消滅することを示している。

　実のところ、この結論は資本貸借による生産増のすべてが「資本家」によって取得されない場合、たとえば

①　そのすべてが「労働者」によって取得される場合
　このとき「労働者」の利得(G_0)は

$$G_0 = f(K_0, L_0) + \left[f\left(\frac{K_0 + K_1}{2}, L_0 \right) + f\left(\frac{K_0 + K_1}{2}, L_1 \right) - f(K_0, L_0) - f(K_1, L_1) \right]$$

「資本家」の利得（G_1）は

$$G_1 = Y_1$$

となる。

　②「資本家」と「労働者」が $\mu : 1 - \mu \,(0 \leqq \mu \leqq 1)$ の割合でシェアされる場合

　このとき「資本家」の利得（G_1）は

$$G_1 = f(K_1, L_1) + \mu \left[f\left(\frac{K_0 + K_1}{2}, L_0 \right) + f\left(\frac{K_0 + K_1}{2}, L_1 \right) - f(K_0, L_0) - f(K_1, L_1) \right]$$

「労働者」の利得（G_0）は

$$G_0 = f(K_0, L_0) + (1 - \mu) \left[f\left(\frac{K_0 + K_1}{2}, L_0 \right) + f\left(\frac{K_0 + K_1}{2}, L_1 \right) - f(K_0, L_0) - f(K_1, L_1) \right]$$

となる。

　③ ②の仮定に加え、「資本家」と「労働者」の人口比が $c : w\,(c + w = 1)$ で、その割合で生産手段が利用される場合

　このとき「資本家」の利得（G_1）は

$$G_1 = f(K_1, L_1) + \mu \left[f(wK_0 + wK_1, L_0) + f(cK_0 + cK_1, L_1) - f(K_0, L_0) - f(K_1, L_1) \right]$$

「労働者」の利得（G_0）は

$$G_0 = f(K_0, L_0) + (1 - \mu) \left[f(wK_0 + wK_1, L_0) + f(cK_0 + cK_1, L_1) - f(K_0, L_0) - f(K_1, L_1) \right]$$

となる。

　これらのどの場合でも資本家および労働者の資本蓄積の目標値 $(K/L)^*$ が同じ結果となることが大西・藤山（2003）によって確認されている。

資本蓄積に関する労働者側決定権の有無の影響

　ところで、ここで当初設定したように「資本貸借による生産増」のすべて
が対抗上有利な「資本家」に取得される（＝「搾取」される）とすると、こ
うした資本貸借はそもそも「資本家」の利益となる。すると、彼らはそうし
た状態の継続を望むから、「資本貸借」の条件たる保有資本格差を可能なも
のなら維持しようとするであろう。そして、そのためには「資本家」は「労
働者」の資本蓄積を阻止しなければならないが、これはある条件下では可能
である。というのは、「労働者」があまりに貧しく、生存水準以下の所得し
かない場合に、その水準を保障する代わりに資本蓄積の権利を奪うというよ
うな場合である。「労働者」がもし生存水準以下の生活条件しか持たないの
なら、そうした「資本家」側のオファーに応じざるを得なくなるからである。

　ところで、理論モデルとしては少々奇異な感じのするこの想定も、初期時
点での「労働者」のごくわずかの資本所有という想定を除けば、実はよくよ
く考えるとマルクスの想定といえる。というのは、この場合の「労働者」所
得は完全に「資本家」の保障によるものであり、かつその後の資本蓄積が不
可能な「生存賃金」となるからであり、マルクスが生きた頃の労働者階級の
現実は実際にこのようなものであった。厳密にいうと、マルクスも『資本
論』第1巻第24章では労働者も資本家に上昇する場合があると述べている
から、多少の例外は認めているにしても、である。

　こうした状況は数学モデルに直すことができる。山下（2005）は「資本
家」も「労働者」もともに最適な資本蓄積経路を選択できるケースと、上記
のように「労働者」側が蓄積できないケースの双方をモデル化している。具
体的には、

　a）「資本家」も「労働者」もともに最適な資本蓄積経路を選択できるケー
ス

　まず諸記号の添え字を前と同様に、「資本家」を1、「労働者」を0とする。
また、「労働者」側資本はすべて労働者に使用されるが、「資本家」側資本は
両階級で分割使用されるから「資本家」側に使用される比率をv、「労働者」

側に使用される比率を $1-v$ とする。さらに、両階級ともに保有する労働量は L で同じであるが、そのうち消費手段生産と生産手段生産に使用される労働の比率をそれぞれ「資本家」では s と $1-s$、「労働者」では u と $1-u$ とおく。L 以外は動学経路上で運動するので添え字としてさらに t を付して示すこととする。そうすると、まず、「労働者」の選択問題は

$$\max \int_0^\infty e^{-\rho t} \log \left\{ AK_{0t}^{\ \alpha} (u_t L)^{\beta} \right\} dt$$

となる。これは階級関係を考慮しない本来の一般の動学経路の選択問題と同じであるが、それは「労働者」が資本貸借の結果ほとんど何も利益を受けない（生産増の成果のすべてが「資本家」に取得されてしまう）からである。ともかく、このように「労働者」が蓄積経路を選択することを前提に「資本家」の側は蓄積経路を選択することになる。この場合、「資本家」の側の選択問題は

$$\max \int_0^\infty e^{-\rho t} \log \left[A (v_t K_{1t})^{\alpha} (s_t L)^{\beta} + A \{(1-v_t) K_{1t} + K_{0t}\}^{\alpha} (\bar{u}_t L)^{\beta} - AK_{0t}^{\ \alpha} (\bar{u}_t L)^{\beta} \right] dt$$

となる。ここで u_t を $\bar{u}_t$ としているのは、これが資本家の選択変数ではなく、彼の外で労働者によって独立に決定されていることを明示するためである。

b)「労働者」側が蓄積できないケース

　上記のような想定により、ここでの労働者側の所得は資本家によって保障され、かつ資本蓄積を可能としない最低限の水準＝生存賃金となって彼らに選択問題は存在しなくなる。

　他方、「資本家」は u_t をもコントロールするから「資本家」の選択問題はまずは

$$\max \int_0^\infty e^{-\rho t} \log \left[A (v_t K_{1t})^{\alpha} (s_t L)^{\beta} + A \{(1-v_t) K_{1t} + K_{0t}\}^{\alpha} (u_t L)^{\beta} - AK_{0t}^{\ \alpha} (u_t L)^{\beta} \right] dt$$

と表現できる。しかし、先に見たように、「資本家」はその「搾取（第2定義）」のために最大の資本貸借を望むから、「労働者」側の資本蓄積は最小にしたい。そのため、u_t の「資本家」側の最適選択は $u_t = 1$ となり、その結果、

「資本家」の選択問題は

$$\max \int_0^\infty e^{-\rho t} \log \Big[A \left(v_t K_{1t}\right)^\alpha (s_t L)^\beta + A \left\{ (1-v_t) K_{1t} + K_{0t} \right\}^\alpha (L)^\beta - A K_{0t}{}^\alpha (L)^\beta \Big] dt$$

に単純化される。

　これらの式は動学的最適化問題として解くことができ、実際に離散の形式で山下（2005）は解いている[1]。そして、それぞれのケースについて以下のような結果が導かれている。すなわち、

　a）生産技術と時間選好率が同じと仮定した場合、「労働者」側も「資本家」側も最終的には同じ水準の資本を蓄積し、その時点で資本貸借と「搾取（第 2 定義）」が消滅する。
　b）「労働者」の資本が蓄積されない一方「資本家」の資本は蓄積されるので所有資本の格差は拡大し、よって「搾取（第 2 定義）」も拡大する。この過程で「労働者」側の所得は伸びないが、「資本家」の所得は資本蓄積と「搾取（第 2 定義）」の両方の増大によってさらに増大する。つまり、資産と所得の差は拡大する。このケースはマルクスの想定した社会状況に酷似している。

　ただし、現実には資本主義の発展により労働者階級の実質所得も増大して少なくとも高度成長過程の諸国では b）のようなことにはならなかった。そして、労働者もまた金融的に資産を保有し、それは銀行や証券会社を経由して「資本所有」をもたらしている。この点がマルクスの時代との相違である。なお、この「格差」は高度成長終焉後の先進国経済では再び大きな問題となっている。このため、この再度の格差問題の表面化は以上で論じた文脈とは

1）　実は、山下自身が別に語っているのであるが、山下（2005）には計算ミスがあり、瞬時的効用関数を $U=Y$ の形に線形化した場合に資産格差の存在が資本貸借を招かないという特殊な結論を導くことができていない。ただし、瞬時的効用関数が逓減的である場合にはほぼ間違いなく資産格差は資本貸借を導く。

異なった論理と因果関係で説明されねばならないものと思われる。これには、たとえば、a）における技術と時間選好率同一の仮定が成立していないのではないかとの疑いもある。特に時間選好率の問題は要検討である。この問題は本書第4章後半でも多少論じたが、さらなる分析は他日を期したい。

補論 3

牛耕の導入と普及による
農家経営規模格差の変動モデル

「マルクス派最適成長論」の「経営規模変動モデル」への拡張

　本書で展開している「マルクス派最適成長モデル」は、第4章第Ⅳ節後段
で見たような先富集団と後富集団を導入したモデルで所得格差の歴史的変動
を表現できることがわかっている。またさらに、先の補論2では分析的マル
クス主義の静学的な階級モデルを「マルクス派最適成長モデル」に組み込む
ことができることがわかった。本補論ではそれらの枠組みを使って、既存の
生産過程に新たな資本財が導入された場合における「経営規模格差の歴史的
変動」を説明するモデルにさらに拡張する。具体的には、主に手の労働だけ
に頼っていた農業社会に牛耕が導入される過程における経営規模格差の変動
をイメージする。

　ただし、この分析のためにまず、分析的マルクス主義によって定式化され
た「資本貸借」を「雇用労働」に転換する。理由は両階級がいわば自宅にい
たまま「偏在する資本の平準化」を「資本貸借」として行なう代わりに、資
本を多く所有する資本家のもとに労働者が働きに出向くという形で、いわば
「偏在する労働力の平準化」をしても全社会の総生産を最大化できるからで
ある。この場合は第3章冒頭で述べたように「資本の専制的指揮権」が働く
こととなるが、ここではまず「資本貸借」を「雇用労働」に書き換えられる
ことを認識したい。そして、そのために第3章で掲げた表3-1を再掲し、そ
の数字を基本的に使って「雇用労働」に書き換えた表を**表1**として示した
い。表3-1では「資本家」が持つ資本のうちの‘4’を労働者に「貸借」する
としたが、資本家の工場に存在する資本を労働者がその労働の4/10部分を

	資本家			労働者			全社会		
	資本 + 労働 ⇒ 生産			資本 + 労働 ⇒ 生産			資本 + 労働 ⇒ 生産		
初期保有量	10	1	3	2	1	1	12	2	4
貸借後の使用量	6	1	2.5	6	1	2.5	12	2	5

表3-1（再掲） 分析的マルクス主義の「資本貸借」と「搾取」概念

表1 表3-1の「資本貸借」を「雇用労働」と解釈した場合

	資本家の作業場で			労働者の作業場で			全社会		
	資本 + 労働 ⇒ 生産			資本 + 労働 ⇒ 生産			資本 + 労働 ⇒ 生産		
初期保有量	10	1	3	2	1	1	12	2	4
両作業場の使用量	10	1.67	4.2	2	0.33	0.8	12	2	5

割いて使用するために毎週通うものとするのが表1である。

　この表1が重要なのは次の理由による。すなわち、この表では、ふたつの「作業場」に異なる規模の労働力が使用されることが明確に示されており、それは社会に存在するふたつの経営体の規模の変動を表現していることになるからである。つまり、投下される労働力の比率で測ったとき、「雇用労働」の発生以前には1：1であったものが1.67：0.33へと経営規模の格差が発生したこと、一部経営が大規模化したことを表現できているからである。そして、資本蓄積の不均等発展によるこうした経営規模格差の拡大、一部経営の大規模化は過去において人類が農業部面で経験したところのものであった。現在の先進国農業はどこにおいても小農が主流となっているが、ヨーロッパにおけるラティフンディウム（古代ローマの奴隷制大経営）、アメリカにおける奴隷制農業など過去には多数の労働力を有する大規模農業が存在していた。

　この問題を中国農業を例に述べると次のようになる。すなわち、中国農業は古来から日本と同じく小農が主流を占めていたが、過去には経営規模に格差を伴う時代を有していた。具体的には、春秋戦国期に現れた鉄製農具は牛犁（ぎゅうり）にまで拡がり、それが普及した漢代には牛を持つ農家と持たない農家に農民層が分解する（阡陌制〈せんぱく〉の解体）。そして、この結果として農業生産性を

引き上げた前者の農家は後者の農業労働力を使用する「地主（土地の下級所
有権を有する者）」に上昇。彼らに使用される農業労働力とならなかった小農
民は牛を借りたり共有したりした。国家は開墾や屯田、資材価格の統制や収
穫がなかったときの小農援助などの方法で、一貫してこうした農民層の分解
を抑えようとしたが、その政策にもかかわらずこの分解は阻止されること が
なかったのである。

　このため、国家は AD 5〜6 世紀の北魏時代に入って、分解した農民層の
間で労働力の過不足を交換で安定的に調整するシステムの導入を図るように
なる。牛を持つ大規模農家はその大規模な農地を牛によって春季には耕起・
整地できるが、人手によってなさねばならない夏季の除草・中耕の作業は十
分にできない。そのため、この不足する労働力を牛を持たない小農から雇い
入れるというシステムである。こうした労働力交換は後の元代には鋤社・钁
戸などの形で民間でなされるようになるが、ともかく、先に見たような「雇
用労働」の生成による一部経営の大規模化（＝経営規模格差の発生）のひと
つの事例と評価することができる。

中国農業規模格差発生の図式的表現

　しかし、ここでこの事例をひとつの「典型」とみなすのではなく、表 A
のケースとの微妙な異同に注目して、やや詳細に解釈してみることも重要で
あるように思われる。その目的で作成したのが次の諸図である。

　この諸図を解説するとこうなる。まず、図 1 は牛耕導入前の状況を表し、
A、B 両農家の経営規模は同一である。ここで両農家の耕す耕地の面積はそ
れぞれ太枠の面積で表され、これが農業生産量に 1 対 1 で対応するとする。
また、各耕地における「耕起・整地」と「除草・中耕」の作業に投入される
労働量がそれぞれマス目に記入されている。見られるとおり、ここでは各農
家が ‘2’ だけの労働力を保有しているものと仮定されている。

　しかし、ここで牛耕が導入され、「耕起・整地」の労働生産性が倍加する
（かつ A が最大 200㎡までの耕地を「耕起・整地」することが可能となる）とする
と状況は変化し、図 2 ないし図 3 のようになる。図 2 は「雇用労働」が発

321

図1 牛耕導入前の状況

	耕起・整地	除草・中耕	耕地面積	農産物生産量
Aの耕地	投下労働 1	投下労働 1	100m²	2単位
Bの耕地	投下労働 1	投下労働 1	100m²	2単位

生しない場合を示し、その場合、農家Aは牛耕による生産性上昇のために耕地面積を増加させることができる。しかし、耕地面積の拡大は「耕起・整地」だけではできず、「除草・中耕」労働の増加をも伴わなければならないから、牛耕によって余った'0.5'の労働力を1:2の割合で「耕起・整地」と「除草・中耕」に配分することとなる。そして、その結果としてAの耕地は133.3㎡に拡大し、社会全体としても生産量が牛耕導入以前の'4'から'14/3'に増大する。

　以上は、牛耕を導入したAのみが生産量を増大させた場合の説明であるが、実はこれは社会的に見た場合、労働力の最適配分ではない。それは、「牛の労働力」が完全に利用されたことになっていないからであり、その問題を解決したのが次の図3の状況となっている。つまり、Bは総労働2のうちの1をAに「販売」し、それによって牛が「耕起・整地」可能な全面積を高い労働生産性で作業することができるようになるためである。この場合、社会的な総生産は5単位に増大し、その増大部分の一部をAはBに「賃金」として支払えるようになるが、ここで分析的マルクス主義と同様、「牛」たる重要生産要素を保有するAがBに対して決定的に強い立場にいるとする

図２　Ａのみが牛耕導入後の状況

| | 耕起・整地 | 除草・中耕 | 耕地面積 | 農産物生産量 |

図２　Ａのみが牛耕導入後の状況

	耕起・整地	除草・中耕	耕地面積	農産物生産量
	Ａがさらに 耕起・整地 可能な面積			
拡大した Ａの耕地	投下労働 1/6	投下労働 2/6	計133.3m²	計8/3単位
	投下労働 3/6	投下労働 1		
Ｂの耕地	投下労働 1	投下労働 1	100m²	2単位

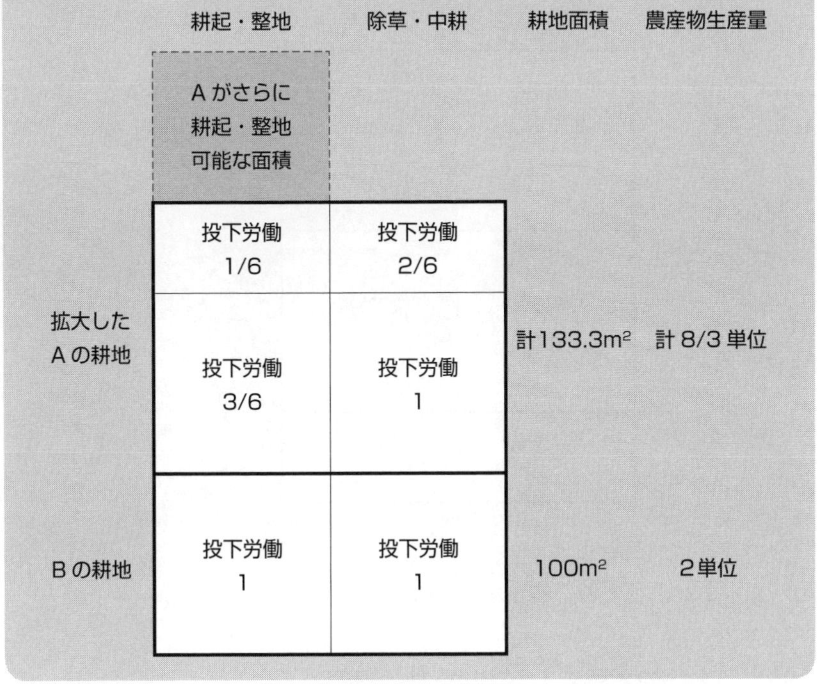

と、Ｂは以前の図２の状況とほとんど同じ量の生産物しか取得できない。そして、この場合には、Ａは図２の状況からの生産増分4/3のうちの1のみをＢに支払うこととなる。この場合、分析的マルクス主義の「搾取」の定義（本書の言葉による「搾取の第２定義」）では、4/3−1＝1/3が「搾取」されたことになる。ただし、こうして「搾取」が生じるといっても、社会的な生産力が増大すること、Ｂの生活水準が下がるわけではないこと、そして同じことであるが、これが社会に存在する各種生産要素の最も効率的な利用方法であることに違いはない。この意味で、漢代の農民層分解抑制策はいずれ放棄され、それによって増大する社会的総生産を中央政府は別の仕方で調達する方向に向かわざるを得なかった。北魏期に行なわれたような分解容認策へ

図３　Ａが牛耕導入後にＢから労働力を雇用する場合

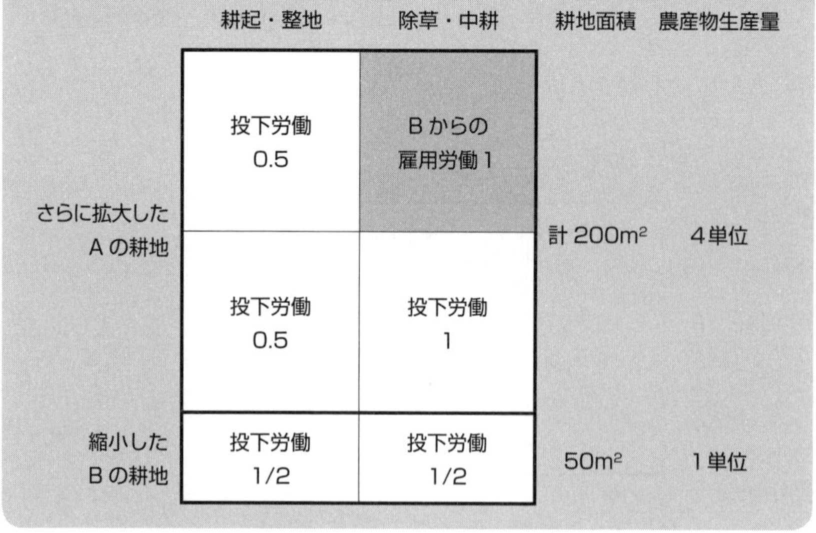

	耕起・整地	除草・中耕	耕地面積	農産物生産量
さらに拡大した Ａの耕地	投下労働 0.5	Ｂからの 雇用労働１	計200m²	4単位
	投下労働 0.5	投下労働 1		
縮小した Ｂの耕地	投下労働 1/2	投下労働 1/2	50m²	1単位

の転換もまた、歴史の必然であったのである。

さらなる農民的蓄積による規模格差の縮小

　しかし、実は、こうした漢代における分解の開始、北魏におけるその容認を経て、宋代には農業の規模格差は縮小に向かう。農業生産性の全般的な増大が小規模農家における蓄積を可能とし、地主から土地を「買い戻す」などの「中農化」が生じたからである。そして、この蓄積によってもし小規模農家もまた牛を飼えるようになったのだとしたら、その場合には図４のような状況が現れることとなろう。この場合には、規模間格差が縮小し、それによって雇用労働と「搾取」が消滅することが重要である。我々が「マルクス派最適成長論」において論じた「搾取」の消滅そのものの実現となる[1]。

1）　本補論表１の「雇用労働」模式と後の牛耕モデルは吉井（2018）によって数値例から一般的な変数表記に転換されている。合わせて参照されたい。

図4　A、Bともに牛耕を導入した場合

	耕起・整地	除草・中耕	耕地面積	農産物生産量

拡大した
Aの耕地

投下労働 1/6	投下労働 2/6
投下労働 3/6	投下労働 1

計133.3m²　計8/3単位

拡大した
Bの耕地

投下労働 3/6	投下労働 1
投下労働 1/6	投下労働 2/6

計133.3m²　計8/3単位

数学付録

動学的最適化問題の解法について

　本書で展開したマルクス派最適成長論では、経済主体は無限の将来までを見すえたうえでの最適化行動をとると想定してモデルを組み立てて解いているが、それは経済学では「動学的最適化問題」という一般的な解法として確立されている。これは「ハミルトニアン」という式を使ったものであるが、本書の理解にとって重要であるので、ここでは、その直観的な解説を行なう。具体的には、まず離散型モデルでラグランジアンを用いた解法を説明した後、連続型モデルでハミルトニアンを用いた解法を説明する。なお、本書のモデルは連続型モデルであるが、離散型モデルのほうが1階条件が単純で、単に偏微分すれば0になるという条件となり直感的に理解しやすいため、ここで述べることにする。

離散型形式による本書モデルの解法

　まず、本書で扱われたモデルを離散型形式の場合について例にとる。これは以下の3つの制約条件（s.t. で示されたもの）のもとでの $\sum_{t=0}^{\infty} \beta^t \log Y_t$ の最大化問題となる。すなわち、

$$\max \sum_{t=0}^{\infty} \beta^t \log Y_t$$

$$s.t. \begin{cases} Y_t = AK_t^{\alpha}(s_t L)^{1-\alpha} \\ K_{t+1} - K_t = B(1-s_t)L - \delta K_t \\ 0 \leq s_t \leq 1 \end{cases}$$

　ここで、Y_t は消費手段、K_t は生産手段、s_t は総労働 L の消費手段生産への配分の比率を表す。また $0 < \beta < 1$ は時間による割引、$0 < \delta \leq 1$ は資本減耗（減価償却）率を表す。Y_t、K_t、s_t は時刻 t とともに変化しうる変数である。ρ、δ は定数である。s_t は各時点で最適となるように経済主体が選択する変数（制御変数）であり、K_t は資本ストックである。

　$\sum_{t=0}^{\infty} \beta^t \log Y_t$ は目的関数であり、これを最大にすることが目標である。

　$Y_t = AK_t^{\alpha}(s_t L)^{1-\alpha}$ は消費手段生産関数であり、一次同次のコブ・ダグラス型である。

　$K_{t+1} - K_t = B(1-s_t)L - \delta K_t$ は資本蓄積方程式である。

　この最適化問題を解くために、資本蓄積方程式を右辺に移項した

$$B(1-s_t)L + (1-\delta)K_t - K_{t+1} = 0$$

にラグランジュ乗数 μ_t を掛けて、目的関数に足し合わせたラグランジアン（$\mathcal{L}$）を次のように定義する。このラグランジュ乗数 μ_t は、効用単位で測った生産手段 1 単位の価格という経済学的意味がある。

$$\mathcal{L} = \sum_{t=0}^{\infty} \beta^t [\log Y_t + \mu_t \{B(1-s_t)L + (1-\delta)K_t - K_{t+1}\}]$$

　このラグランジアンを使えば、上で設定された制約条件付き最適化問題を解く際に制約条件という複雑な問題を考えずにすむ、単純な最適化問題に変換することができるのである。すなわち、上記のラグランジアンの 1 階条件である

$$\begin{cases} \dfrac{\partial \mathcal{L}}{\partial s_t} = 0 \\[2ex] \dfrac{\partial \mathcal{L}}{\partial K_{t+1}} = 0 \\[2ex] \dfrac{\partial \mathcal{L}}{\partial \mu_t} = 0 \end{cases}$$

を考えればよいということである。厳密には難しいところがあるが、形式的には以下のように通常のラグランジュ乗数法と変わらない。このラグランジ

アン（$\mathcal{L}$）は

$$\mathcal{L} = \cdots + \beta^{t-1}[\log Y_{t-1} + \mu_{t-1}\{B(1-s_{t-1})L + (1-\delta)K_{t-1} - K_t\}]$$

$$+ \beta^t[\log Y_t + \mu_t\{B(1-s_t)L + (1-\delta)K_t - K_{t+1}\}] + \cdots$$

と書き換えられるので、その1階条件は

$$\frac{\partial \mathcal{L}}{\partial s_t} = 0 \text{より} \qquad \frac{1}{Y_t}\frac{\partial Y_t}{\partial s_t} - \mu_t BL = 0$$

すなわち $\qquad \dfrac{1-\alpha}{s_t} = \mu_t BL$

$$\frac{\partial \mathcal{L}}{\partial K_{(t-1)}} = 0 \text{より} \quad -\beta^{t-1}\mu_{t-1} + \beta^t\left\{\frac{1}{Y_t}\frac{\partial Y_t}{\partial K_t} + \mu_t(1-\delta)\right\} = 0$$

すなわち $\qquad \mu_t = \beta\left\{\dfrac{\alpha}{K_t} + \mu_{t+1}(1-\delta)\right\}$

$$\frac{\partial \mathcal{L}}{\partial \mu_t} = 0 \text{より} \qquad B(1-s_t)L + (1-\delta)K_t - K_{t+1} = 0$$

すなわち $\qquad K_{t+1} - K_t = B(1-s_t)L - \delta K_t$

となる。最後の式は、資本蓄積方程式であるから、このような形でラグランジアンにもともとの制約条件が詰め込まれていたことがわかる。つまりラグランジアンを使えば制約条件付き最適化問題を、制約条件なしの最適化問題に直せるのである。

連続型形式による本書モデルの解法

次に、これに対応する連続型モデルを考える。

$$\max \int_0^\infty e^{-\rho t} \log Y dt$$

$$s.t. \begin{cases} Y = AK^\alpha(sL)^{1-\alpha} \\ \dot{K} = B(1-s)L - \delta K \\ 0 \leq s \leq 1 \end{cases}$$

　記号は離散型と同様であるが、簡略化のため t を省略している。目的関数が積分方程式、資本蓄積方程式が微分方程式となる。簡単に、離散型での $K_{t+1} - K_t$ に対応するのが連続型では $\dot{K}$ であると考えればよい。$\rho > 0$ は定数である。

　ただし連続型では違いもある。制御変数 s は、たとえばある時点で 0 であったものを次の瞬間に 1 とするように、不連続になることも理論上はありうる（バンバン制御という）。

　時点 0 から見て、時点 t における消費量 $\log Y$ は $e^{-\rho t}(<1)$ によって割り引かれて評価され（この部分は本書 158–159 ページ参照）、すべての時点において足し合わせた（＝積分した）ものが $\int_0^\infty e^{-\rho t} \log Y dt$ である。

　今、時点 t での効用を時点 0 から測るとしよう。

　生産手段生産は、直接今期の消費に役立つわけではないが、将来の消費手段生産に役立つ。消費手段から得られる（瞬時的）効用は $\log Y$ であるが、これだけでは生産手段生産がどの程度総効用に寄与するかわからない。生産手段は来期以降の消費手段生産に役立つので、価格がつくはずである。そこで、生産手段 1 単位当たりの効用で測った価格を λ とすると、今期の消費手段・生産手段生産からの総効用への寄与の指標が得られるであろう。

　それが（現在価値）ハミルトニアンと呼ばれるものであり、

$$H = e^{-\rho t} \log Y + \lambda \dot{K} = e^{-\rho t} \log Y + \lambda \{B(1-s)L - \delta K\}$$

と定義される。

　今期において、新規の生産手段は $\dot{K}$ だけ蓄積されるが、それを効用単位に直すと $\lambda \dot{K}$ であり、これを効用単位に直された消費手段に加えたものが H である。1 期を 1 年と見るならば、これは（効用単位で測った）国民純所得と考えてもよい。

　このハミルトニアンの 1 階条件は、以下となる。

$$\begin{cases} \dfrac{\partial H}{\partial s} = 0 \\[2mm] \dfrac{\partial H}{\partial K} = -\dot{\lambda} \\[2mm] \dfrac{\partial H}{\partial \lambda} = \dot{K} \end{cases}$$

　ハミルトニアンが各期で最大になるように制御変数を選択すれば、それが（通時的に）最適であるという著しい性質がある。これはポントリャーギンの最大原理と呼ばれる。

　特に解が端点でなく（$s \neq 0$、1）、内点（$0 < s < 1$）ならば、この条件は

$$\frac{\partial H}{\partial s} = 0$$

である。

　また、$\dfrac{\partial H}{\partial K} = -\dot{\lambda}$ すなわち $\dfrac{\partial H}{\partial K} + \dot{\lambda} = 0$ は、以下のように解釈できる。左辺において、$\dfrac{\partial H}{\partial K}$ は資本 1 単位当たりから得られる限界所得（インカムゲイン）である。$\dot{\lambda}$ は生産手段価格の増加分（キャピタルゲイン）と考えられる。この二つの和（トータルリターン）は、生産手段を運用することによる全収益を表す。つまり生産手段 1 単位を運用することで得られる限界収益を意味する。生産手段を効率的に利用しているならば、限界収益は 0 になる、というのがこの式の意味である。もし負になるならば、損をしているので生産手段の利用量を減らし、正ならばもっと儲けるために生産手段の利用量を増やす。結果として、限界価値は 0 となる。

　インカムゲイン＋キャピタルゲイン＝トータルリターンという式自体は、株式市場をイメージするとわかりやすい。インカムゲインは株の配当で、キャピタルゲインは株価の値上がり（値下がり）で、その合計がトータルリターンである。通常は両方正であるが、成長著しい企業では配当を 0 にして投資に回す、ということもありうる。たとえば Apple は最近配当を出すよう

になったが、それまで20年近く配当0であった。Google や Amazon は現在も配当0が続いている。これは、成長著しい企業では、配当に資金を回すより、全額投資に回すほうが成長につながるからである。しかし、その分、株価（企業価値）は増加しているので、トータルリターンで見れば正となっている。

ただし、ここでの式では、理屈のうえでは $\dfrac{\partial H}{\partial K}$ は負の値もとりうるところが株式市場とは異なっている。株式市場では無配当はあるが、マイナスの配当は存在しないからである。また、資産価格は下落することもありえるから λ は負の値もとりうる。この場合はキャピタルロスといわれる。

$\dfrac{\partial H}{\partial \lambda} = \dot{K}$ を解くと、$\dot{K} = B(1-s)L - \delta K$ となるから、これは資本蓄積方程式そのものである。こうして、ハミルトニアンにもラグランジアンの場合のようにもともとの制約条件が入っており、また通時的な最適化問題を単期の最適化問題に直しているのである。

また、こうした3つの1階条件以外にも横断性条件といわれる次式も満たさなければならない。すなわち、

$$\lim_{t \to \infty} \lambda K = 0$$

これは、効用単位で測った生産手段価格が、時間が経つにつれ0時点で測って0に収束しなければならないことを示している。これが正の値に収束するならば、生産手段を非効率に生産していることになる。

以上では効用を時点0で測ったが、時点 t で測る方法もある。生産手段1単位を時点 t を基準として効用単位で測った価格を μ とする。経常価値ハミルトニアンは以下で表される。

$$H_c = \log Y + \mu \dot{K} = \log Y + \mu \{B(1-s)L - \delta K\}$$

なお添字の c は current value の意味である。

時点 t は、時点0を基準にして見ると t だけ先であるから、その分だけ割

り引いて評価される。すなわち、

$$\lambda = e^{-\rho t}\mu, \quad H = e^{-\rho t}H_c$$

という関係がある。

このとき、経常価値ハミルトニアンの1階条件は、現在価値ハミルトニアンの1階条件とどう異なるだろうか。

Kでの偏微分の1階条件を求める。

$$\lambda = e^{-\rho t}\mu$$

から

$$\dot{\lambda} = (e^{-\rho t}\mu)' = (e^{-\rho t})'\mu + e^{-\rho t}\dot{\mu} = -\rho e^{-\rho t}\mu + e^{-\rho t}\dot{\mu} = -e^{-\rho t}(\rho\mu - \dot{\mu})$$

となるので

$$\frac{\partial H_c}{\partial K} = \frac{\partial (e^{\rho t}H)}{\partial K} = e^{\rho t}\frac{\partial H}{\partial K} = -e^{\rho t}\dot{\lambda} = \rho\mu - \dot{\mu}$$

となる。

sやμでの偏微分では$e^{\rho t}$は影響しないので、結局、経常価値ハミルトニアンの1階条件は

$$\begin{cases} \dfrac{\partial H_c}{\partial s} = 0 \\[2mm] \dfrac{\partial H_c}{\partial K} = \rho\mu - \dot{\mu} \\[2mm] \dfrac{\partial H_c}{\partial \mu} = \dot{K} \end{cases}$$

となる。$\rho\mu$のところだけが現在価値ハミルトニアンの1階条件と異なっている。この1階条件は公式として暗記しておくとよい。

現在価値ハミルトニアンの1階条件で経済学的な解釈を考えられたが、経常価値ハミルトニアンの場合にも同じように考えられる。第2式を移項して

$$\frac{\partial H_c}{\partial K} + \dot{\mu} = \rho\mu$$

とする。両辺ともに効用単位で測られている。今、効用単位の価格 μ に等しい額の資産 μ を所持しており、これを運用したいとする。左辺は、この資産 μ を用いて生産手段を購入して運用するときの収益を表している。$\frac{\partial H_c}{\partial K}$ は、直接的な生産活動から得られる収益であり、$\dot{\mu}$ はキャピタルゲイン（ロス）である。右辺は、資産 μ を利子率 ρ で運用したときの収益（利子）を表している。つまり、効用単位の世界では利子率は ρ であり、これを収益率の基準として生産活動が行なわれている、というのが経常価値ハミルトニアンの1階条件の経済学的意味である。

また、横断性条件は

$$\lim_{t \to \infty} e^{-\rho t}\mu K = 0$$

となる。μK は時点 t での効用単位で測った生産手段価格であり、$e^{-\rho t}$ によりそれを時点 0 で測り直すと時間が経つにつれ 0 に収束するということである。

レンタル価格、賃金率との関係

これまでは、社会計画者モデルのもとでハミルトニアンを考えてきたが、これと補論1の分権的市場モデルとの関係はどうなっているであろうか。前項の連続型形式を、次のように書き換えてみる。

$$\max_{K_2,L_1,L_2} \int_0^\infty e^{-\rho t} \log Y dt$$

$$s.t. \begin{cases} Y = AK_2^\alpha L_2^{1-\alpha} \\ \dot{K} = BL_1 - \delta K \\ 0 \le K_2 \le K \\ L_1, \ L_2 \ge 0, \ L_1 + L_2 \le L \end{cases}$$

消費手段生産に用いられる生産手段量を K_2、労働量を L_2 とし、生産手段生産に用いられる労働量を L_1 とする。1、2は第1部門、第2部門を表している。K_2、L_1、L_2 はそれぞれ非負の値をとり、利用できる上限は経済に存在する生産手段量 K、労働量 L に制約される。

制約条件を組み入れた経常価値ハミルトニアン $\overline{H_c}$ を以下のように設定する。なお、見やすくするため $U(Y) = \log Y$ とおいた。

$$\overline{H_c} = U(Y) + \mu\dot{K} + R(K - K_2) + W(L - L_1 - L_2)$$
$$= \log Y + \mu(BL_1 - \delta K) + R(K - K_2) + W(L - L_1 - L_2)$$

$$\begin{cases} \dfrac{\partial \overline{H_c}}{\partial K_2} = 0 & \Leftrightarrow R = \dfrac{\partial U(Y)}{\partial K_2} & \Leftrightarrow R = \dfrac{\partial U(Y)}{\partial Y}\dfrac{\partial Y}{\partial K_2} \\[3mm] \dfrac{\partial \overline{H_c}}{\partial L_1} = 0, \ \dfrac{\partial \overline{H_c}}{\partial L_2} = 0 \Leftrightarrow W = \dfrac{\partial U(Y)}{\partial L_2} = \mu\dfrac{\partial \dot{K}}{\partial L_1} \Leftrightarrow W = \dfrac{\partial U(Y)}{\partial Y}\dfrac{\partial Y}{\partial L_2} = \mu\dfrac{\partial \dot{K}}{\partial L_1} \\[3mm] \dfrac{\partial \overline{H_c}}{\partial K} = \rho\mu - \dot{\mu} & \Leftrightarrow R - \mu\delta + \dot{\mu} = \rho\mu \\[3mm] \dfrac{\partial \overline{H_c}}{\partial R} = 0 & \Leftrightarrow K_2 = K \\[3mm] \dfrac{\partial \overline{H_c}}{\partial w} = 0 & \Leftrightarrow L_1 + L_2 = L \\[3mm] \dfrac{\partial \overline{H_c}}{\partial \mu} = \dot{K} & \Leftrightarrow \dot{K} = BL_1 - \delta K \end{cases}$$

上記の1階条件の第1式で $\dfrac{\partial U(Y)}{\partial Y}$（$= p_2$ とおく）は、効用単位で測った消費手段価格を意味する。$\dfrac{\partial Y}{\partial K_2}$ は消費手段生産における生産手段の限界生産性なので、R が効用単位で測った生産手段レンタルであることを意味している。

第2式の $\dfrac{\partial \dot{K}}{\partial L_1}$ は、生産手段生産における労働の限界生産性であり、μ は効用単位で測った生産手段価格なので、W は生産手段生産部門・消費手段

生産部門の両方でそれぞれ効用単位で測った限界生産物価格に等しくなり、効用単位で測った賃金率であることを意味している。

　第3式は資産市場の裁定条件を表している。今、効用単位で測った資産 μ を運用したいとする。$R - \mu\delta + \dot{\mu}$ は、生産手段1単位を購入し運用した場合の効用単位で測った収益を表している。R は効用単位で測ったレンタルであり、$\mu\delta$ は資本減耗（減価償却）分を効用単位で測ったものであり、$\dot{\mu}$ は効用単位で測ったキャピタルゲイン（ロス）である。一方、$\rho\mu$ は利子率 ρ で運用した効用単位で測った収益を表している。どちらで運用しても収益は同じでなければならないことを意味している。

　また残りの第4、5、6式から、このハミルトニアンにもともとの制約条件式が含まれていることがわかる。

　以上から、制約条件を組み入れた経常価値ハミルトニアンにおける $R(K - K_2) + W(L - L_1 - L_2)$ は、効用単位で測った生産手段と労働の不完全利用の部分と解釈できる。生産に使用されずに残った生産手段 $K - K_2$、労働 $L - L_1 - L_2$ を効用単位で測ったものだからである。制約条件を組み入れていないもともとの経常価値ハミルトニアン H_c は現実の国民純所得、制約条件を組み入れた経常価値ハミルトニアン $\overline{H_c}$ は潜在国民純所得を意味することがわかる。

　なお、本来は不等式制約の1階条件はもっと複雑である。ただし、もし使用されない生産手段や労働があると、生産量が減少し最適でないから、ここでは生産手段 K、労働 L は完全に使用され等式制約の1階条件と同じになる。結果的には $R(K - K_2) + W(L - L_1 - L_2)$ の項は0となるが、潜在国民純所得が実現されることが最適となるのは当然の結果ともいえる。

　さて、以上ではすべて効用単位で考えた。補論1の分権的市場モデルでは、消費手段価格を1としていた。これは消費手段をニュメレールとして扱うことと同義である。つまり、補論1の分権的市場モデルの生産手段価格 p、レンタルプライス r、賃金率 w は、本項の変数をすべて効用単位で測った消費手段価格 p_2 で割れば同じものとなる。

$$p = \frac{\mu}{p_2}, \; r = \frac{R}{p_2}, \; w = \frac{W}{p_2}$$

補論1の利子率 $\tilde{r}$ に関しては、$\dfrac{\dot{Y}}{Y} = \tilde{r} - \rho$ という式が導かれていた。こ

こで、$\dfrac{\dot{Y}}{Y}$ はそもそも効用関数が対数効用であることからこの形になってい

るわけで、効用関数を $U(Y)$ として同一の計算をすると

$$\tilde{r} = \rho - \frac{\dfrac{dU_Y(Y)}{dt}}{U_Y(Y)}$$

となる（添え字 Y は Y に関する微分を表す）。ここで、$U_Y(Y) = p_2$ なので、結局

$$\tilde{r} = \rho - \frac{\dot{p}_2}{p_2}$$

が得られる。つまり、消費手段価格を1に基準化したときの利子率は、時間選好率から効用単位で測った消費手段価格の増加率を差し引いたものになる。

　以上、簡単に動学的最適化問題の解法を離散型の場合と連続型の場合について説明したが、実際の計算では、1階条件さえ記憶しておけば解けることが多く、それぞれ上記のような意味を持つことを思い出すことなく単純に計算すればそれでよい。なお、ハミルトニアンの1階条件の3つの式の導出の詳細はここでは述べなかったが、たとえば『内生的経済成長論 II［第2版］』（R. J. バロー／X. サラ=イ=マーティン著、大住圭介訳、九州大学出版会、2006年）の数学付録 A.3（386-404 ページ）、また不等式制約の1階条件は『経済学のための最適化理論入門』（西村清彦著、東京大学出版会、1990年）などを参照されたい。

（本数学付録は金江亮が執筆した。）

参考文献

《邦文》

青柳和身（2010）『フェミニズムと経済学（第 2 版）』御茶の水書房。

泉弘志・李潔（2005）「全要素生産性と全労働生産性」『統計学』第 89 号。

泉弘志（2014）『投下労働量計算と基本経済指標』大月書店。

伊藤幸一（1995）『モンゴル経済史を考える』法律文化社。

井上裕一・山下裕歩（2011）「途上国の工業化と社会資本蓄積」『獨協経済』第 92 号。

烏日陶克套胡（2006）『蒙古族游牧経済及其変遷』中央民族大学出版社。

大澤正昭（1993）『陳旉農書の研究――12 世紀東アジア稲作の到達点』農文協。

大谷禎之介（2011）『マルクスのアソシエーション論』桜井書店。

大西広（1990）「資本主義と社会主義の現実から学ぶ――国家にも企業にも支配されない真に自由な社会をめざして」山口正之・森岡孝二・大西広『どこへ行く社会主義と資本主義』かもがわ出版。

大西広（1991）「生産力の歴史的性格について」『経済理論学会年報』第 28 集。

大西広（1992）『資本主義以前の「社会主義」と資本主義後の社会主義――工業社会の成立とその終焉』大月書店。

大西広（1998a）「各国通貨単位の資本労働比率変動とマクロ収穫率」『経済論叢』第 161 巻第 1 号。

大西広（1998b）『環太平洋諸国の興亡と相互依存――京大環太平洋モデルの構造とシミュレーション』京都大学学術出版会。

大西広（2001）「20 世紀のマルクス経済学と新世紀の課題」『経済科学通信』第 95 号。

大西広（2003a）『グローバリゼーションから軍事的帝国主義へ』大月書店。

大西広（2003b）「北米東部インディアン研究の到達点とエンゲルス『起源』（1）」『経済論叢』第 172 巻第 4 号。

大西広（2003c）「北米東部インディアン研究の到達点とエンゲルス『起源』（2）」『経済論叢』第 172 巻第 5・6 号。

大西広（2004）「北米東部先住民研究の史的唯物論的意味」『日本の科学者』第 39 巻第 10 号。

大西広（2005）「エンゲルス『起源』の再検討――アメリカ先住民研究の到達点から」『唯物論と現代』第 36 号。

大西広（2007）「市場と株式制度の発展がもたらす社会主義」碓井敏正・大西広編『格差社会から成熟社会へ』大月書店。

大西広（2008）『チベット問題とは何か』かもがわ出版。

大西広（2011）「北京コンセンサスを擁護する」『季刊経済理論』第48巻第3号。

大西広編（2012）『中国の少数民族問題と経済格差』京都大学学術出版会。

大西広（2016）「第6章　投資依存型経済からの脱却と『中成長の罠』——2部門最適成長モデルによる分析と予測」大西広編『中成長を模索する中国——「新常態」への政治と経済の揺らぎ』慶應義塾大学出版会。

大西広（2018）「労働者階級が社会運動に参加・団結する条件について——「社会的ジレンマ」ゲーム理論の応用可能性」『季刊経済理論』第55巻第2号。

大西広（2019）「限界原理を基礎とした労働価値説」『三田学会雑誌』第112巻第1号。

大西広（2020a）「新興・先進国間の不均等発展、帝国主義戦争モデルと覇権交代のマルクス派政治経済モデル」『季刊経済理論』第56巻第4号。

大西広（2020b）「大西（2018）社会運動モデルへの多数決政治の導入とそのインプリケーション」『季刊経済理論』第57巻第1号。

大西広（2021予定）「コブ・ダグラス関数によるマルクス差額地代論の一般化——いわゆる「エンゲルス方式」地代計算論とも関わって」『三田学会雑誌』投稿予定。

大西広・藤山英樹（2003）「マルクス派最適成長論における労働による資本の『搾取』」『京都大学経済学研究科ワーキング・ペーパー』J–33号。

大西広・金江亮（2015）「『人口大国の時代』とマルクス派最適成長論」『三田学会雑誌』第107巻第4号。

置塩信雄（1957）「総供給函数について」『神戸大學經濟學研究年報』第4号。

置塩信雄（1965）『資本制経済の基礎理論（増補版）』創文社。

置塩信雄（1967）『蓄積論』筑摩書房。

置塩信雄（1977）『マルクス経済学——価値と価格の理論』筑摩書房。

置塩信雄（1978）『現代経済学の展開』東洋経済新報社。

置塩信雄・野澤正徳編（1982）『日本経済の民主的改革と社会主義の展望』大月書店。

置塩信雄・野澤正徳編（1983）『日本経済の数量分析』大月書店。

小栗崇資（2005）「ライブドアvs.フジテレビ事件と日本の資本主義」『経済』2005年8月号。

尾崎芳治（1990）『経済学と歴史変革』青木書店。

小幡道昭（2009）『経済原論——基礎と演習』東京大学出版会。

垣内景子（2015）『朱子学入門』ミネルヴァ書房。

金江亮（2008）「『マルクス派最適成長論』の現実性と価値・価格問題」『経済論叢』

第 182 巻第 5・6 号。

金江亮（2011）「マルクス経済学とマクロ経済動学」『経済科学通信』第 126 号。

金江亮（2013）『マルクス派最適成長論』京都大学学術出版会。

株主オンブズマン（2002）『会社は変えられる──市民株主権利マニュアル』岩波
　　書店。

聽濤弘（2018）『200 歳のマルクスならどう新しく共産主義を論じるか』かもがわ
　　出版。

基礎経済科学研究所（1995）『日本型企業社会と女性』青木書店。

基礎経済科学研究所編（2011）『世界経済危機とマルクス経済学』大月書店。

草野靖（1970）「宋元時代の水利田開発と一田両主慣行の萌芽（上）」『東洋学報』
　　第 53 巻第 1 号。

久留間鮫造（1957）『価値形態論と交換過程論』岩波書店。

呉松弟（2006）「遼宋金元時代の中国における南北人口発展の重大な不均衡とその
　　相関問題」宋代史研究会編『宋代の長江流域──社会経済史の視点から』汲古
　　書院。

高文徳（1980）『蒙古奴隷制研究』内蒙古人民出版社。

財務総合政策研究所（2001）『「地方経済の自立と公共投資に関する研究会」報告
　　書』。

沢田勲（1996）『匈奴──古代遊牧国家の興亡』東方書店。

塩沢君夫・近藤哲生（1989）『経済史入門（新版)』有斐閣。

柴田敬（1935）『理論経済学　上』弘文堂。

関根順一（2017）「『資本論』における大工業論の数理的展開」『三田学会雑誌』第
　　110 巻第 2 号。

武田信照（1983）『貨幣と価値形態』梓出版社。

武田信照（1984）「価値形態論と交換過程論・貨幣の必然性に関する論争」富塚良
　　三他編『資本論体系』第 2 巻、有斐閣。

田添篤史（2011）「労働増加型技術進歩による均整成長と「搾取」の消滅」『経済論
　　叢』第 185 巻第 2 号。

田添篤史（2015）「日本経済における資本蓄積の有効性──労働生産性の観点から」
　　『統計学』第 109 号。

田添篤史（2016）「マルクス派最適成長論から成熟社会論へ──ボウルズ「抗争交
　　換理論」による規定」『経済科学通信』第 139 号。

田添篤史・大西広（2011）「『マルクス派最適成長モデル』における価値分割と傾向
　　法則」『季刊経済理論』第 48 巻第 3 号。

田添篤史・劉歓（2012）「人口圧による集約度上昇と一人あたり算出の変動──モ
　　デル化の試み」『季刊経済理論』第 49 巻第 2 号。

田畑稔（2015）『マルクスとアソシエーション』新泉社。

堤未果（2008）『貧困大国アメリカ』岩波書店。

寺沢薫（2000）『王権誕生』講談社。

寺田浩明（1983）「田面田底慣行の法的性格――概念的な分析を中心として」『東京
　　大学東洋文化研究所紀要』93 冊。

土井正興（1966）『イエス・キリスト』三一書房。

友寄英隆（2019）『AI と資本主義』本の泉社。

長浦建司（1985）「スティードマンの労働価値論把握――価値論論争の一側面」『一
　　橋論叢』第 93 巻第 2 号。

永田貴大（2020）「商品取引回数に着目した仲介者の存在条件」『季刊経済理論』第
　　57 巻第 2 号。

中村哲（1977）『奴隷制・農奴制の理論』東京大学出版会。

中村哲（2013）「中国専制国家の理論的諸問題――吉田浤一『中国専制国家と家
　　族・社会意識』を中心に」『新しい歴史学のために』第 282 号。

中村哲編（1993）『東アジア専制国家と経済・社会』青木書店。

仁井田陞（1962）『中国法制史研究――奴隷農奴制・家族村落法』東京大学出版会。

西田正規（2007）『人類史のなかの定住革命』講談社。

根岸隆（1981）『古典派経済学と近代経済学』岩波書店。

根岸隆（1985）『経済学における古典と現代理論』有斐閣。

林俊雄（2007）『スキタイと匈奴――遊牧の文明』講談社。

林俊雄（2009）『遊牧国家の誕生』山川出版社。

方行（2000）「清代佃農的中農化」『中国学術』2000 年第 2 号。

松尾匡（2007）「規範理論としての労働搾取論」『季刊経済理論』第 43 巻第 4 号。

南亮進（1990）『中国の経済発展』東洋経済新報社。

宮本一夫（2005）『中国の歴史 01　神話から歴史へ　神話時代から夏王朝』講談社。

武藤正義（2015）「社会的ジレンマと環境問題」盛山和夫編『社会を数理で読み解
　　く』有斐閣。

毛三良（2003）「地域格差の動向と地域政策」大西広・矢野剛編『中国経済の数量
　　分析』世界思想社。

森岡孝二（2000）『粉飾決算』岩波書店。

森嶋通夫（1974）『マルクスの経済学』東洋経済新報社

森本壮亮（2011）「労働価値説と時間――ベーム‐バヴェルクのマルクス批判につ
　　いて」『経済論叢』第 185 巻第 2 号。

森本壮亮（2014）「『資本論』解釈としての New Interpretation」『季刊経済理論』
　　第 51 巻第 3 号。

安田喜憲（2004）『気候変動の文明史』NTT 出版。

山下裕歩・大西広（2002）「マルクス理論の最適成長論的解釈――最適迂回生産シ
　　ステムとしての資本主義の数学モデル」『政経研究』第 78 号。

山下裕歩（2005）「新古典派『マルクス・モデル』における Roemer 的「搾取」の検討」『季刊経済理論』第 42 巻第 3 号。

山本七平（1979）『日本資本主義の精神』光文社。

雪嶋宏一（2008）『スキタイ——騎馬遊牧国家の歴史と考古』雄山閣。

吉井舜也（2018）「経営規模格差の歴史的変動モデル——大西［2012］補論 3 モデルの一般化」『政経研究』第 110 号。

吉井舜也（2020）「耕地造成における牛耕の役割を明示したマルクス派最適成長モデル」mimeo.

米田賢次郎（1968）「二四〇歩一畝制の成立について——商鞅變法の一側面」『東洋史研究』第 26 巻第 4 号。

劉洋（2008）「『マルクス派最適成長論』における政府」『経済論叢』第 182 巻第 4 号。

茹仙古麗吾甫爾・金江亮（2009）「3 部門『マルクス派最適成長論モデル』と強蓄積期間」『経済論叢』第 183 巻第 1 号。

《欧文》

Ardrey, Robert（1976）, *The Hunting Hypothesis*, London: William Collins Sons（徳田喜三郎訳『狩りをするサル』河出書房新社、1978 年）.

Böhm-Bawerk, Eugen von（1956）, *Capital and Interest*, The History and Critique of Interest Theories, Huncke and Semholtz tr., Libertarian.

Boserup, Ester（1965）, *The Conditions of Agricultural Growth: The Economics of Agrarian Change Under Population Pressure*, London: George Allen & Unwin（安沢秀一・安沢みね訳『人口圧と農業——農業成長の諸条件』ミネルヴァ書房、1991 年）.

Bowles, Samuel（2004）, *Microeconomics*, Princeton: Princeton University Press（塩沢由典・磯谷明徳・植村博恭訳『制度と進化のミクロ経済学』NTT 出版、2013 年）.

Boyd, Robert and Joan B. Silk（2009）, *How Humans Evolved*, 5th edition, New York: W. W. Norton & Company（松本晶子・小田亮監訳『ヒトはどのように進化してきたか』ミネルヴァ書房、2011 年）.

Buchanan, James M. and Richard E. Wagner（1977）, *Democracy in Deficit: The Political Legacy of Lord Keynes*, New York: Academic Press（深沢実・菊池威訳『赤字財政の政治経済学——ケインズの政治的遺産』文眞堂、1979 年）.

Donald, Merlin（1991）, *Origins of the Modern Mind: Three Stages in the Evolution of Culture and Cognition*, Cambridge, M.A.: Harvard University Press.

Fagan, Brian（2004）, *The Long Summer: How Climate Changed Civilization*, New York: Basic Books（東郷えりか訳『古代文明と気候大変動』河出書房新社、2005 年）.

Francesca, Bray（1984）, *Science and Civilisation in China: Agriculture*, Cambridge:

Cambridge University Press（古川久雄訳『中国農業史』京都大学学術出版会、2007年）.

Harvey, David（2014）, "Afterthoughts on Piketty's Capital", http://davidharvey.org/2014/05/afterthoughts-pikettys-capital/（長原豊訳「ピケティ『資本』への補足」『現代思想　臨時増刊』青土社、2015年）.

Henley, David（2005）, "Agrarian Change and Diversity in the Light of Brookfield, Boserup and Multhus: Historical Illustrations from Sulawesi, Indonesia", *Asia Pacific Viewpoint*, Vol. 46, No. 2.

Hicks, John Richard（1969）, *A Theory of Economic History*, Oxford: Oxford University Press（新保博訳『経済史の理論』日本経済新聞社、1970年）.

Lee, James and Wang Feng（1999）, *One Quarter of Humanity: Malthusian Mythology and Chinese Realities 1700-2000*, Cambridge, M. A.: Harvard University Press.

Lenin, V. I.（1893）,「いわゆる市場問題について」(『レーニン全集』第1巻所収、大月書店、1953年）.

Marcos, et Yvon Le Bot（1997）, *El sueñozapatista*, Plaza & Janes.（佐々木真一訳『サパティスタの夢』現代企画社、2005年）.

Mason, Paul（2015）, *Postcapitalism*, Exarcheia Ltd.（佐々とも訳『ポストキャピタリズム』東洋経済新報社、2017年）.

Mayer, Tom（1994）, *Analytical Marxism*, Thousand Oaks: Sage Publications（瀬戸岡紘監訳『アナリティカル・マルクシズム——平易な解説』桜井書店、2005年）.

Negishi, Takashi（1985）, *Economic Theories in a Non-Walrasian Tradition*, Cambridge: Cambridge University Press.

Negishi, Takashi（1986）, "Marx and Böhm-Bawerk", *The Economic Studies Quarterly*, Vol.37, No.1.

Neumann, Erich（1963）, *The Great Mother: An Analysis of the Archetype*, Princeton: Princeton University. Press, translated from the German by Ralph Manheim（福島章・町沢静夫・大平健・渡辺寛美・矢野昌史訳『グレート・マザー——無意識の女性像の現象学』ナツメ社、1982年）.

Oakley, Kenneth P.（1959）, *Man the Tool-maker*, Chicago: University of Chicago Press（国分直一・木村伸義訳『石器時代の技術』ニューサイエンス社、1971年）.

Ohnishi, Hiroshi（2007）, "Forming Kuznets Curve among Chinese Provinces", *Kyoto Economic Review*, Vol. 76, No. 2.

Ohnishi, Hiroshi（2010）, "Uneven Development of the World Economy: From Krugman to Lenin", *World Review of Political Economy*, Vol. 1, No. 1.

Okishio, Nobuo（1961）, "Technical Change and the Rate of Profit", *Kobe University Economic Review*, No. 7.

Onishi, Hiroshi and Ryo Kanae（2015）, "Piketty's r>g Caused by Labor Exploitation: A

Proof by Marxian Optimal Growth Theory", *Marxism 21*, Vol. 12, No. 3.

Piketty, Thomas（2013）, *Capital au XXIe Siecle*, Paris: Editions du Seuil（山形浩生・守岡桜・森本正史訳『21 世紀の資本』みすず書房、2014 年）.

Renfrew, Colin（2007）, *Prehistory*, London: Widenfeld & Nicolson（溝口孝司監訳、小林朋則訳『先史時代と心の進化』ランダムハウス講談社、2008 年）.

Robinson, Warren and Wayne Schutjer（1984）, "Agricultural Development and Demographic Change: A Generalization of the Boserup Model", *Economic Development and Cultural Change*, No. 32.

Roemer, John（1982）, *A General Theory of Exploitation and Class*, Cambridge, M.A.: Harvard University Press.

Rosenstein-Rodan, P. N.（1961）, "Notes on The Big Push", Ellis, Howard S. ed., *Economic Development for Latin America*, Massachusetts: MIT Press.

Rostow, W. W.（1960）, *The Stages of Economic Growth*, Cambridge: Cambridge University Press（木村健康・久保まち子・村上泰亮訳『経済成長の諸段階』ダイヤモンド社、1961 年）.

Shaikh, Anwar M. and E. Ahmet Tonak（1994）, *Measuring the Wealth of Nations*, Cambridge: Cambridge University Press.

Stanford, Craig Britton（1999）, *The Hunting Apes: Meat Eating and the Origins of Human Behavior*, Princeton: Princeton University Press（瀬戸口美恵子・瀬戸口烈司訳『狩りをするサル──肉食行動からヒト化を考える』青土社、2001 年）.

Steedman, Ian（1975）, "Positive Profit with Negative Surplus Value", *Economic Journal*, Vol. 85, No. 337.

Steedman, Ian（1977）, *Marx after Sraffa*, London: NLB.

Stout, Dietrich（2016）, "Tales of a Stone Age Neuroscientist", *Scientific American*, April, 2016（古川奈々子訳「人類を進化させた石器作り」『日経サイエンス』2016 年 10 月号）.

Toner, Jerry（2014）, *How to Manage Your Slaves by Marcus, Shidonius Falx*, London: Profile Books（橘明美訳『奴隷のしつけ方』太田出版、2015 年）.

Turner, William, Robert Hanham and Anthony Portararo（1977）, "Population Pressure and Agricultural Intensity", *Annals of the Association of American Geographers*, Vol. 67, No. 3.

索　引

大西　広（おおにし　ひろし）
元慶應義塾大学経済学部教授、京都大学名誉教授。
1956 年京都府生まれ。1980 年京都大学経済学部卒業、85 年同大学院経済学研
究科博士後期課程単位取得退学、89 年経済学博士（京都大学）。立命館大学助
教授を経て、1991 年京都大学経済学部助教授、1998 年同教授、2012 年 4 月慶
應義塾大学経済学部教授。World Association for Political Economy 副会長。
主要著作に、『「政策科学」と統計的認識論』（昭和堂、1989 年）、『資本主義以
前の「社会主義」と資本主義後の社会主義』（大月書店、1992 年）、『環太平洋
諸国の興亡と相互依存』（京都大学学術出版会、1998 年）『中国の少数民族問
題と経済格差』（編著、京都大学学術出版会、2012 年）、『中成長を模索する中
国』（編著、慶應義塾大学出版会、2016 年）、『長期法則とマルクス主義——右
翼、左翼、マルクス主義』（花伝社、2018 年）、『マルクス派数理政治経済学』
（編著、慶應義塾大学出版会、2021 年）ほか。

マルクス経済学［第 3 版］

2012 年 4 月 16 日　初版第 1 刷発行
2015 年 8 月 31 日　第 2 版第 1 刷発行
2020 年 4 月 30 日　第 3 版第 1 刷発行
2024 年 10 月 15 日　第 3 版第 2 刷発行

著　者―――大西　広
発行者―――大野友寛
発行所―――慶應義塾大学出版会株式会社
　　　　　　〒 108-8346　東京都港区三田 2-19-30
　　　　　　TEL〔編集部〕03-3451-0931
　　　　　　　　〔営業部〕03-3451-3584〈ご注文〉
　　　　　　　　〔　〃　〕03-3451-6926
　　　　　　FAX〔営業部〕03-3451-3122
　　　　　　振替 00190-8-155497
　　　　　　https://www.keio-up.co.jp/
装　丁―――後藤トシノブ
印刷・製本――萩原印刷株式会社
カバー印刷――株式会社太平印刷社

©2020　Hiroshi Onishi
Printed in Japan　ISBN978-4-7664-2675-5

慶應義塾大学出版会

マルクス派数理政治経済学

大西広編著　中間層の動向や税制・社会保障政策が政権交代に与える影響、米中覇権争いと経済の再ブロック化の意味など、具体的・今日的課題を取り上げ、精緻な数理モデルを用いて新たな視角と知見を提供する。現代に呼吸するマルクス経済学の最前線へ！　　　　　　　　　　　　定価2,970円（本体2,700円）

経済学の歴史

小畑二郎著　経済学がこれまでどのような問題と取り組み、どのような考え方を重視し、何について議論してきたのかを明らかにし、経済学の歴史、多様性、方法論を理解することで、現代の経済学がどのような問題に答えようとしているのかを知るための一冊。　　　　　　　定価2,860円（本体2,600円）

日本経済史 1600–2015 —歴史に読む現代

浜野潔・井奥成彦・中村宗悦・岸田真・永江雅和・牛島利明著　近世の経済学的遺産が近代的工業化に果たした役割を重視しながら近世から現代までを鳥瞰する、日本経済史の好評テキストの改訂版。各章末尾に新たな視点でのトピックを追加したほか、アベノミクス等の経済動向についても増補・改稿。　　　　　　　　　　　　　　　　　　　　定価3,080円（本体2,800円）

近代日本と経済学 —慶應義塾の経済学者たち

池田幸弘・小室正紀編著　福沢諭吉をはじめ慶應義塾ゆかりの主だった学者たちは、近代日本における経済学の発展にどのような足跡をのこしたのだろうか。研究と教育に生涯を捧げた経済学者たちの足跡から近代日本経済学の水脈を辿る。　　　　　　　　　　　　　　定価4,840円（本体4,400円）

歴史は実験できるのか —自然実験が解き明かす人類史

ジャレド・ダイアモンド、ジェイムズ・A・ロビンソン編著／小坂恵理訳「実験」が不可能な歴史事象に対して、歴史学、経済学、政治学など幅広い専門家たちが、新しい比較研究・自然実験の手法を駆使して奴隷貿易からフランス革命の影響まで、世界史の謎に挑む！　定価3,080円（本体2,800円）